個人投資家は低位株で儲けなさい

藤本 壱

自由国民社

●本書の企業名の表記について

本書の文中では、原則企業名（株式銘柄名）とともに証券コードと主要な上場市場を表記していますが、次のような表記方法となっています。

例：カネヨウ（東証二部・3209）

証券コードのみ	⇒	東証一部上場
東証二部	⇒	東証二部上場
JASDAQスタンダード	⇒	JASDAQスタンダード上場
マザーズ	⇒	東証マザーズ上場

はじめに

安倍首相の提唱する経済政策「アベノミクス」によって円安が進み、輸出企業を中心に業績が回復してきました。２０１３年4月以来の日銀の異次元金融緩和も株高に大きく寄与しています。現在、日経平均株価は1万７０００円台を超えるまで上昇してきました。

株式に資金を振り向ける個人投資家の方も多くなっています。しかし、単純に「上がっているから買う」という考え方でいると、痛い目を見ることになります。

ここまで株価が上がると、下落するリスクも高くなります。実際に市場全体が急落する局面も増えてきました。また、実体経済の行く末は正念場であり、アベノミクスの失敗や世界経済の動向次第で下落相場に転換することも十分にあり得ます。

そのような中で、手堅い投資手法として個人投資家にお勧めなのが、株価が安い銘柄に投資する「低位株投資」です。

「低位株」というと、ただ低迷している銘柄のように思われるかも知れません。しかし、実際には低位株の中には、業績や財務も割と良かったり、現在はまだ小さいものの将来的な成長性が有望であったり、企業としての強みがあったりするのに、投資家の目に留まらないために今は低位に甘んじているという銘柄も少なからずあるのです。

また、低位株には次のようなメリットがあり、これらをうまく活かすことで、個人投資家は利益を上げていくことができます。

①株価が安いので少額資金から始められ、まとまった株数に投資しやすい（ＮＩＳＡ口座に入れるのにも適している）
②底値から株価が上がる時の上昇率が高く、時に２倍高、３倍高の急騰もある
③下値がある程度限定されていて、読みやすい
④銘柄によっては、株価の動きにパターンがある
⑤機関投資家などプロの投資家があまり参戦してこないので、落ち着いて売買できる

そこで本書では、右のメリットに基づいて、低位株で儲けるための次の５戦術を中心に、具体的に解説していきます。ご自分のスタンスと相場状況に応じて選択したり、複数の戦術を組み合わせることもできるでしょう。

①パターン銘柄で手堅く儲ける

②低位材料株を安値で買い急騰を待つ
③低位小型株で大きく儲ける
④ボロ株を仕込んで一気に大逆転をねらう
⑤急落時のリバウンドをうまく拾って儲ける

ただし、メリットばかりではなく、リターンを狙うなら当然相応のリスクも伴います。低位株は安い銘柄ほど業績や財務が悪いのが普通で、何らかの問題を抱えているからこそ低位に甘んじているのだということも忘れてはいけません。特にボロ株の中には、破綻寸前の銘柄も含まれています。

本書は２０１２年６月に発刊してご好評を得、５刷まで版を重ねた「とことん稼ぐ低位株攻略ガイド」の改訂新版にあたります。最新事例で、各戦術ごとに銘柄選びのポイントや売買のタイミングの取り方などを解説しています。本書をお読みになった皆様が、低位株投資でうまく利益を上げられるようになれば、筆者としては幸いです。

２０１５年１月

藤本　壱

CHAPTER 1

やっぱり低位株は個人投資家に最適！

CONTENTS

CHAPTER 2

パターン銘柄で手堅く儲ける

CHAPTER 3

低位材料株の急騰をねらう

CHAPTER 4

低位小型株で大きく儲ける

CHAPTER 5
ボロ株で一気に大逆転！

CHAPTER 6
急落のリバウンドを拾う

CHAPTER 7

銘柄選びの注意点と売買のコツ

CHAPTER 8

藤本流お勧め低位株リスト

1 CHAPTER

やっぱり低位株は個人投資家に最適！

好調な日本株式市場だが楽観はできない

実体経済が回復基調に乗るか失速するかは予断を許さない

２０１２年秋以降、日本の株式市場は順調に上昇を続けていますが、時折大きな下落にも見舞われています。まず、最近の株式市場の状況から見ていきましょう。

アベノミクスが株式市場を牽引

１９９０年代末のネットバブルとその崩壊以降、日本の株式市場は上がったり下がったりを繰り返してきました。２００７年夏以降はサブプライムローン問題やそれに端を発するリーマン・ショックが起こり、世界的に株価が暴落する事態になりました。２００７年夏には日経平均株価は1万８０００円を超えていましたが、２００８年10月には一時的に７０００円を割り込むところまで下落し、半分以下にまで落ち込みました。

リーマン・ショック後は各国の大規模金融緩和によって、いったんは株価も下げ止まりましたが、その後にはユーロ危機が起こったりして、一本調子の上昇にはなかなかなりませんでした。さらに、日本では２０１１年には東日本大震災と歴史的円高もあり、２００

図1-1●アベノミクス相場で株式市場は上昇

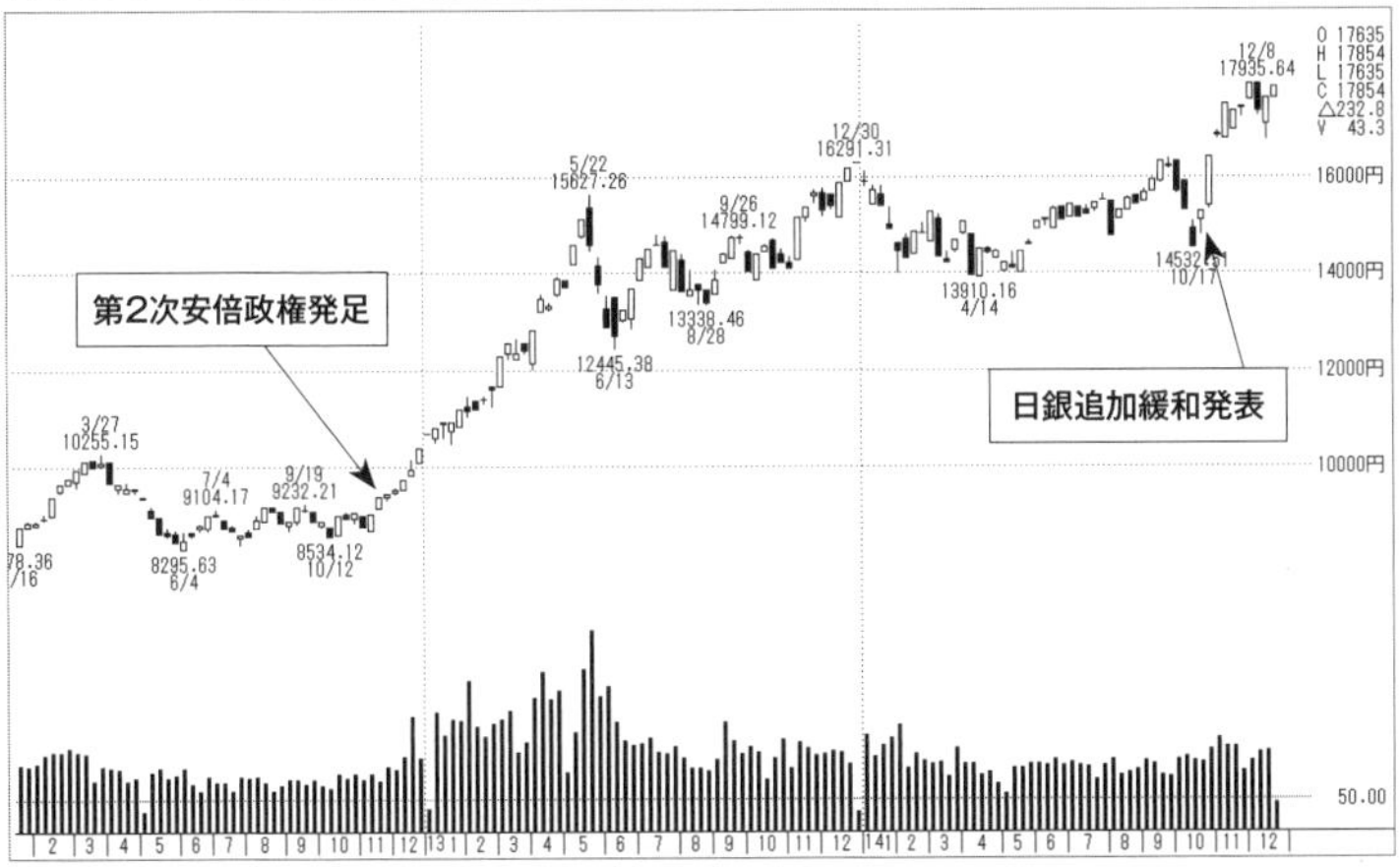

日経平均／週足／2012.2～2014.12

９年から２０１２年にかけての株式市場は底ばいの動きが続きました。

しかし、２０１２年秋の解散総選挙で自民党が圧勝し、安倍内閣が誕生して以来、株価の動きは大きく変わりました。アベノミクスと日銀の金融政策によって円安が進み、輸出企業を中心に業績が回復しました。アベノミクス相場の前と比べると、日経平均株価は２倍以上になっています。

特に、日銀のいわゆる「異次元金融緩和」が発表された直後の２０１３年４月から５月にかけては、わずか１か月半ほどの間に、日経平均株価が１万２０００円台から１万６０００円近くまで上昇しました。また、２０１４年10月末に追加緩和がサプライズで発表された後も株価が大きく上昇し、その後の1か月ほどで3000円以上も上昇しています（図1・1）。

時には大きく急落することもある

本書執筆時点（2014年12月末）では、日経平均株価が1万8000円付近に到達していますが、安定的に上昇しているかというと、必ずしもそうとは言えません。

2012年末から2013年5月までは、ほぼ一本調子に上昇が続きましたが、2013年5月以降は上昇が続いているものの、時には株価が大きく急落することもありました。

まず、2013年5月下旬から6月中旬にかけて、1か月弱で日経平均株価が3500円も下落しました。下落率にすると20%を超えます。

それまでの上昇が急ピッチだったために、反動の売りが出てもおかしくない状況になっていました。そのタイミングで、中国の製造業の指数が悪化したことが報じられ、急激に円高に振れたことから、パニック的な売りが広がり株価が急落しました。

特に、5月23日には、日経平均株価が高値で1万5942・60円を付けた後、終値で1万4483・98円まで下がり、わずか数時間で1500円も下がるという激しい値動きが起こりました（図1・2）。

また、2014年も1月上旬から2月上旬にかけてと、9月下旬から10月中旬にかけて、

図1-2●上昇相場だけに急落が起きやすい

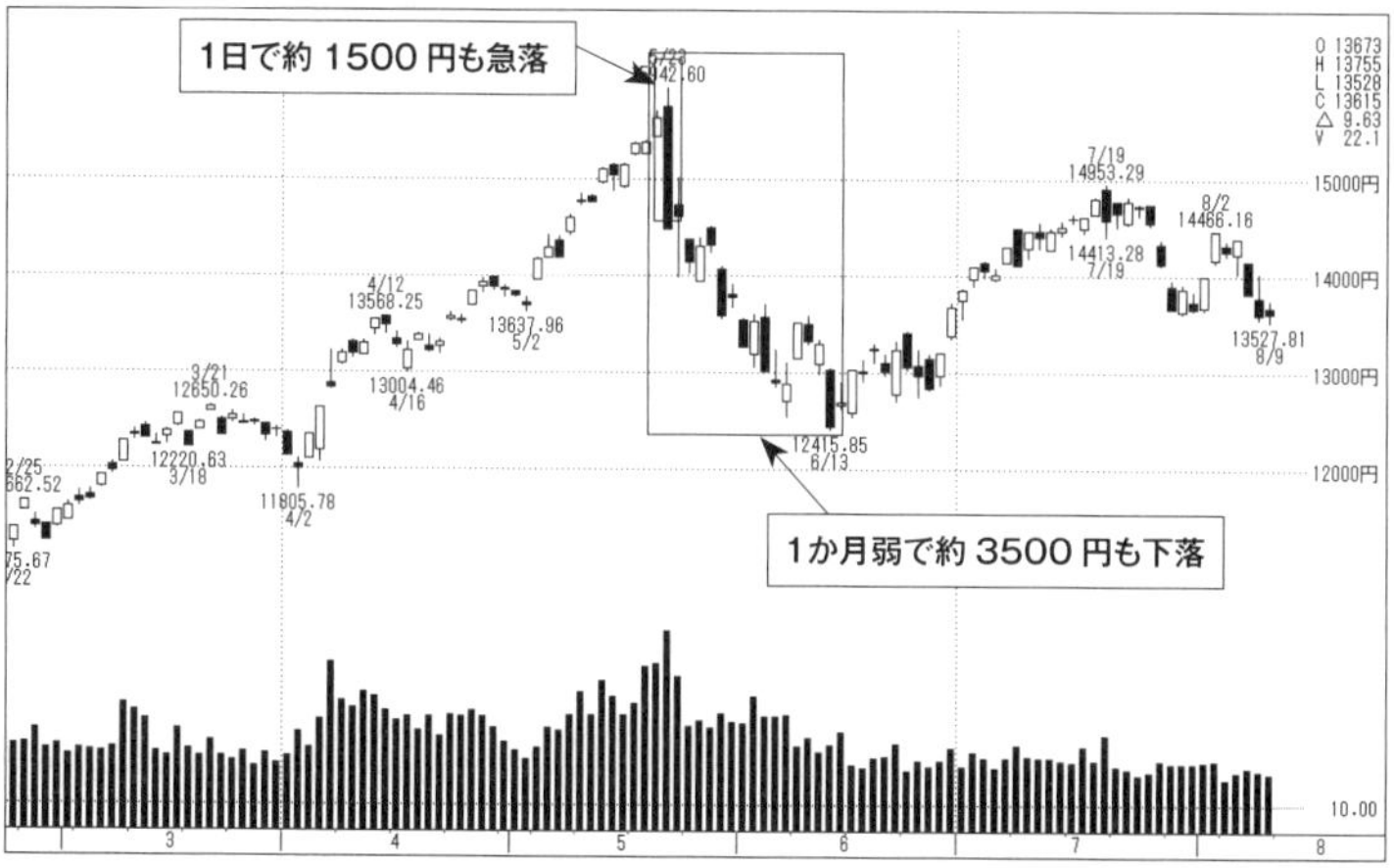

日経平均 / 日足 /2013.3 ～ 2013.8

日経平均株価が10%以上値下がりする局面がありました。

好調な米国市場と岐路に立つ日本市場

米国は格付けでトリプルAを失うなど、一時かげりが見えてきたとの見方もありましたが、ここにきて米国経済の回復は鮮明で、２０１５年は**ゼロ金利政策解除**のタイミングをうかがうなど、本格的な復活基調に乗りつつあります。

日本では２０１４年12月、安倍総理が仕掛けた解散総選挙で再び自民党が圧勝し、アベノミクス路線が継続されることになりました。

しかし、消費税増税の影響も大きく２０１４年のＧＤＰはマイナスの予想で、２０１５年10月からとされていた消費税10%

への増税が2017年4月に延期されるなど、景気動向は予断を許さない状況です。日本経済は**失速するか回復基調に乗るかの岐路**に差し掛かっており、このまま株価が順調に上昇すると楽観することはできません。

低位株投資は個人投資家に最適!

ここまで述べたように、本書執筆時点では株式市場全体が上がっており、その分投資に必要な額も上がっています。株価の高い優良企業の値嵩株は特にそうなっています。しかし、本書で解説する「低位株」なら、手掛けやすく比較的少額から投資できます。

また、前述のように株式市場は予断を許さず、経済指標の悪化によって株価が度々急落したり、アベノミクス相場自体が失速することも十分に考えられます。このような相場では、値嵩株など株価の高い銘柄は下落するリスクが高い分投資しにくくなります。資金に限りのある個人投資家にとっては、低位株を中心に銘柄選びとタイミングを工夫するのがベストだと言えるでしょう。

低位株とはどんな株のこと？

おおむね株価500円未満の銘柄のことを指す

本書では「低位株投資」を取り上げますが、そもそも「低位株」とはどんな株でしょうか？　低位株投資に入る前に、「低位株とは何か」ということをまとめておきます。

株式の分類方法はいろいろある

株式市場には、非常に多くの銘柄が上場されています。2014年12月時点で、東証一部だけで1800強、東証全体だと3500弱もの銘柄があります。これらの銘柄を、特徴などによって分類する方法がいくつかあります。

例えば、時価総額（＝発行済み株式数×株価）や取引所の取引量の大小で分類する方法として、「**大型株**」「**中型株**」「**小型株**」があります。また、成長性が高いと思われる銘柄を総称して「**成長株**」と呼んだり、業績の割に株価が安い銘柄のことを「**割安株**」と呼んだりします。

低位株とは株価が大体500円未満の安い銘柄

「低位株」は、銘柄を株価の水準で分類したものの1つです。株価が高い方から順に、「値嵩株」「中位株」「低位株」と分類します。おおむね、以下のような株価帯になります。

値嵩株　↓　3000円ぐらいより株価が高い
低位株　↓　500円ぐらいより株価が安い
中位株　↓　値嵩株と低位株の間

「低位株」という言葉の響きからは、何か良くなさそうな感じを受ける方もいるかもしれません。確かに、業績や財務の面で見ると、中位株や値嵩株に劣る銘柄が多いのですが、投資対象として見ると、低位株には中位株や値嵩株とは違ったさまざまな魅力があります。それらについては、この後の本書の中で順を追ってお話していきます。

なお、低位株の中でも、株価が100円を割っているような銘柄を総称して、「**超低位株**」と呼ぶこともあります。株価100円割れの企業には、倒産するおそれが高いようなボロボロの企業も含まれていることから、超低位株は俗に「**ボロ株**」や「クズ株」などと呼ばれることもあります。

低位株は減っているがまだまだある

市場全体が低調の時には、個々の銘柄の株価も下がりますので、低位株は多くなります。逆に、本書執筆時点のように市場が好調な時には、個々の銘柄の株価も上がりますので、低位株は少なくなります。

とは言え、低位株が全くなくなるわけではありません。市場が悪い時期に株価が100円台や200円台だった銘柄は、市場全体が良くなったとしても500円を超えないことも十分にあります。

ちなみに、2005年~2014年の10年間で、東証一部の低位株（株価500円未満）の割合を調べてみると、図1・3のようになりました。

本書執筆時点では、東証一部の3割弱の銘柄が低位株です。リーマンショック後の市場が低迷していた時期よりは低位株は減っていますが、今でもなくなってはいないことがわかります。

図1-3● 10年間の東証一部の低位株の割合（各年6月末／12月末）

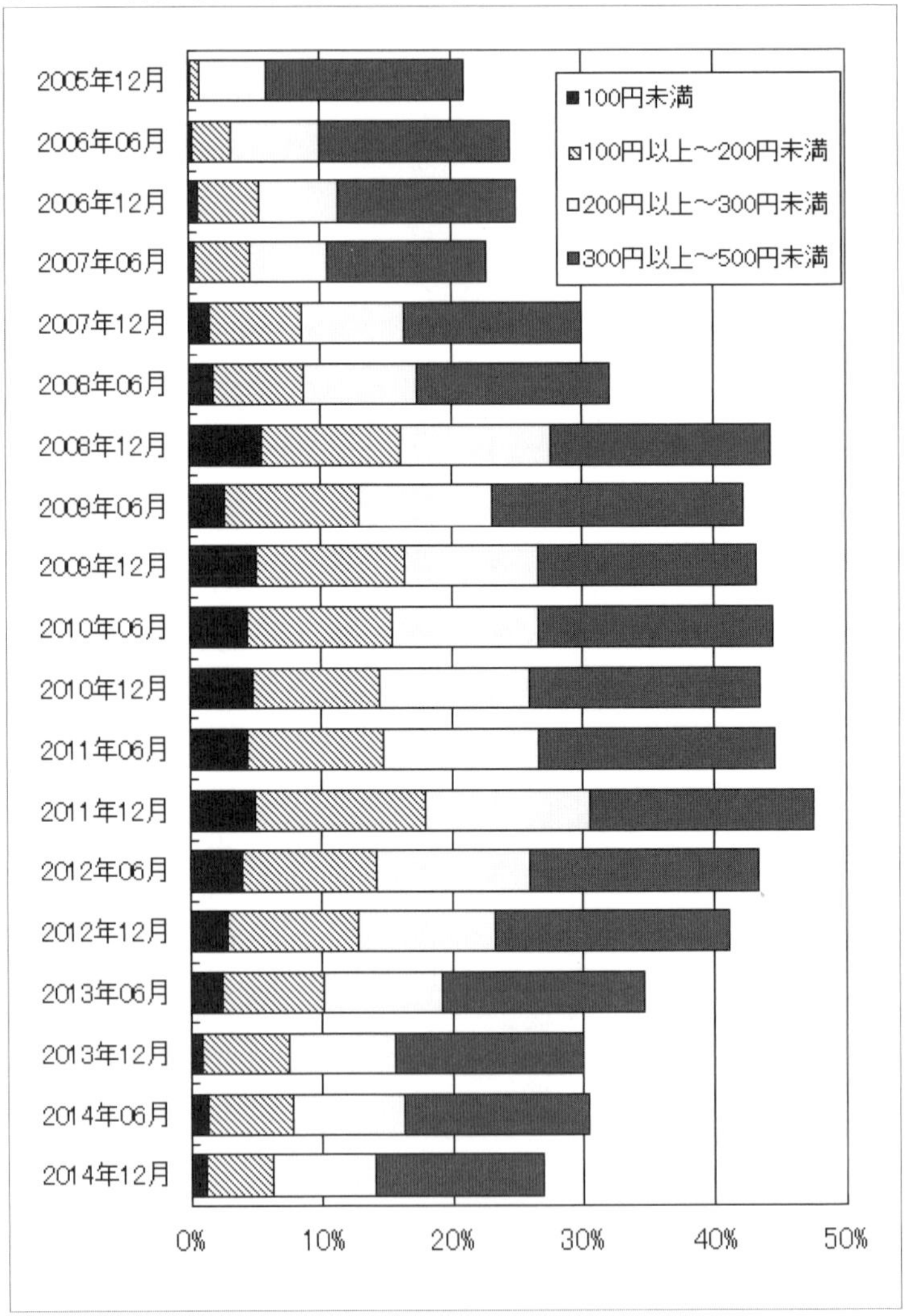

低位株のメリット①

底値から上がる時の上昇率がすごい

底値に近いところで仕込めれば大きな利益につながる

株の値上がりは上昇率で見る

まず、次の2つを比べてみてください。より大きく上がったのはどちらでしょうか?

①株価1万円の銘柄が1万1000円になった
②株価200円の銘柄が250円になった

①は1000円の値上がりですが、②はわずか50円の値上がりです。そのため、一見すると、①の方が値上がりしたと感じるのではないでしょうか。しかし、ここに「数字のマジック」があります。「値上がり幅」で考えると①の方が大きいですが、「値上がり率」で見ると、②の方がはるかに大きくなります。

多くの人は、値上がり幅が大きいほど、株価が上がったように錯覚しがちです。そのため、低位株では値上がり(値下がり)幅が大きくても、10円とか50円とかそんな程度です

①値上がり幅1,000円÷株価10,000円＝値上がり率10%
②値上がり幅50円÷株価200円＝値上がり率25%

から、あまり上がった（下がった）ように感じにくいのです。その結果、低位株は値動きが大きくなりやすくなります。

株式投資で儲けるには、値上がり幅ではなく、**値上がり率に注目**します。値動きが大きい低位株は、株で儲けるための早道です。

低位株のパフォーマンスはどのくらいか？

低位株のパフォーマンスの良さを、アベノミクス相場初期の株価上昇局面で調べてみました。当時の日経平均株価の最安値の日（２０１２年10月12日）と、その後の高値の日（２０１３年5月22日）とで株価帯ごとに値上がり率の平均を見ると、図１・４のようになりました。低い株価帯ほどパフォーマンスが良いことがわかります。

また、上記の期間での値上がり率上位20銘柄が表１・１です。20位までの中で、底値の時点の株価が５００円を割っている銘柄が10銘柄あり、この表からも低位株の底値からのパフォーマンスの良さがわかります。

図1-4●アベノミクス相場の始まりとその後の高値を比較（株価帯別の平均値上がり率）

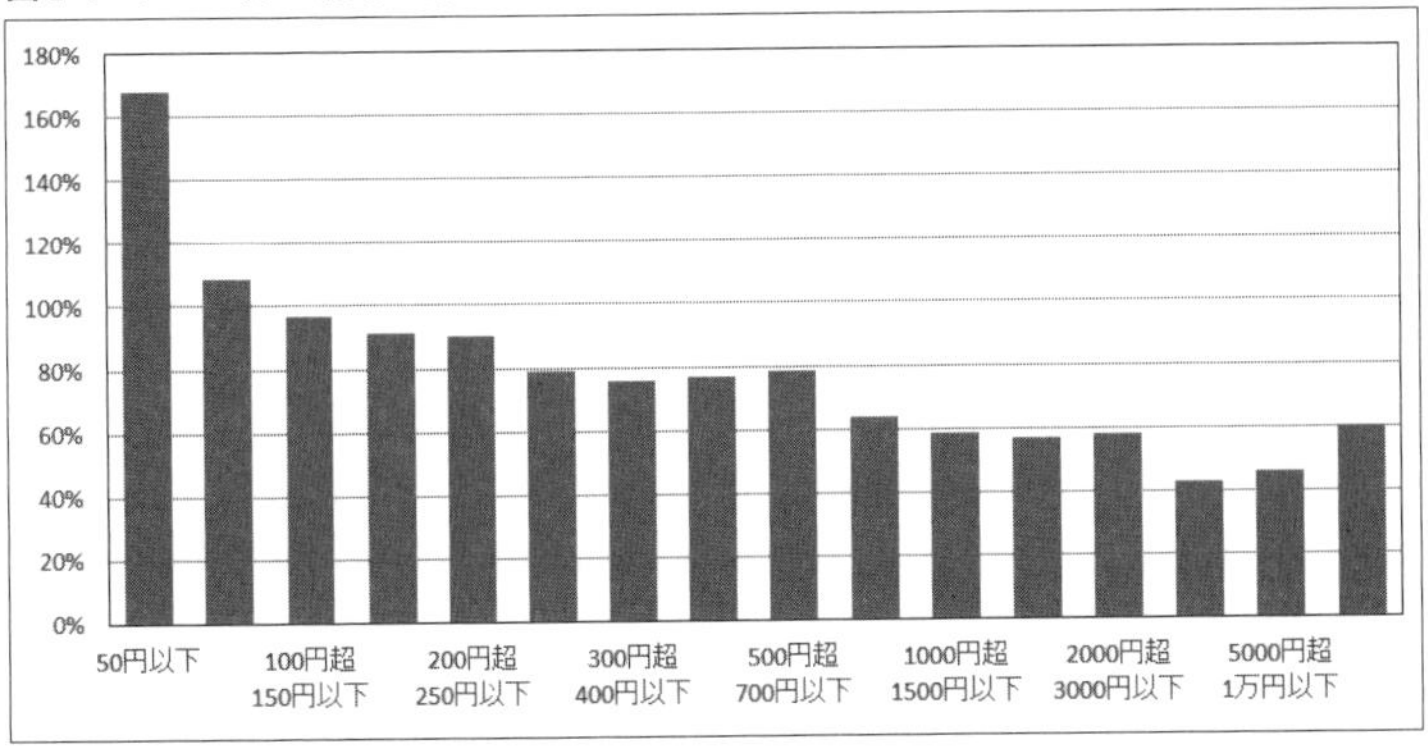

表1-1●アベノミクス相場初期の値上がり率上位銘柄ベスト20

順位	銘柄（証券コード）	終値（円）(2012.10.12)	終値（円）(2013.5.22)	値上がり率
1	マネースクウェアHD(8728)	44,100	460,000	943.1%
2	新日本科学(2395)	189	1,761	831.7%
3	アイフル(8515)	156	1,195	666.0%
4	ケネディクス(4321)	9,310	61,200	557.4%
5	イー・ギャランティ(8771)	1,122	6,920	516.8%
6	岩井コスモホールディング(8707)	265	1,618	510.6%
7	サンフロンティア不動産(8934)	17,150	100,400	485.4%
8	東京電力(9501)	126	737	484.9%
9	パイプドビッツ(3831)	638	3,615	466.6%
10	サニックス(4651)	229	1,266	452.8%
11	光世証券(8617)	69	345	400.0%
12	マツダ(7261)	90	437	385.6%
13	FPG(7148)	1,005	4,815	379.1%
14	アプラスフィナンシャル(8589)	46	214	365.2%
15	エス・サイエンス(5721)	2	9	350.0%
16	名村造船所(7014)	235	1,047	345.5%
17	日本海洋掘削(1606)	2,299	10,060	337.6%
18	アイロムホールディング(2372)	2,330	10,070	332.2%
19	ランビジネス(8944)	14,010	59,100	321.8%
20	一休(2450)	38,050	157,900	315.0%

低位株のメリット②

底値が割と堅くて読みやすい

下値リスクが低く底値の水準が限定的な銘柄が多い

値嵩株は下がりだすとどこまで下がるかわからない

株価が高い値嵩株は、業績や財務の面で申し分なく、多くの人から高く評価されていると言えます。業績／財務ともに好調が持続する間は、高値を維持し続けることができます。しかし、何らかの理由で業績や財務が悪化すると、株価が激しく暴落することもあります。元が値嵩だっただけに下がる余地が大きく、暴落にいたる可能性も高くなります。

例えば、シャープ（6753）はかつては「液晶のシャープ」として名をはせ、2005年～2007年ごろは株価も2000円前後で好調に推移していて、2007年4月には高値で2445円を付けました。しかし、液晶テレビの普及が進む中で、韓国のサムスン等との激しい競争によって、急激に液晶テレビの価格が下落しました。シャープは液晶に対して集中的に投資していたため、液晶テレビの値下がりの影響をもろに受けて業績が一気に悪化し、株価も10分の1を超える下落になりました。本書執筆時点でも、株価は300円を割っている状況です（図1・5）。

図1-5●2007年以降のシャープ

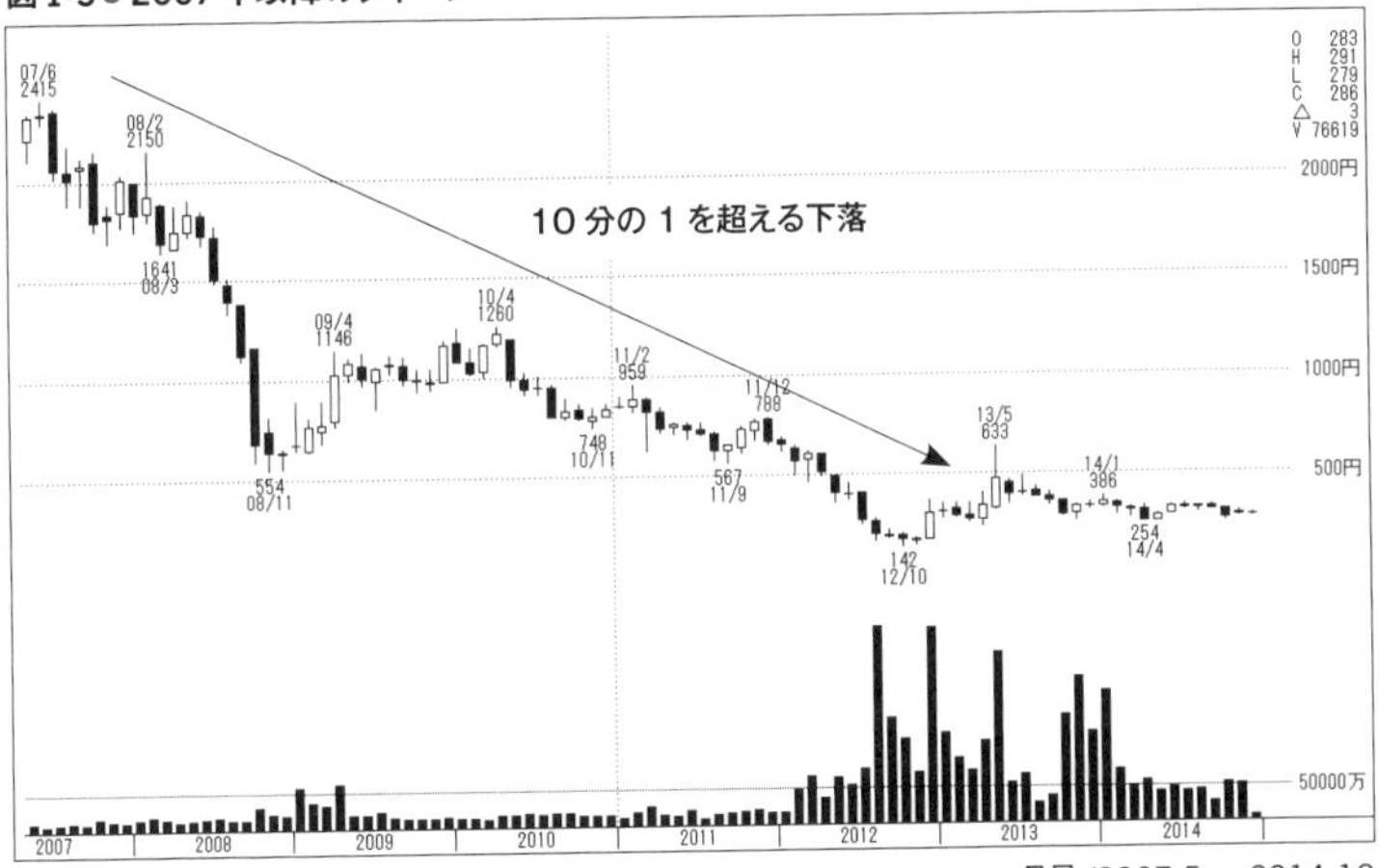

月足/2007.5〜2014.12

低位株は底値がある程度限定される

一方の低位株は値嵩株とは異なり、基本的には今後の成長があまり見込めず、業績や財務でもそれほどパッとしない銘柄が多いです。そのため株価が下がるにしても、あまり極端な下げにはなりにくいという傾向があります。

結果として、低位株には底値が限定されていて、それ以上は下げ渋る銘柄が比較的多く見られます。この種の銘柄では、**株価が底値ラインに近付いたら買って、ある程度反発したら売る**ことを繰り返して、こまめに利益を積み上げやすいのです。低位株には、底値が比較的固い銘柄もよく見られ、これもメリットの1つです。

低位株のメリット③ 少額から買えて投資戦術を立てやすい

株価が安い分、まとめて買えて感情に流されにくくなる

低位株はリスクをコントロールしやすい

株式投資を行う上で、「リスク」を考えるのは重要です。自分に見合った形でリスクをコントロールして、自分の投資スタイルを作り上げることが勝つためには必要です。「ハイリスク・ハイリターン」という言葉があるように、大きく儲けるには、リスクを大きく取る必要があります。逆に、リスクを抑えれば儲けは少なくなりますが、勝敗や利益が安定的になってきます。

値動きの激しい銘柄に集中的に投資すれば、上がる時も下がる時も大きく、リスクを好んで大きく取った状態になります。逆に、値動きがそれほどではない銘柄を選び、また複数の銘柄に分散して投資すれば、リスクをある程度抑えることができます。この両極端の間で、どの程度のリスクを取るかを考える必要がありますが、自分の許容できる範囲に留めておかないと、プレッシャーを感じて判断を誤る元になります。

ただ、個人投資家が中位株や値嵩株で右のようなリスクコントロールを行おうとすると、

多額の資金が必要になります。一方、低位株なら株価が安い分、集中投資をしても多くの株数を買うことができ、また分散投資する場合でも、それほど多くの資金がなくても可能になります。

低位株なら欲望や感情に流されにくい

株式投資では、欲を出し過ぎるというのが最も多いミスの原因になります。この欲望や感情をコントロールして、初歩的なミスを減らす上でも、株価の安さは有利に働きます。

買った株が値上がりすると、「もっと上がるだろう」と思って長く持ちすぎてしまい、あっと言う間に株価が下がって大きな含み損を抱えることがよくあります。中位株や値嵩株を1銘柄だけ1単位買う方法だと、どうしてもこのような事態に陥りやすいのです。

一方の低位株の場合、例えば150円の株を3単位（3000株）買っても、45万円です。資金が少なくて済むので一度にまとめて複数単位を買いやすく、売る時には一度に売るのではなく、状況を見ながら段階を追って利益を確定していくこともできます。この方法を取れば、利益の取り損ねを防ぎ、深追いして損をするというミスも減らすことができます。

低位株はＮＩＳＡにも適している

２０１４年（平成26年）から、個人投資家向けの非課税投資制度である「ＮＩＳＡ」がスタートしました。ＮＩＳＡは**年間１００万円までの株式等への投資について、その値上がり益や配当が５年間に渡って非課税になる**制度です。それまで行われてきた軽減税率の代わりに導入されました。

低位株投資はＮＩＳＡにも適しています。ＮＩＳＡの非課税枠は年間１００万円しかないので、値嵩株だと複数銘柄に投資することは難しいですが、低位株なら１００万円の枠内で複数の銘柄に投資できて、株数も多く入れやすいと言えます。

また、後の33ページで述べますが、低位株には配当利回りが良い銘柄も多くあります。ＮＩＳＡに入れた銘柄は配当も非課税になりますので、配当を着実に取りながら値上がりを待つこともできます。

なお、ＮＩＳＡには注意すべき点もいくつかあります。低位株投資を行う前に、ＮＩＳＡのしくみについてよく理解しておくことをお勧めします。詳しくは、日本証券業協会のＮＩＳＡのページをご参照ください（アドレスはhttp://www.jsda.or.jp/nisa/）。

低位株のメリット④

プロの投資家との戦いを避けられる

機関投資家は投資金額が大きく低位株には手を出しにくい

プロの投資家は無難な銘柄を選びやすい

株式市場は多くの投資家が参加する市場です。その中には、**投資信託のファンドマネージャー**など、いわゆる「プロ」の投資家も数多く参戦しています（図1・6）。

プロの投資家は、顧客に対して説明責任があります。特に、投資している資産が値下がりすると、説明を求められる機会が増えます。そのため、多くの投資家に知られている優良な値嵩株を中心に、無難な銘柄に投資する傾向があります。

これらのプロの投資家はチームで動いていることも多く、個人投資家と比べて質量ともに情報力が勝っています。ネット証券や経済情報サービスなどが普及したことで、以前に比べればその差は小さくなりましたが、それでも大口の手口情報、外国人投資家の情報、為替の動向など、個人投資家が入手しにくい（予想しにくい）情報が少なくありません。

そのため、個人投資家が値嵩株を売買しようとすると、プロの投資家と直接戦うことになり、不利な状況で参戦することになります。

図1-6●プロの投資家（機関投資家）の例

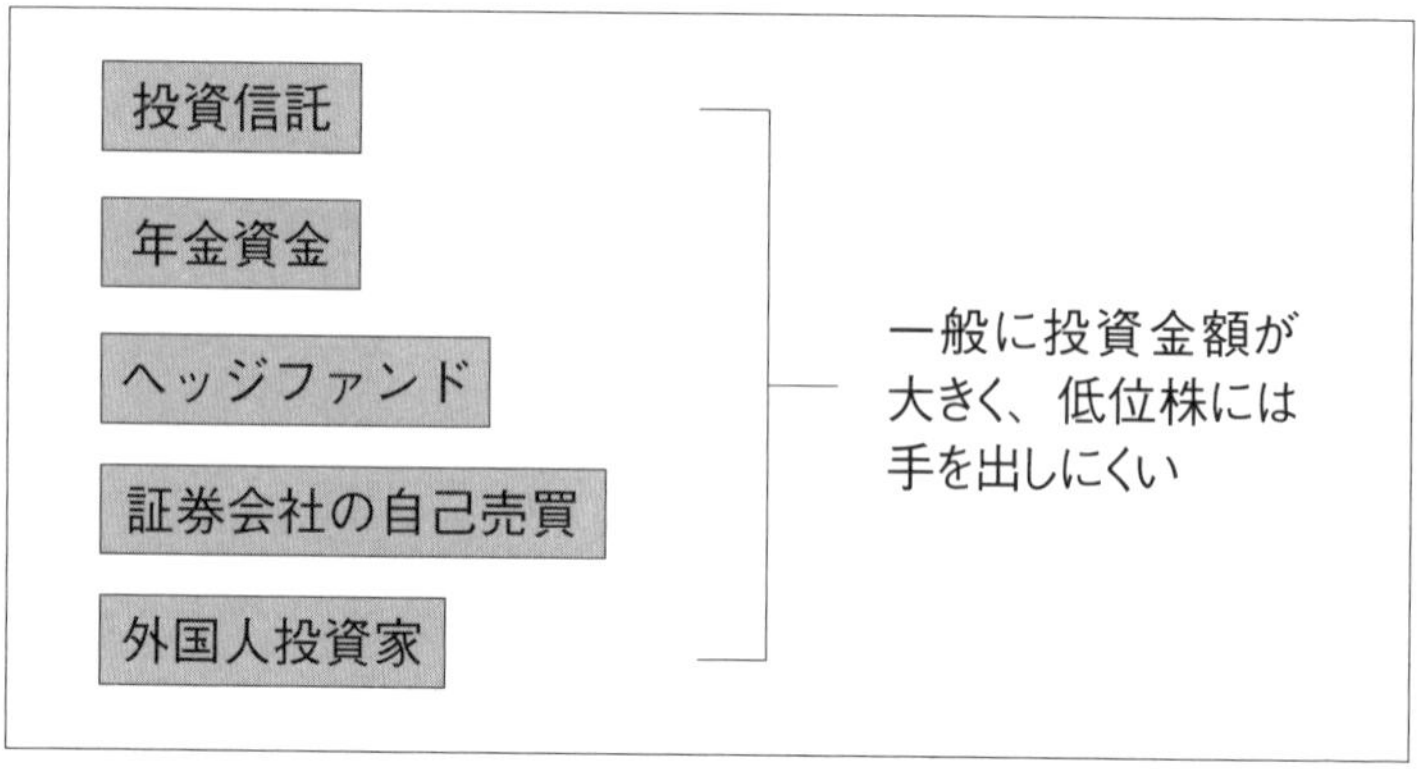

●プロにとって低位株はマイナーな存在

低位株は、業績や財務がそれほど芳しくないことが多く、「あまり値上がりが期待できない」「投資には不適格」というイメージになりがちです。

また、巨額の資金を運用する大型ファンドなどの場合、取引高にもある程度の規模が必要になりますので、その点で低位の小型株などは扱いにくく敬遠されがちです。

そのため、プロの投資家は、低位株を投資対象にすることはあまりありません（低位株専門のファンドも中にはありますが、純資産が小型のファンドが多く、あまり人気があるとは言えません）。

したがって、低位株であればプロの投資家と直接対決することが避けられるため、他の個人投資家との戦いの中で、勝つチャンスをつかみやすくなります。

低位株のメリット⑤

安い割には配当も期待できる

銘柄次第で値上がり益と配当益の両方が得られる

今も配当利回りが高い銘柄がある

配当の良し悪しを表す指標として、**「配当利回り」**があります。配当利回りは、1年当たりの1株当たり配当を、株価で割った値です。配当利回りが高いほど、少ない投資金額で多くの配当を得られることになります。

市場全体的に株価が上がった一方、配当は株価の値上がりほどには増えていないので、一時に比べると配当利回りは相対的に下がっています。しかし、今でも高配当な銘柄はそれなりにあります。

2015年1月21日の時点で、東証一部全体で見ると、配当利回りが2％を超える銘柄がおよそ620もあります。東証一部全体で1800銘柄強ですので、全体のほぼ3分の1で配当利回りが2％を超えていることになります（東証一部全体の配当利回りの平均は、2015年1月21日で1・55％となっています）。

平成のバブル崩壊後は低金利政策が続いていて、預貯金の金利は限りなくゼロに近い状

表1-2●株価の割に高配当な低位株の例（2015年1月21日時点）

銘柄(証券コード)	株価(円)	1株当たり配当(円)	配当利回り(%)
光村印刷(7916)	260	10	3.85
共立印刷(7838)	288	11	3.82
あおぞら銀行(8304)	390	14.7	3.77
昭光通商(8090)	165	6	3.64
みずほフィナンシャルグループ(8411)	196	7	3.57
ナカヨ(6715)	379	13	3.43
NDS(1956)	301	10	3.32
東北銀行(8349)	152	5	3.29
オエノンホールディングス(2533)	214	7	3.27
日本バルカー工業(7995)	309	10	3.24

※1株当たり配当は直近の今期予想配当

態です。それと比べると、株式の配当利回りの高さは魅力的でしょう。

低位株は株価に比べて高配当銘柄が多い

市場は全体的に高配当銘柄が増えていますが、特に低位株には株価の割には高配当な銘柄が多いです。低位株は、業績から見ると株価が比較的割安になっている（業績の割に株価が安い）傾向があります。そのため、配当はそこそこ良いにもかかわらず、株価が低位のままになっていて、相対的に配当利回りが高くなりやすいのです（表1・2）。

ただし、中には業績が悪く利益があまり出ていないのに、配当を多く出している企業もありますので、注意する必要があります。

低位株はその他にも特徴がある

主に需給で動き、投資指標があまり当てにならない

ファンダメンタル分析はあまり当てにならない

株式投資では、銘柄を選ぶ上で個々の企業の業績や財務を調べる「ファンダメンタル分析」が必要かつ重要だとされています。

ただ、低位株投資に限定すると、ファンダメンタル分析がそれほど有効には機能しません。後の7章で再度解説しますが、代表的な投資指標のＰＥＲ（株価収益率）やＰＢＲ（株価純資産倍率）は、低位株では役に立たない場合が多いと言えます。株価から見て適正と思われるＰＥＲ／ＰＢＲと、実際の計算値では大きく食い違っている銘柄が少なくありません。

倒産するような銘柄をつかむのは、絶対に避けなければなりません。その点ではファンダメンタル分析も必要ですが、**低位株投資の全体的な流れの中では、あまり重きを置く必要はありません。**

そこで本書では、ファンダメンタル面の話については、第7章で最低限のことだけを述

べるに留めます。

株価が上がるほど「低位株」としての傾向は薄れる

低位株は500円未満の株ですから、その株価帯の範囲は広く、100円に満たないような水準の低位株と、中位株に近い低位株とでは、おのずと傾向が異なってきます。

低位株の典型的な傾向が顕著に現れやすいのは、**株価が200円より安いあたりの銘柄**です。この株価帯の銘柄は、業績や財務があまり芳しくない場合が多く、そのため市場の思惑で株価が変動するケースが起こりやすくなります。

一方、株価が200円台の銘柄になると、業績や財務は低空飛行ではあるものの、悪いというほどでもない銘柄が増えてきます。景気による影響がそれほど大きくない銘柄では、株価の変動も小さめになります。

さらに、株価が300円台や400円台になると、低位株というよりは中位株に近くなります。また、株価が比較的高いため、1単位当たりの投資金額が大きくなり、個人投資家にとってはやや手掛けにくくなります。

そこで、本書では、なるべく**100円台から200円台ぐらいの銘柄**を中心に解説しています。

個人投資家のための低位株投資5つの戦術

自分のリスク許容度と市場の状況に応じて戦術を選ぶ

低位株の特徴と傾向を踏まえた基本方針

次章から具体的な低位株投資の方法を紹介していきますが、それらに共通する基本的な方針を確認しておきましょう。

●ただ買って長期保有するだけではもう通用しない

「株式投資の基本は長期投資」という意見をよく耳にします。確かに、かつてのバブル景気の頃までは、長期投資が有効な方法でした。日本全体の経済成長に伴って、個々の銘柄の株価も上がっていったので、買ったら何もせずに持ち続けるのが正解でした。

例えば、新日本製鉄（5401）は低位株の定番と言える銘柄で、1980年代には株価は150円前後でした。しかし、バブル期には大きく上昇し、バブルのピークの頃である1989年2月には、高値で984円を付けました。一本調子に上昇したわけではありませんが、持ち続けていれば株価が6倍以上にもなっています。

しかし、バブル崩壊後は、日本経済は成長が止まってしまいました。日本全体の経済規

図1.7●日本のGDPは20年に渡り成長が止まっている

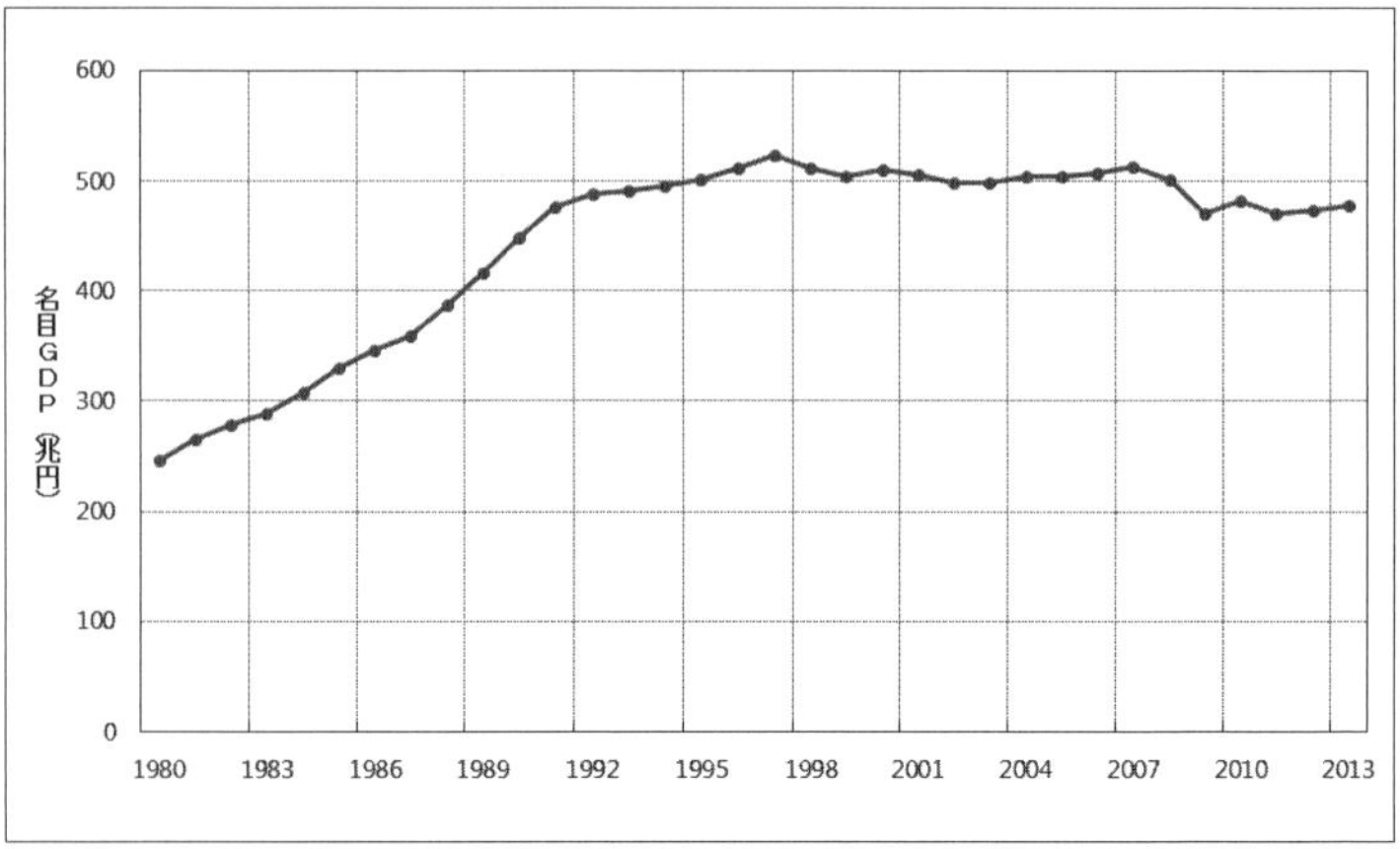

模を表す**GDP**（国内総生産）は、バブル崩壊以後、５００兆円前後でほとんど変化がない状態です（図１・７）。その上、２００８年のリーマン・ショックや、２０１１年の東日本大震災で、現在では５００兆円を割り込む状況です。株価は言わば「経済の先行バロメーター」でもあり、経済成長なくして、株式市場が長期的に上がることはまず考えられません。

今後の日本を見ても、国内の少子高齢化や海外企業とのグローバル競争の激化の影響などで、経済が成長する可能性は低いと考えられます。一部の新興企業では大きく成長するところもあり得ますが、日本の市場を全体的に見れば、株価は横ばいまたは右肩下がりになっていくでしょう。

さらに、低位株の多くは、**金属、機械、化学、**

繊維といった製造業を中心に、成熟産業に属しています。海外進出を進めている企業はともかく、国内中心で営業している企業では、今後に大きく成長する可能性はあまり高くありません。

これらのことから考えると、今後の低位株投資は長期保有に適していません。次に述べるように、基本的には値動きを見て、それに応じた**機動的な売買で儲ける**ようにします。

●低位株は値動きで稼ぐ

「低位株では投資指標があまり役に立たない」と述べました。中位株や値嵩株と比べると、業績や財務と株価の関連性がそれほど高くはありません。赤字企業であっても、そこそこの株価が付いていたりすることがあります。

その一方で、低位株にも値動きがあります。そこで、低位株では値動きを利用して稼ぐのが基本的な投資方法になります。**株価チャートを見て値動きを調べ、タイミングを計って売買**していきます。

チャート分析には多くの手法がありますが、それらすべてをマスターする必要はありません。本書では、低位株の売買に必要な最低限のチャートの見方のみ、それぞれの章で紹介します。

個人投資家のための低位株投資5つの戦術

ここまでの話を踏まえて、本書では第2章〜第6章で、個人投資家に適した5つの低位株投資戦術を紹介します。自分の許容できるリスクの度合いや、市場の状況に合わせてそれらを選択することで、機動的に儲けることができるはずです。

●戦術1　パターン銘柄で手堅く儲ける

株式投資の難しさの源は、株価がどこまで上がり、どこまで下がるかがわからないことにあります。もし、それがわかれば話は違います。

底値／天井が完全に決まることなどはあり得ませんが、**ある程度の株価の範囲で上下動を繰り返すパターン**が見られる銘柄は存在します。特に低位株にそのような銘柄が多いです。また、底値だけにパターンがある銘柄や、底値を付ける時期にパターンがある銘柄もあります。**底値近くで買い、天井近くで売る**ことで、簡単に利益を得ることができます。

リターンはあまり大きくはありませんが、手堅く利益を上げたい方にお勧めです。

●戦術2　低位材料株を安いうちに買って急騰をねらう

低位株の中には、「低位材料株」と呼ばれる銘柄があります。低位材料株とは、普段はあまり値動きがないものの、**その銘柄に関する材料が注目されたりして、年に1〜2回**

程度株価が急騰する低位株のことを指します。このような急騰を狙うことで、比較的短期間で大きな利益を得ることができます。

また、個別企業の材料だけでなく業種全体に関する材料によって、その銘柄や業種全体の株価が上昇することもあります。人気化しそうな株価を動かす材料を知っていれば、あらかじめその材料関連の銘柄を買っておき、値上がりを待つこともできます。

●戦術3　低位小型株で大きく儲ける

低位株の中には、普段はあまり売買が活発でなく、また流通している株数もあまり多くない銘柄もあります。このような銘柄群を「低位小型株」と呼びます。

低位小型株は、何らかのきっかけで火が付くと、**流通している株数が少ないだけに、需要が供給を大幅に上回って急騰する**ことがあります。

なお、本書では基本的には東証一部銘柄を対象にしますが、低位小型株は東証二部や新興市場にも数多くありますので、その点も解説しています。

●戦術4　ボロ株で一気に大逆転！

低位株の中で、株価が100円未満の特に低い銘柄を総称して、「ボロ株」と呼びます。

ボロ株の中にはきわめて数が少ないですが、**うまくいけば株価が何倍にも上昇する**ものもあります。しかしその反面、株価が極端に安く倒産寸前の銘柄も含まれています。ボロ株狙いでそのような銘柄を買ってしまい、株が紙くずになることは絶対に避けなければなりません。そこで、ボロ株を選ぶ際の注意点についても述べます。

●戦術5　急落のリバウンドを拾う

株で儲ける基本は、安く買って高く売ることです。個別の銘柄については、いつが「安い」と判断できるのかが、難しいところです。

ただ、市場全体で見ると、「今が底ではないか」とある程度判断がつく場面があります。第6章では「騰落レシオ」と「新安値銘柄数」という2つの指標を活用して、**市場全体の底を判断して売買する**方法を紹介します。

特に、リーマン・ショックのような市場全体の急落の後には、大きなリバウンドがあることが多く見られます。最近のアベノミクス相場は株価上昇が急激だったため、急落する局面も多く見られます。そのタイミングを活用して儲ける方法を中心に解説します。

2 CHAPTER

パターン銘柄で手堅く儲ける

値動きにパターンがある銘柄を探す

低位株には一定のレンジや時期に天井／底を付ける銘柄がある

株でなかなか儲けられない理由は、株がどこまで値上がりし、またどこまで値下がりするのかがわからない点にあります。しかし、銘柄によっては、値動きにある程度のパターンがあって、値上がり／値下がりの目途が見えやすいものもあります。

値動きのパターンがわかれば利益を得やすい

いざ株を買ってみたものの、どこまで上がるかまるでわからないとなると、いつ売って良いかもわかりません。

逆に言えば、値動きにパターンがあって、**上限／下限の水準がある程度はっきりしている銘柄**なら、下限に近い時期に買い、上限に近い時期に売れば良いので、売買の判断をしやすく利益も出すことができます。

値嵩株には、値動きにパターンがある銘柄はあまり見られません。しかし、低位株にはパターンができる銘柄が比較的よく見られます。

図2-1●天井／底でパターンがあるクラボウ

週足 /2009.1 ～ 2014.12

●なぜ値動きのパターンができるのか？

第１章で、「低位株は底値が限定されやすい」ということを述べました。株価が下がるにしても、どこまでも下がるのではなく、**ある水準まで下がるとそれ以上は下がりにくい**ということです。

株価は、その銘柄固有の材料や、市場全体の動向によって上下します。ただ、業績や財務をまったく無視した株価になることは、そうめったにはありません。特に、業績や財務の変動が大きくない低位株なら、株価の変動もそう大きくはならず、一定程度のレンジの中で上下しやすくなります。

図２・１は、クラボウ（３１０６）の２００９年１月～２０１４年12月の週足チャートです。これを見ると、株価が１２０円近くまで下が

ると反発する傾向が明らかに見えます。ちなみに、過去20年でも最安値は104円で、底値は非常に堅いです。一方、株価が200円を超えることはめったになく、170円～180円あたりが天井になりやすい傾向が見えます。

このような動きになっているのは、クラボウの業績変動が小さく、比較的安定しているため、市場全体の流れに沿って株価が上下しやすいからです。

季節的なパターンがある銘柄もある

ここまでは、株価の水準にパターンがある銘柄の話でした。その他に、**株価が上がる時期と下がる時期にパターンがある銘柄**もあります。

図2・2は昭和電工（4004）の2009年1月以降の週足チャートです。これを見ると、毎年秋頃に底を付け、春先に高値を付ける傾向があることがわかります。

なお、昭和電工では、業績に季節的な要因があるわけではありません。しかし、**季節によって業績が変動する銘柄**もあります。そのような銘柄の方が、季節による株価のパターンがよりはっきりすると考えられます。

図2-2●季節的なパターンがある昭和電工

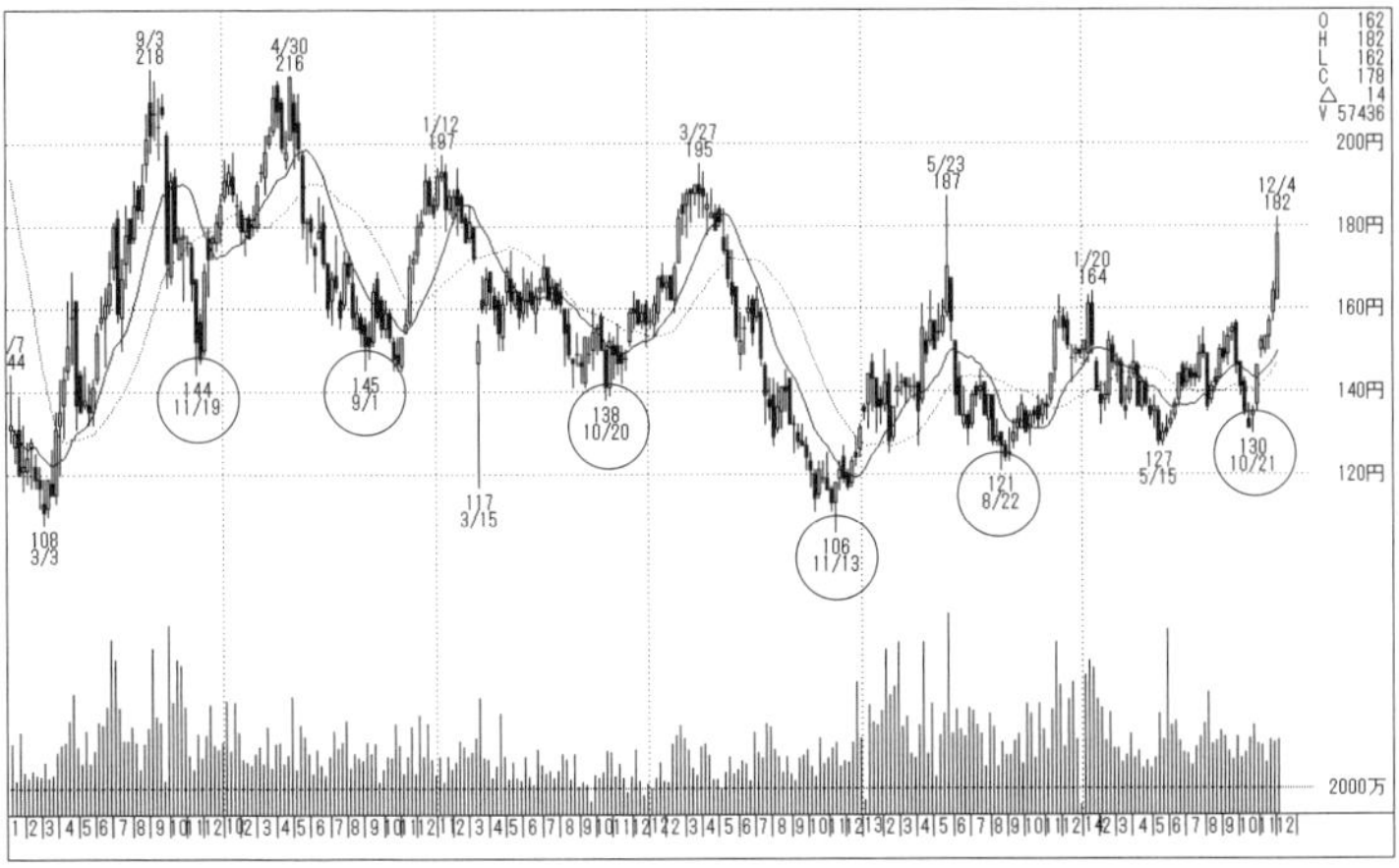

週足/2009.1～2014.12

利幅は大きくないが手堅く儲けられる方法

値動きにパターンがある銘柄は、前述したように、**業績が比較的安定した銘柄**に多く見られます。そのような銘柄は、株価が動く幅がそれほど大きくならないので、得られる利幅もそれほど大きくはありません。この点は、一攫千金を狙いたいタイプの方には物足りないかもしれません。

ただ、株価の動きがわかりやすく、買い時／売り時を判断しやすいので、失敗を比較的少なくできるというメリットがあります。コツコツと安定的に利益を積み上げていきたいという方には、この戦術が適しています。

横ばいパターン銘柄でしっかり稼ぐ

レンジの底で買い、天井で売る

パターンがある銘柄の中でもっとも稼ぎやすいのは、株価がある一定のレンジの範囲で「横ばい」で推移している銘柄です。

底値付近で買い、天井付近で売る

株価が横ばいで推移している銘柄では、**底値と天井の両方にパターン**ができます。このような銘柄なら、株価が底値を付けて上がり始めた頃に買い、天井を付けて下がり始めた頃に売る、ということを繰り返して、利益を得ることができます（図2・3）。

例えば、シンフォニアテクノロジー（６５０７）の場合、ここ3年ほどの期間で見ると、2012年10月末の底を除けば、１５０円前後で6回底を付けています。一方、１８０円〜２００円近辺で6回天井を付けています。

したがって、株価が下がってきて１５０円ぐらいになったら、株価を毎日注目するようにします。そして、底を付けて上がりだしたら、買いを入れます。この銘柄の場合だと、

図 2-3●底値直後に買って、天井直後で売る

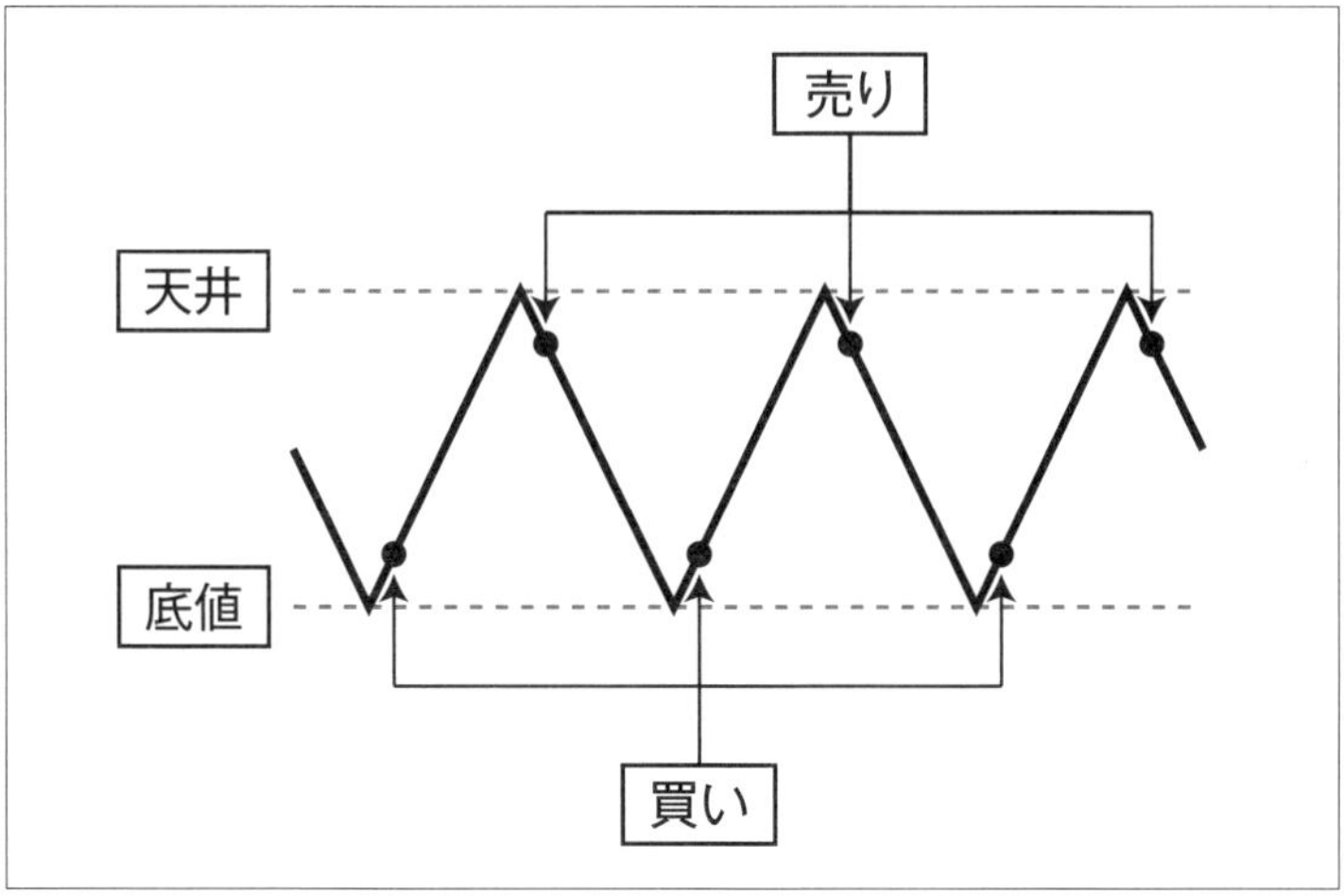

図 2-4●シンフォニアテクノロジーの天井と底値

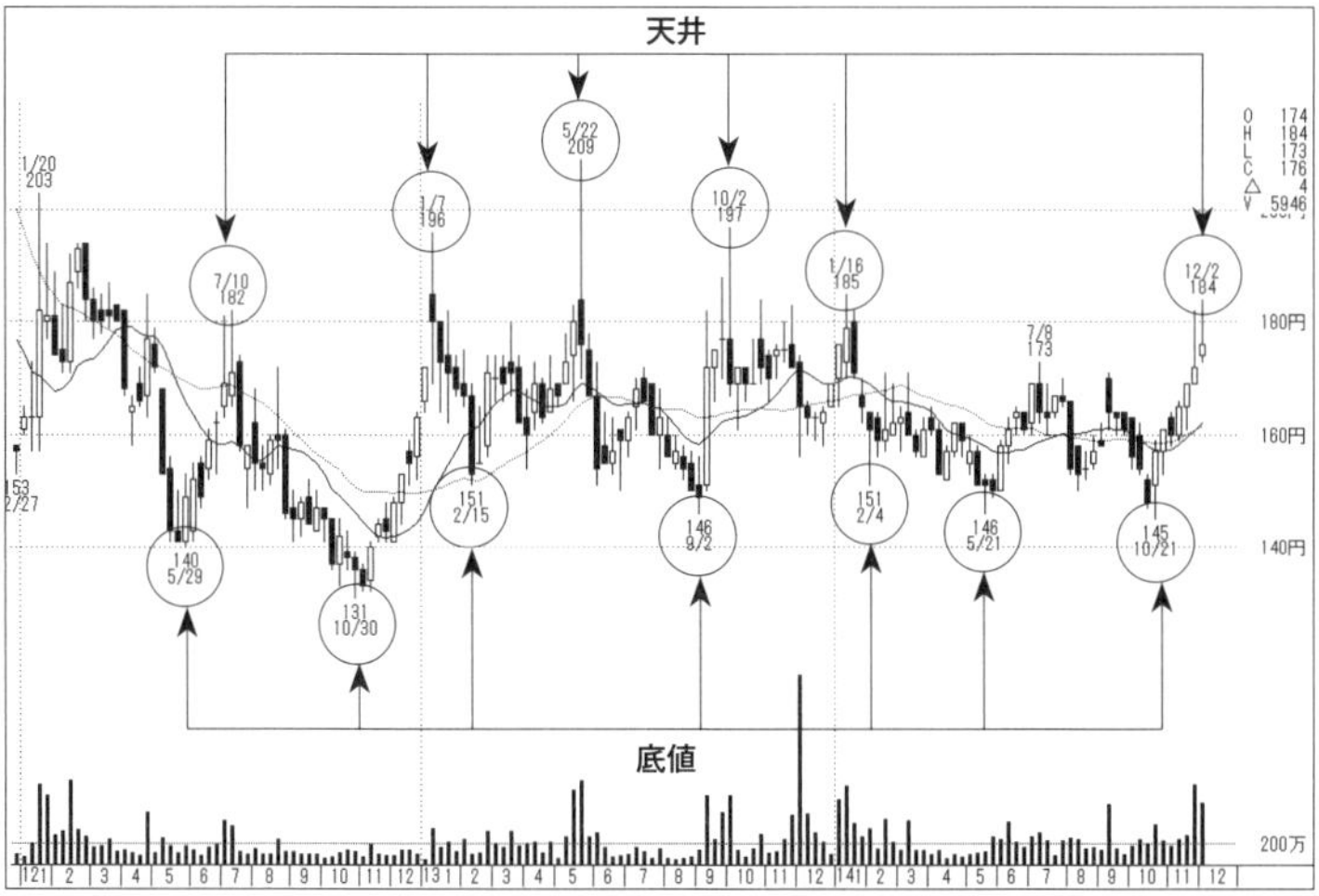

週足 /2011.12 ～ 2014.12

155円ぐらいで買うのが良いでしょう。

また、株価が180円を超えた後で下がりだしたら、売ると良いでしょう。この銘柄の場合、180円を割ったらすぐ売るのが良さそうです。

売買は底値／天井を確認してから

ただ、底値と天井がある程度わかっているなら、底値／天井を過ぎてからではなく、底値／天井に近付いたら早めに売買すれば良いのではと思う方もおられると思います。底値により近い時に買い、天井により近い時に売れば利幅が大きくなるので、できる限りそうしたいところです。しかし、それはまず不可能なことで、実際には底値を確認してから（底値を過ぎてから）買いを入れ、天井を確認してから（天井を過ぎてから）売ることが一般的です。

●パターンが崩れることもあり得る

また、これまでの過去に付けた底値／天井のあたりで、今回も絶対に底値／天井になるとは言えません。これまでのパターンが崩れて、過去の底値を割り込んでいったり、逆にこれまでの天井を越えて株価が上がることもあり得ます。そのため、底を確認してから買い、天井を確認してから売る必要があるのです。

図2-5●底値のパターンが崩れたら?

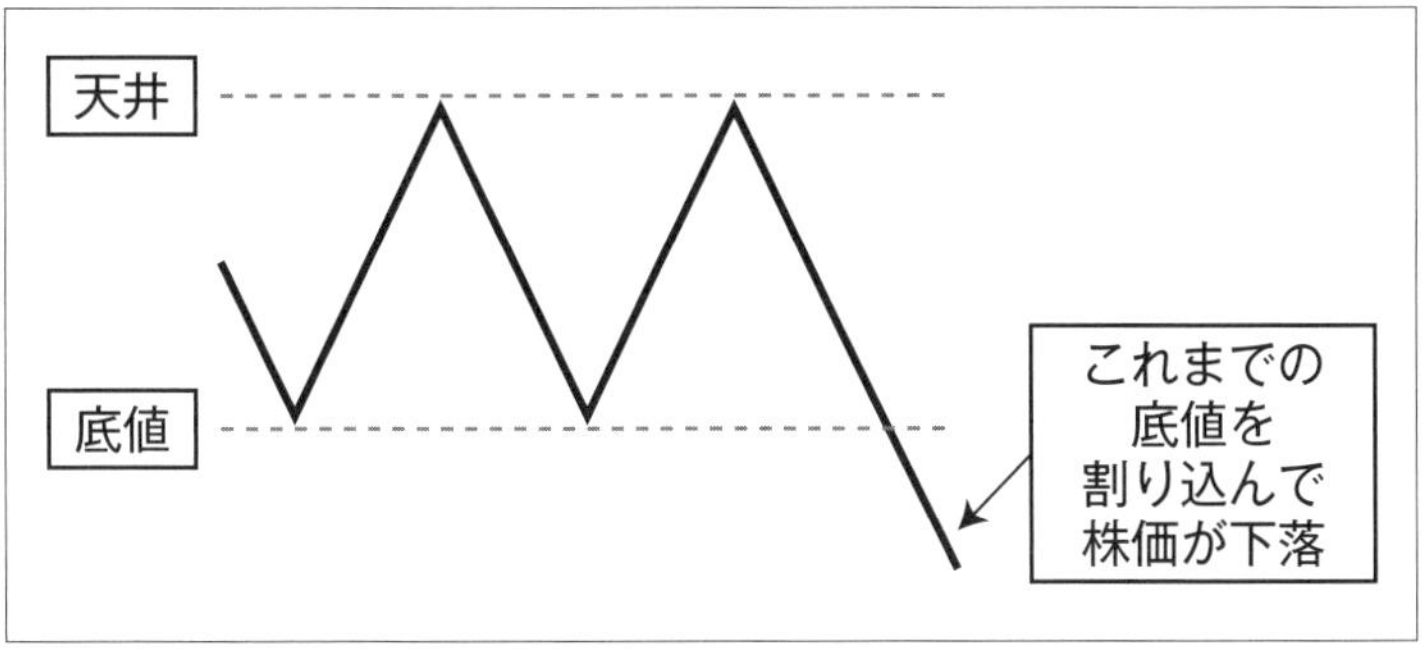

例えば、大きな悪材料が出れば、これまでの底値をあっさりと割り込んで、さらに大きく下落することもあり得ます（図2・5）。こうなると、それまでのパターンが崩れたことになるので、売買するタイミングを見直す必要が出てきます。

●底値のパターンが崩れたらどうする?

悪材料等の影響で底値のパターンが崩れたような場合、これまで通りに買いを入れても良いのでしょうか?

まず、その銘柄自体の材料ではなく、**市場全体を揺るがすような大きな出来事**でこれまでの底値を割ることがあります。その場合は、その出来事が収束すれば買いが入ってきて上昇し、これまでのパターンに戻っていくことがよくあります。そうであれば、底値を確認した上で買いを入れて良いのです。

一方、業績不振などその銘柄固有の材料で売られて、

図2-6●天井のパターンが崩れたら?

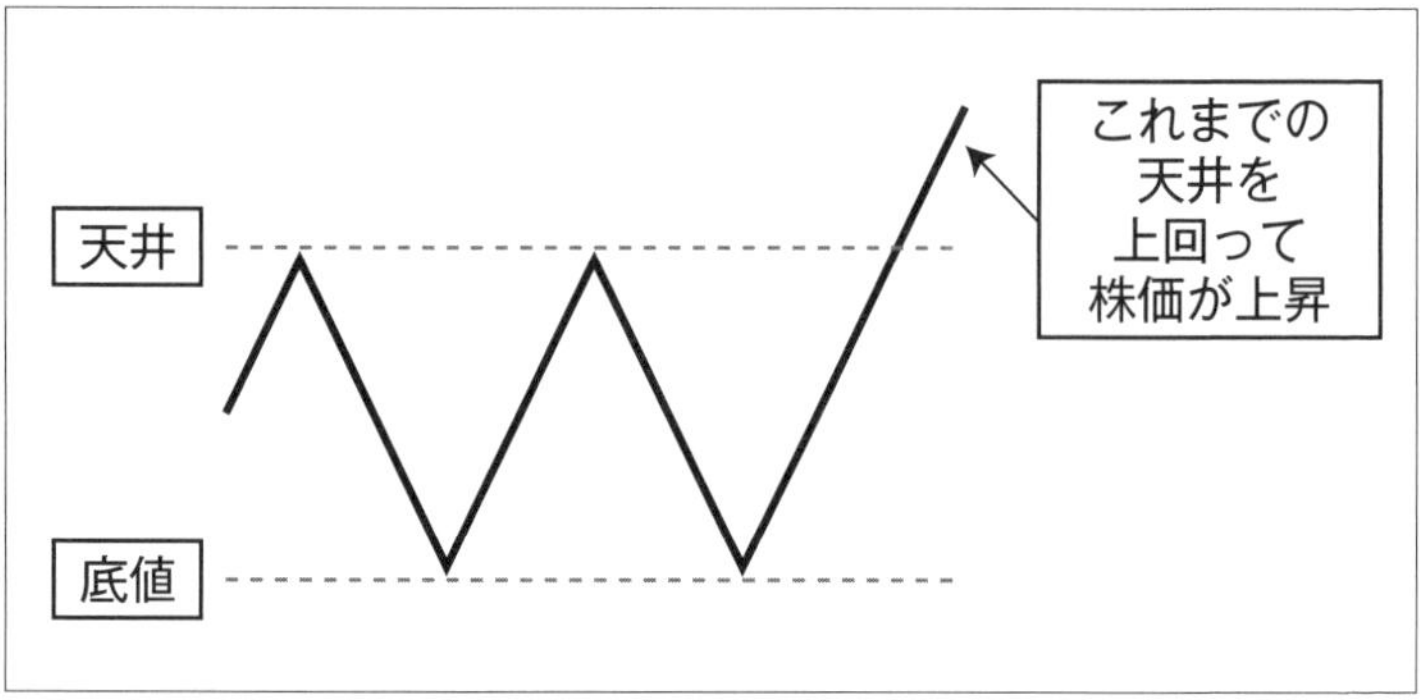

底値のパターンが崩れることもあります。この場合は、元のパターンに戻らずに、下落し続けることもあります。しばらく様子を見て、元のパターンに戻ってこないようであれば、投資対象から外すようにします。

●天井のパターンが崩れたらどうする?

底値のパターンが崩れるのとは逆に、天井のパターンが崩れることもあります(図2・6)。例えば、何か好材料が出て株価が一気に上昇し、これまでの天井を上回っていくような場合です。この場合は、株価がさらに上昇するのを待って、より大きく利益を得てから売りたいところです。ただ、従来のパターンからは外れていますので、いつ売るのかが問題になってきます。

株価が天井を付けたことを判断する方法はいろいろありますが、比較的簡単な方法として、「**グランビルの法則**」があります。グランビルの法則を使った判断方法は、後の55ページで解説します。

底値だけにパターンがある銘柄も使える

そこそこの業績を保ちながら、時に業績が上ブレする企業に多い

底値にはパターンがあるものの、その後の上がり方がまちまちで、天井にはあまりパターンが見られない銘柄もあります。前節の横ばい銘柄と比べると難易度は上がりますが、パターンを活用することはできます。

底値にパターンができるのは業績がそこそこの企業

低位株の中には、業績がさほど良くはなく、利益水準がかなり低かったり、黒字と赤字の境界線上といった企業もあります。このような企業の場合、株価は低迷しますが、**ある水準まで下がるとそれ以上は下げ渋る**傾向があります。そのため、底値にはパターンができます。

一方、天井の方は、その時の状況によって変わります。業績がまずまずで利益が出そうな状況なら株価も上がりますし、そうでなければあまり上がりません。そのため、天井にはばらつきが出ます（図2・7）。

図2-7●底値にだけパターンがある銘柄の動き

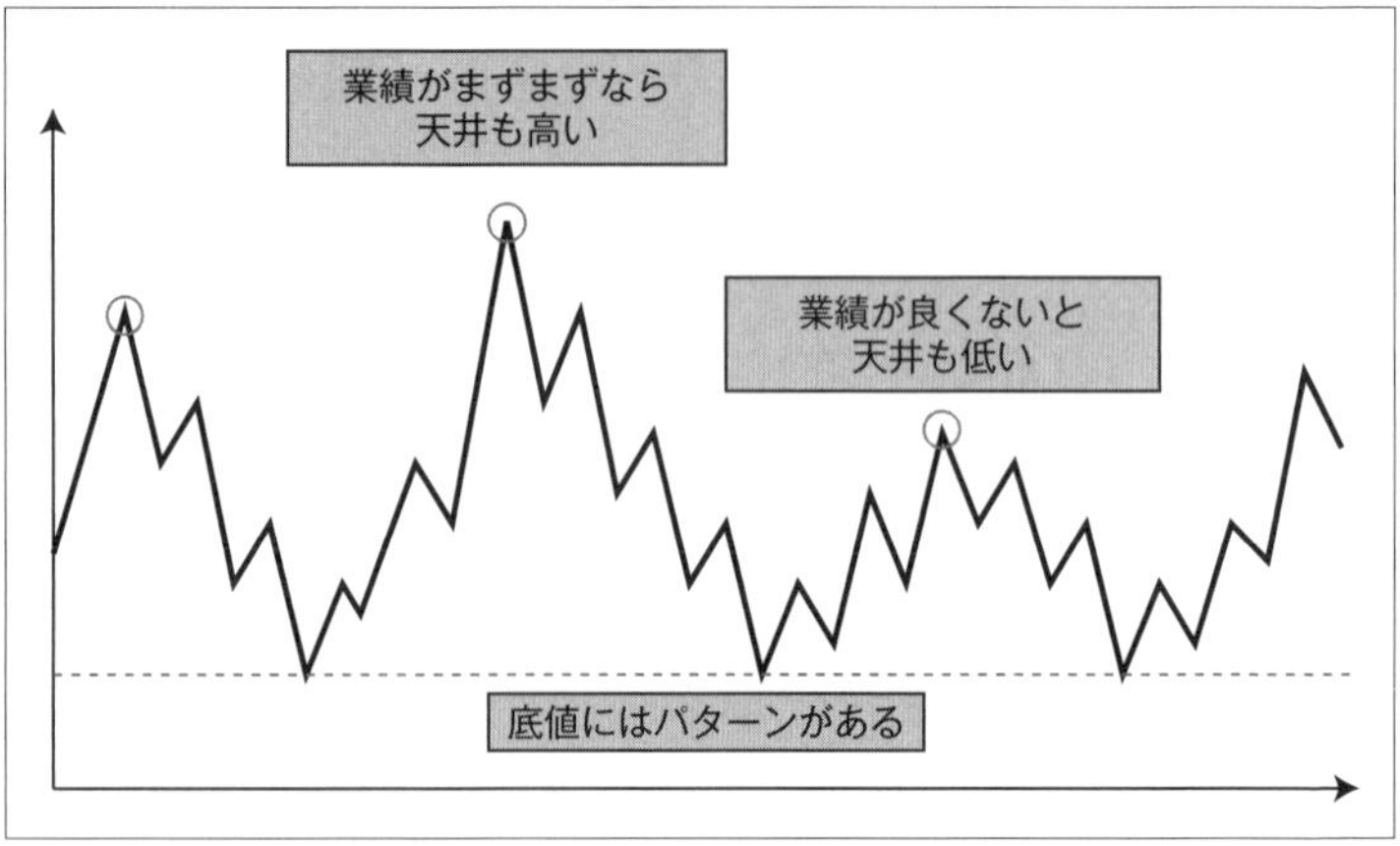

売りの目安はどうするか？

底値と天井の両方にパターンがある銘柄では、売買のタイミングもつかみやすくなります。

一方、底だけにパターンがある銘柄では、買いタイミングの考え方は前者と同じですが、売りタイミングの考え方が違ってきます。

まず、売りの最低の目安として、**ここ数年の高値の中でもっとも安いライン**を選びます。そのぐらいの株価までなら業績が悪くても上がるだろうと考えて、目安とするわけです。

例えば、過去3年の高値が、それぞれ250円／350円／300円だったとします。この場合、250円ぐらいまでは上がるだろうと予想します（図2・8）。また、その企業の**四半期決算**を調べ、業績があまり良くなさそうであれ

図2-8●過去3年の高値から売りの目安を考える

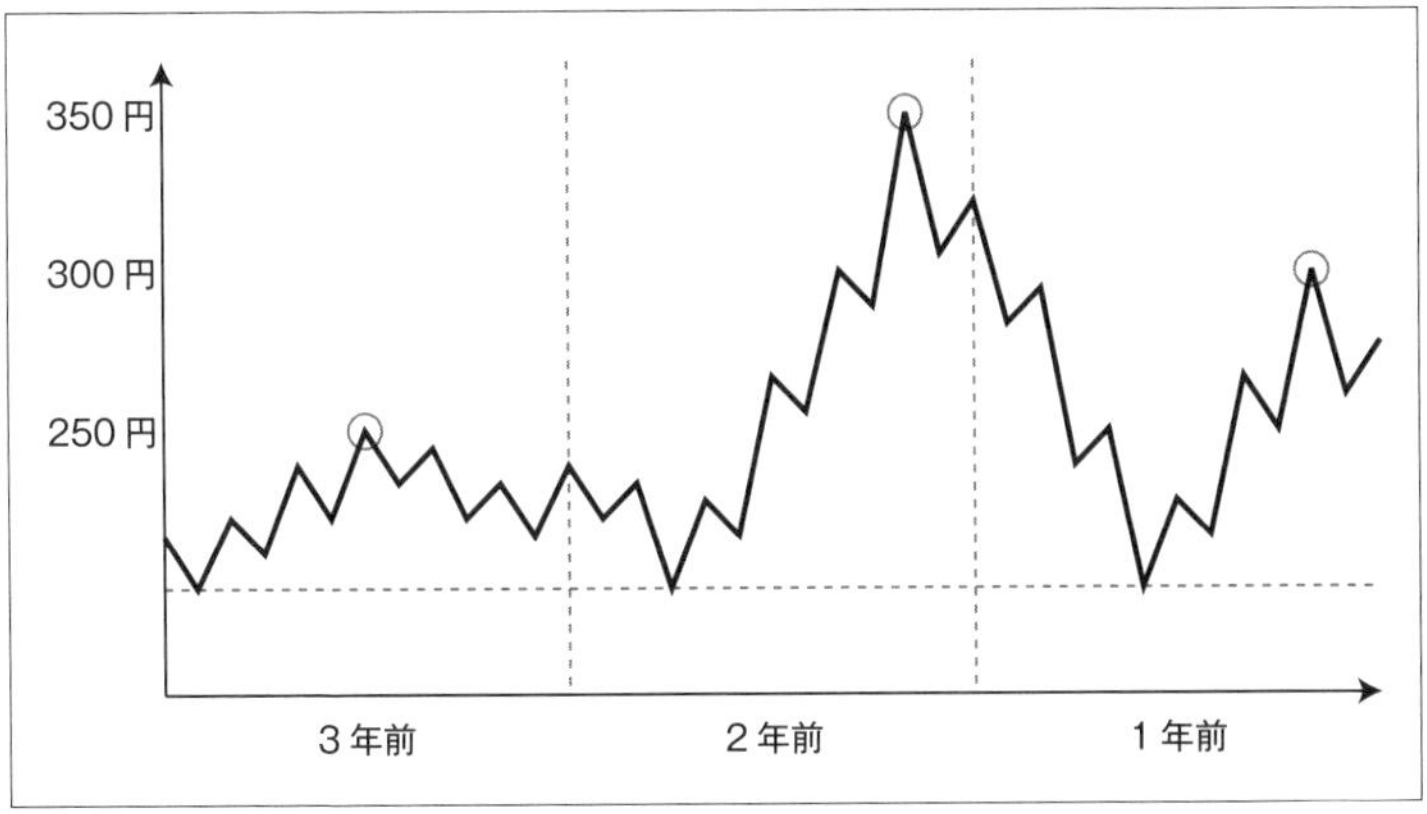

ば250円ぐらいが限界になる可能性が高いと思われます。したがって、その場合は250円近辺を売りの目安とします。

一方、業績を調べたところ、例年よりは良い状態だとします。この場合、株価がより上がる可能性が出てきますので、売りの目安を引き上げます。

●グランビルの法則だけは覚えておこう

売買のタイミングを判断する方法として、「チャート分析」があります。全部マスターする必要はありませんが、最低限のチャート分析はできた方が良いでしょう。基本的な分析手法として、「グランビルの法則」があります。

グランビルの法則は、株価と「移動平均線」（最近の一定期間の株価の平均値を結んだ折れ線）との位置関係で、売買のタイミングを判断する手法です。売買それぞれに4つの手法がありますが、

図2-9●グランビルの法則（売り）

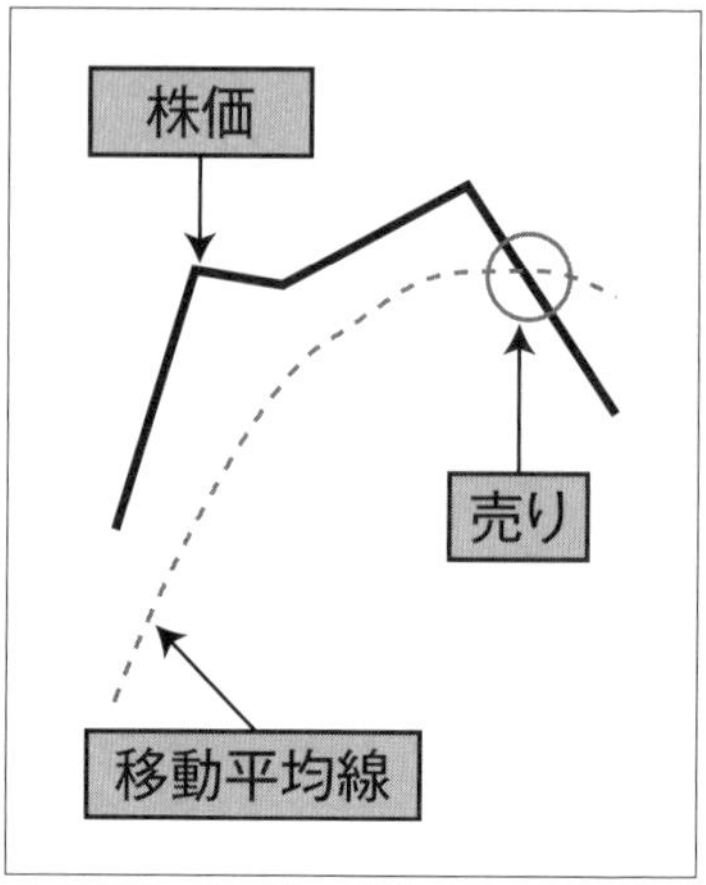

天井からの下がり始めを判断するには、「**上昇が止まりつつある（または下がりだしている）移動平均線を、株価が上から下に抜いたら売り**」という手法を使います（図２・9）。

図２・10は、日本コークス工業（３３１５）の２０１２年１月～２０１４年12月の週足チャートです。これを見ると、１００円付近まで株価が下がると反発する傾向がみられ、底値にパターンがあります。一方、天井はその時によって異なり、２０１４年１月の天井では１６３円まで上がっているのに対し、２０１２年２月の天井では１４０円までしか上がっていません。

このような銘柄では、グランビルの法則を使って売りタイミングを考えます。実際にチャートを見てみると、図中に「売り」と示した位置で、移動平均線が下向きかげんに代わり、その移動平均線を株価が下に大きく抜けています。したがって、これらのポイントが売りのタイミングになります。

図2-10●日本コークス工業の天井をグランビルの法則で判断

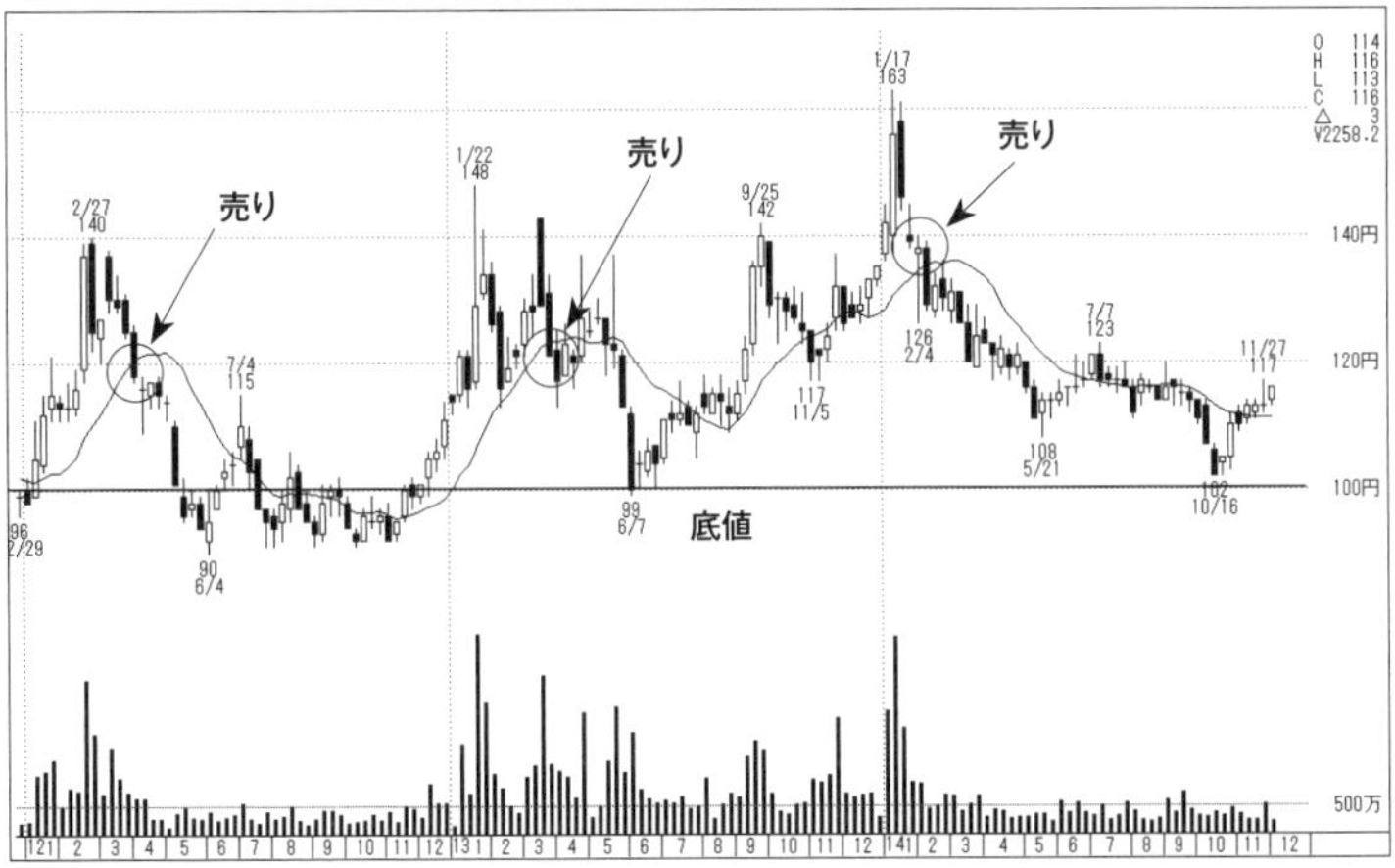

週足/2012.1～2014.12

なお、株価上昇がいったん止まって、移動平均線を下に抜いた後、しばらくして再度上がってくることもあります。ただ、そうなった場合に、「もっと上がるかも」と思って売った株をすぐに買い直すと、高値つかみになってしまうこともあります。欲張らずに、一度売った株は基本的にはしばらく買い直さないようにします。

さらに売買の方法を工夫する

売買のタイミングだけでなく、売買する際の株数の考え方など、他にも重要なポイントがあります。このことについては、他の手法とも共通する話になりますので、後の第7章で解説します。

季節的なパターンがある銘柄もある

天井や底を打つ時期に一定のパターンがある銘柄

底値そのものではなく、底値や天井を付ける時期にパターンがある銘柄もあります。このような銘柄も活用できれば、より幅が広がります。

秋に底値を付ける銘柄が多い

季節的なパターンがある銘柄もよく見られますが、それらの銘柄の全体的な特徴として、**秋の10月～11月ごろに底値になりやすい**傾向が見られます。

なぜ秋に底値を付けやすいのか？「これ」と明確に言える理由はありません。ただ、下がる要因をあげることはできます。

その1つとして、**外国人投資家**の動きがあげられます。現在の日本の株式市場では、外国人投資家の売買がかなりのシェアを占めています（売買代金の60～70％程度）。そのため、外国人投資家が買うか売るかによって、株価が動く傾向があります。海外では12月決算の企業が多く、外国人投資家も秋になると決算対策で株を売る傾向が強まるため、秋になると株価が下がりやすいと考えられます。

また、日本企業は3月決算のところが多く、10〜11月は中間決算が発表される時期にあたります。そのため、様子見する投資家が多く、これもこの時期に株価を下げる要因になります。

秋に底値を付けた銘柄は、その後は年を越して**春から夏ごろまで株価が上昇する**傾向があります。年度が変わることによって外国人投資家が動き出すことや、それまで様子見していた投資家が買いを入れ始めることが、株価上昇の要因だと考えられます。そこで、季節的なパターンがある銘柄では、**秋に買いを入れて春から夏に売る**というのが、基本的な売買の方法になります。

グランビルの法則を使う

今述べたように、基本的には秋に買って春から夏に売ります。ただ、底値の時期は、毎年ぴったり一定になるわけではなく、前後にずれることもあります。そこで、9月頃から株価の動きをチェックして、底値を付けたことを確認してから買うようにします。

55ページで、「グランビルの法則」を紹介しました。季節的なパターンがある銘柄では、買いタイミングを判断する際にもこれを使います。売りの判断とは逆で、「**下落が止まり**

つつある（または上がりだしている）移動平均線を、株価が下から上に抜いたら買い」という手法です（図2・11）。

図2-11●グランビルの法則（買い）

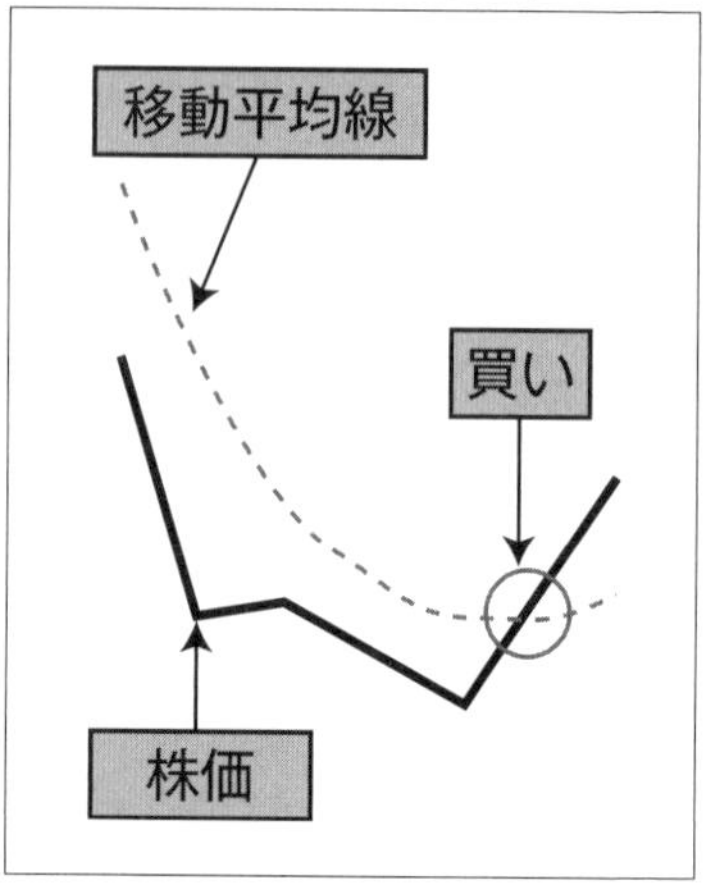

また、天井の時期も一定しているとは限りませんので、売る時にもグランビルの法則でタイミングを判断します。

●東邦亜鉛の例

図2・12は、東邦亜鉛（5707）の2010年8月～2014年2月の週足チャートです。このチャートの期間では、8月～10月にかけて底値を付ける傾向があることがわかります。また、その後に株価が上昇して、春先に天井を付けやすいこともわかります。

売買のタイミングは、図中の「買」と「売」で示したところになります。いずれも、グランビルの法則を使って売買のタイミングを判断しています。

ただ、前述したように、必ずしも秋に買って春に売るとは限りません。例えば、2013年では10月も安値を付けていますが、6月にも安値を付けていて、その後9月頃まで若干上昇する動きを見せています。

図2-12●東邦亜鉛で売買した例

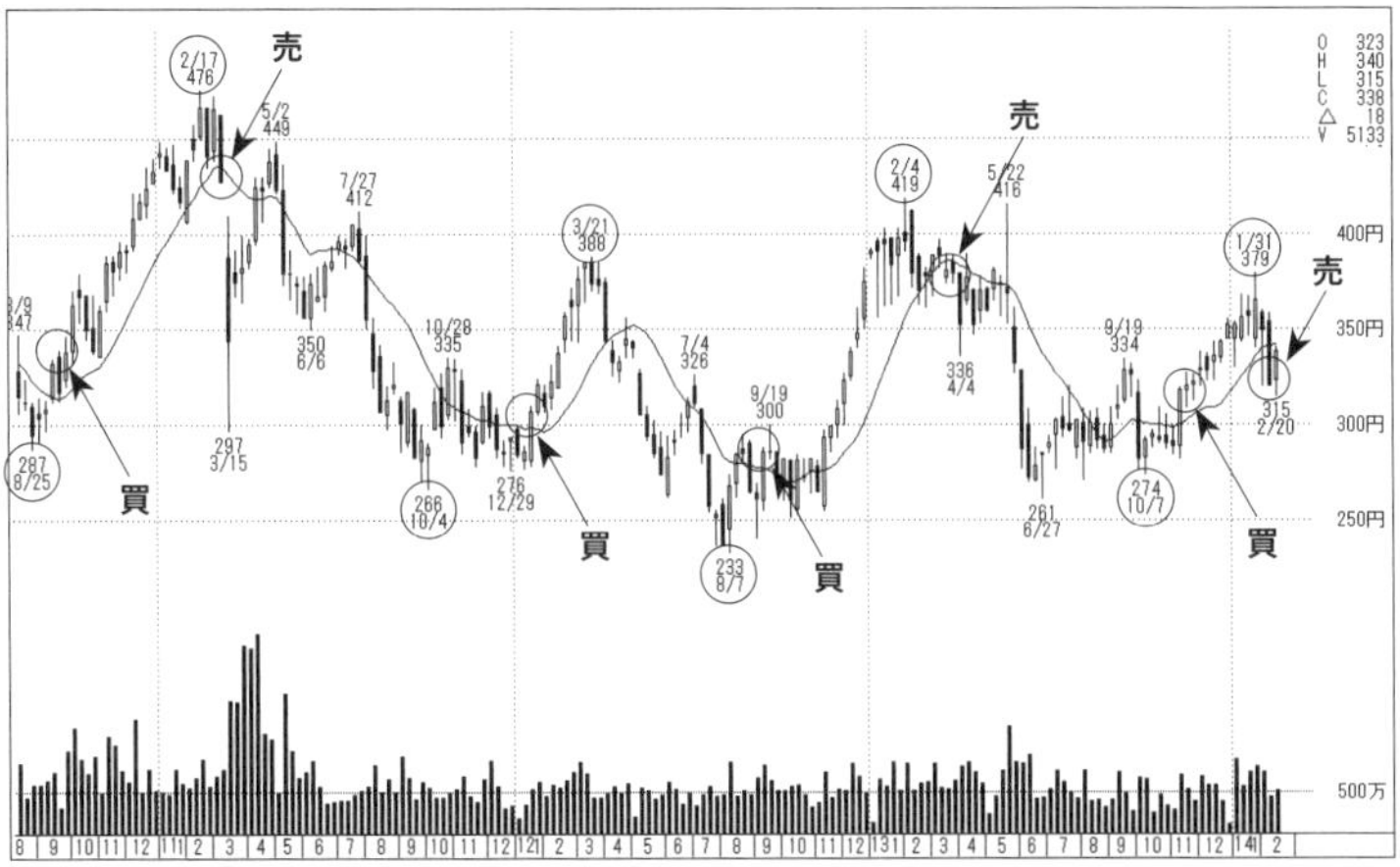

週足 /2010.8～2014.2

このように、常にパターン通りになるとは限りません。パターンを頭に入れつつも、その時々の状況に応じた判断をすることが必要です。

パターンに沿って買いを入れたものの、その後に株価がパターンと違う動きをして損失になりそうな場合は、早めに損切りして損失が拡大しないようにします。

なお、２０１２年１月の買いの後には、グランビルの法則での売りタイミングが出てきません。このようなときには、状況に応じて（利益が出ているうちに）臨機応変に売ることも必要です。

パターン銘柄はいろいろと見つかる

週足チャートで見ていくと年単位の周期を見つけやすい

株価の動きにパターンがある銘柄は、多くの銘柄のチャートを丹念に拾っていくと見つかります。ここでは、現時点での一例を紹介します。

底値／天井ともにパターンがある銘柄

本書執筆時点では、45ページで紹介したクラボウのほかに、**ＪＸホールディングス**（５０２０）をあげることができます（図２・13）。２０１０年に新日本石油と新日鉱ホールディングスが経営統合した会社で、エネルギーや金属関連の事業を行っている企業です。低位株の中では株価が高めの部類で、５００円前後で上下する傾向があります。特に、ここ2年は４５０円～５５０円のレンジで上下する動きになっています。

パターンに入ってからの期間があまり長くはないので、今後も４５０円～５５０円で上下するかどうか微妙ではありります。ただ、ここ数年配当が年16円（今期予想値も年16円）あり、株価が４５０円まで下がると配当利回りが３・56％となって、比較的高利回りだと

図2-13●JXホールディングス

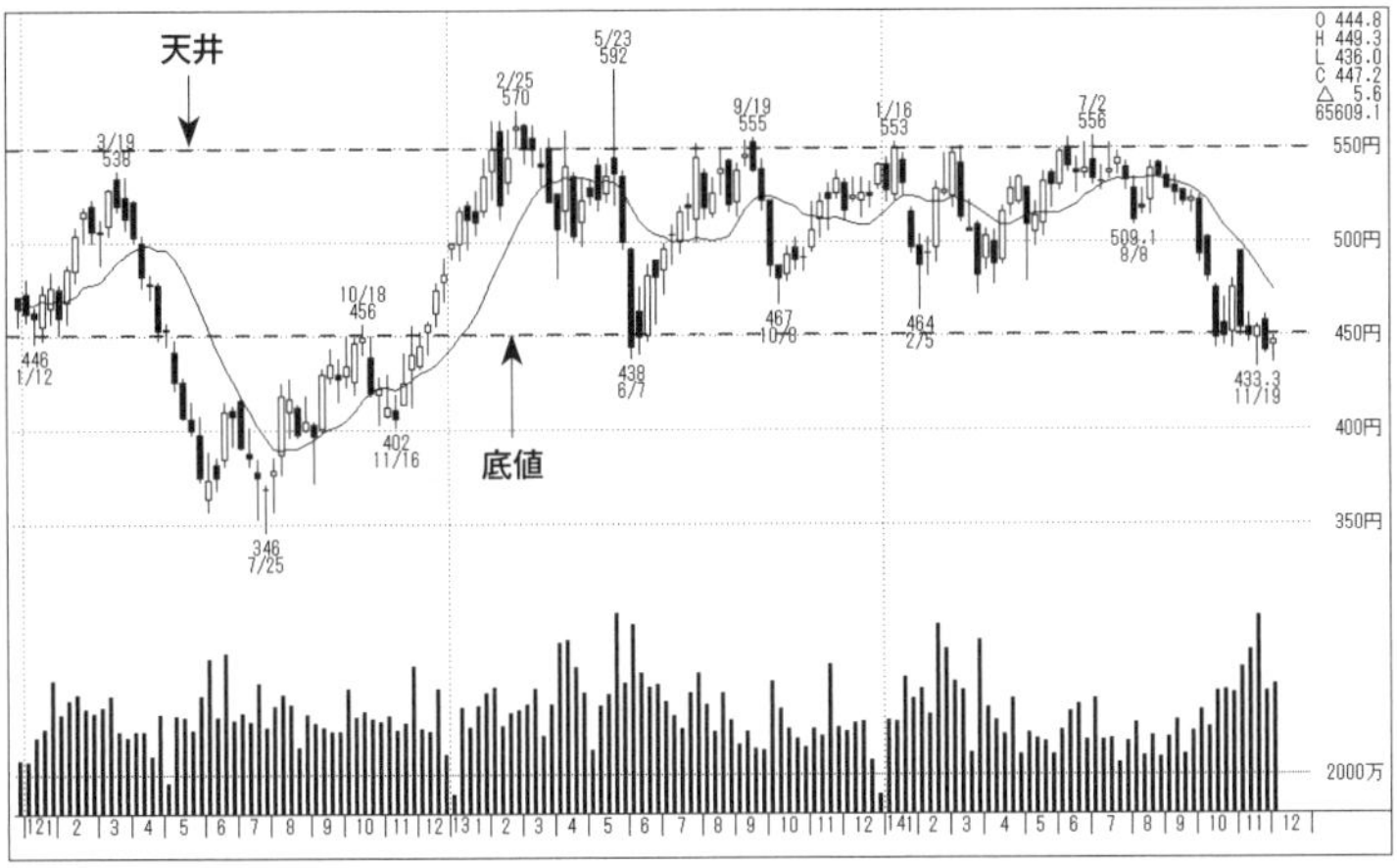

週足/2012.1～2014.12

言えます。したがって、株価が下がれば配当狙いの買いが入りやすく、極端な下げにはなりにくいと考えられます。１単元が１００株で、４万円台から投資できる点も魅力です。

底値だけパターンがある銘柄

このパターンに属する銘柄としては、**中外炉工業**（１９６４）、**東洋精糖**（２１０７）、**トピー工業**（７２３１）などがあげられます。

中外炉工業は、２０１２年～２０１４年では２００円前後で底を付ける傾向があります。また、２００９年～２０１１年も２１０円～２２０円あたりで底を付けることが多く、底値はかなり安定していると言えます。一方、天井にはばらつきがあり、２０１１年には３９９円を付けたこともありました。

図2-14●中外炉工業

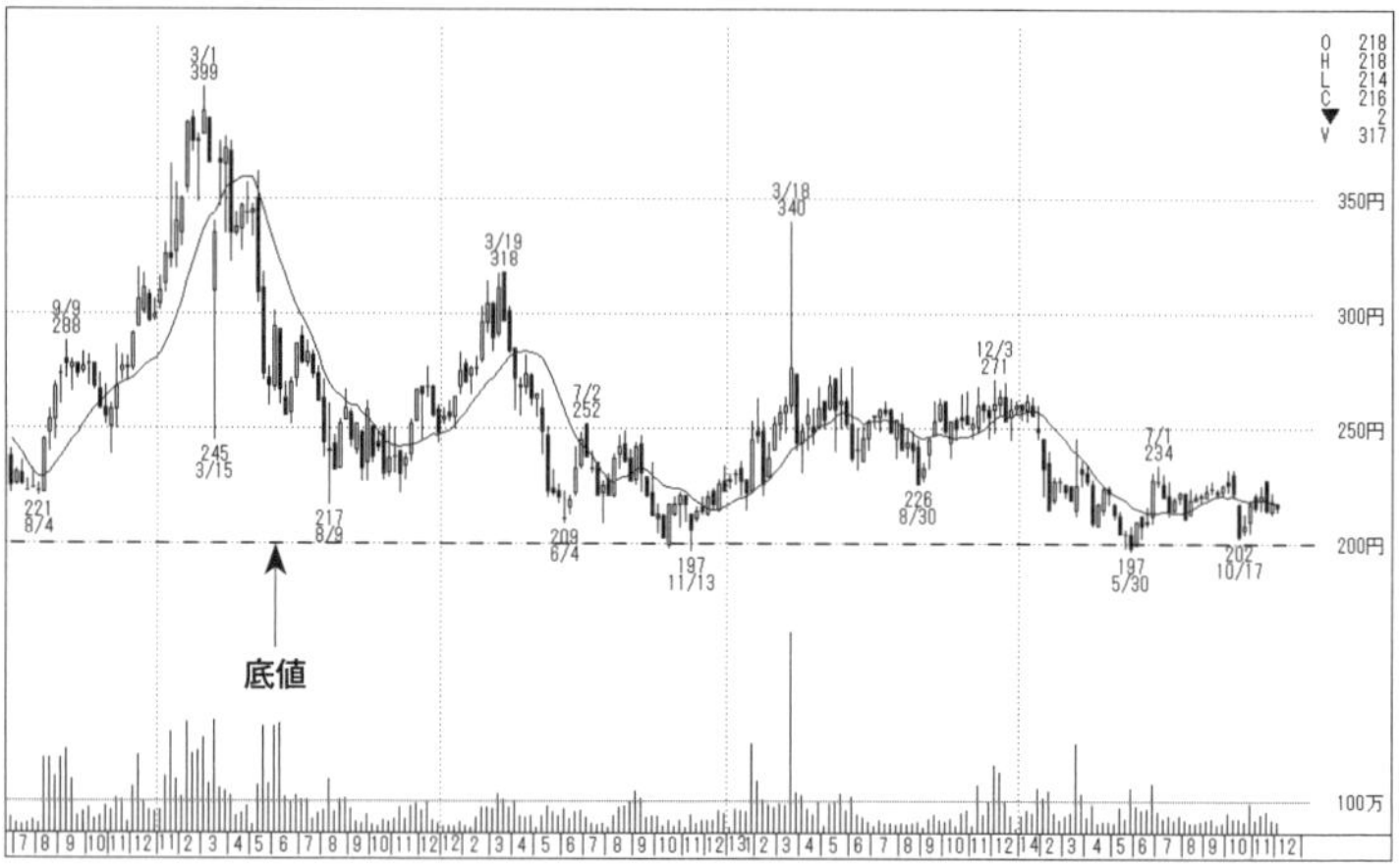

週足/2010.7～2014.12

図2-15●トピー工業

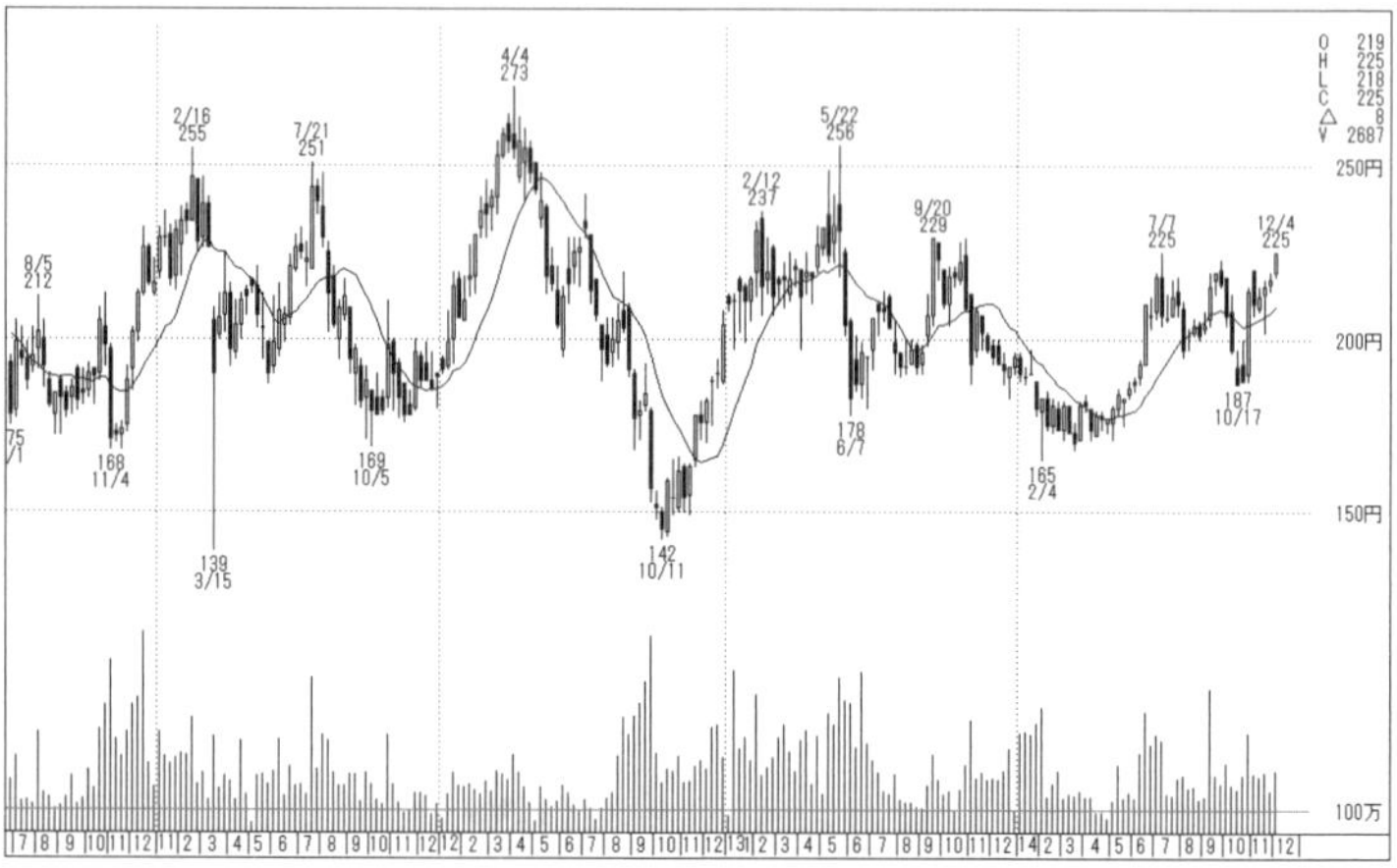

週足/2010.7～2014.12

図2-16● 日本ピストンリング

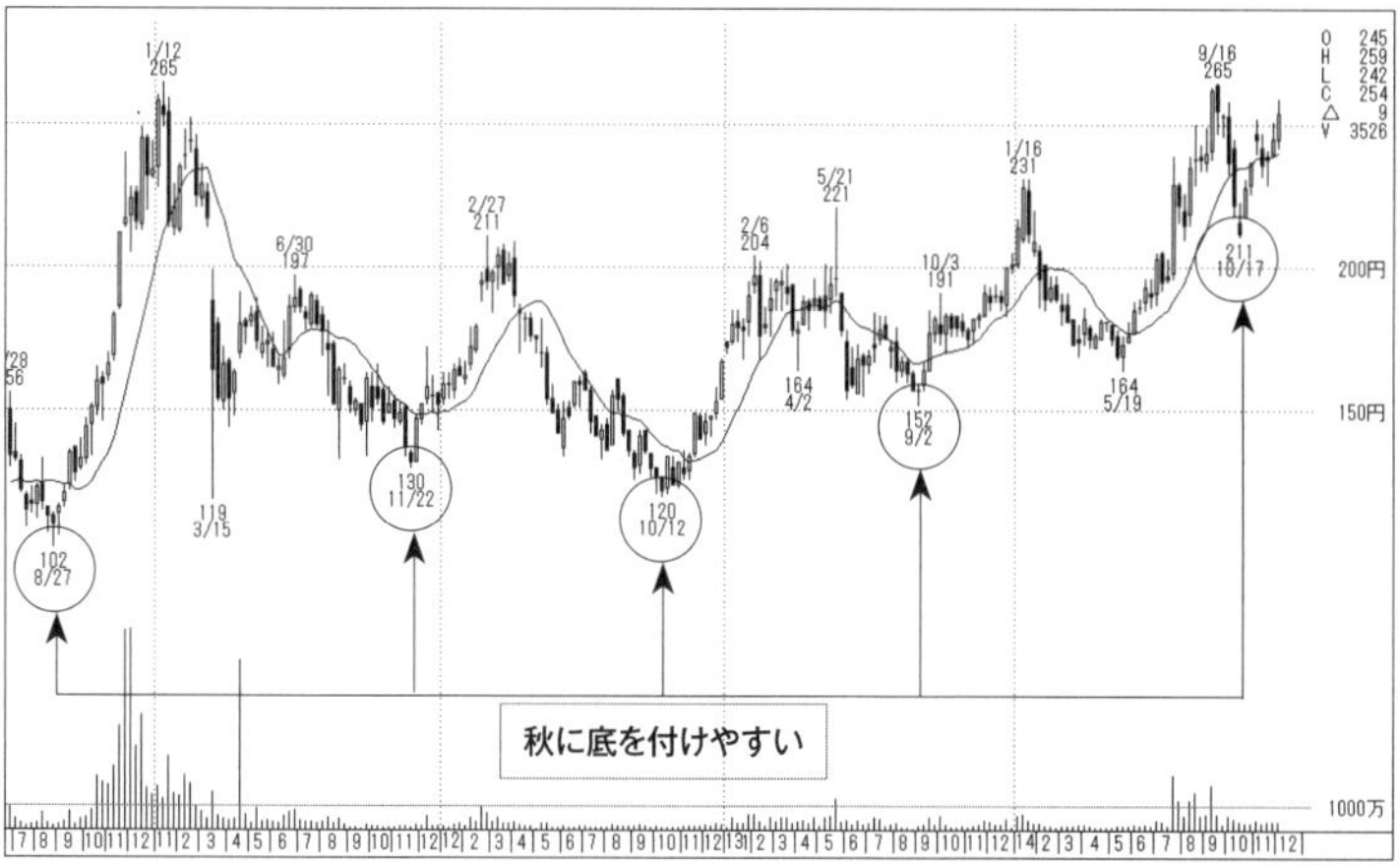

週足/2010.7～2014.12

２０１４年に入ってからは低空飛行で２５０円を超えていませんが、何か材料があれば大きく上がることもありそうです（図２・14）。

トピー工業は、過去５年で１５０円を割ったことがほとんどなく、底値は安定しています。また、天井も２３０円～２７０円ぐらいで、ばらつきがあるとは言えそれほど大きくはありません（図２・15）。

季節的なパターンがある銘柄

この例としては、**日本ピストンリング**（６４６１、図２・16）、**ユニデン**（６８１５）、**ウッドワン**（７８９８、図２・17）、**津田駒工業**（６２１７）などがあります。日本ピストンリングとウッドワンは配当利回りが２％

図2-17● ウッドワン

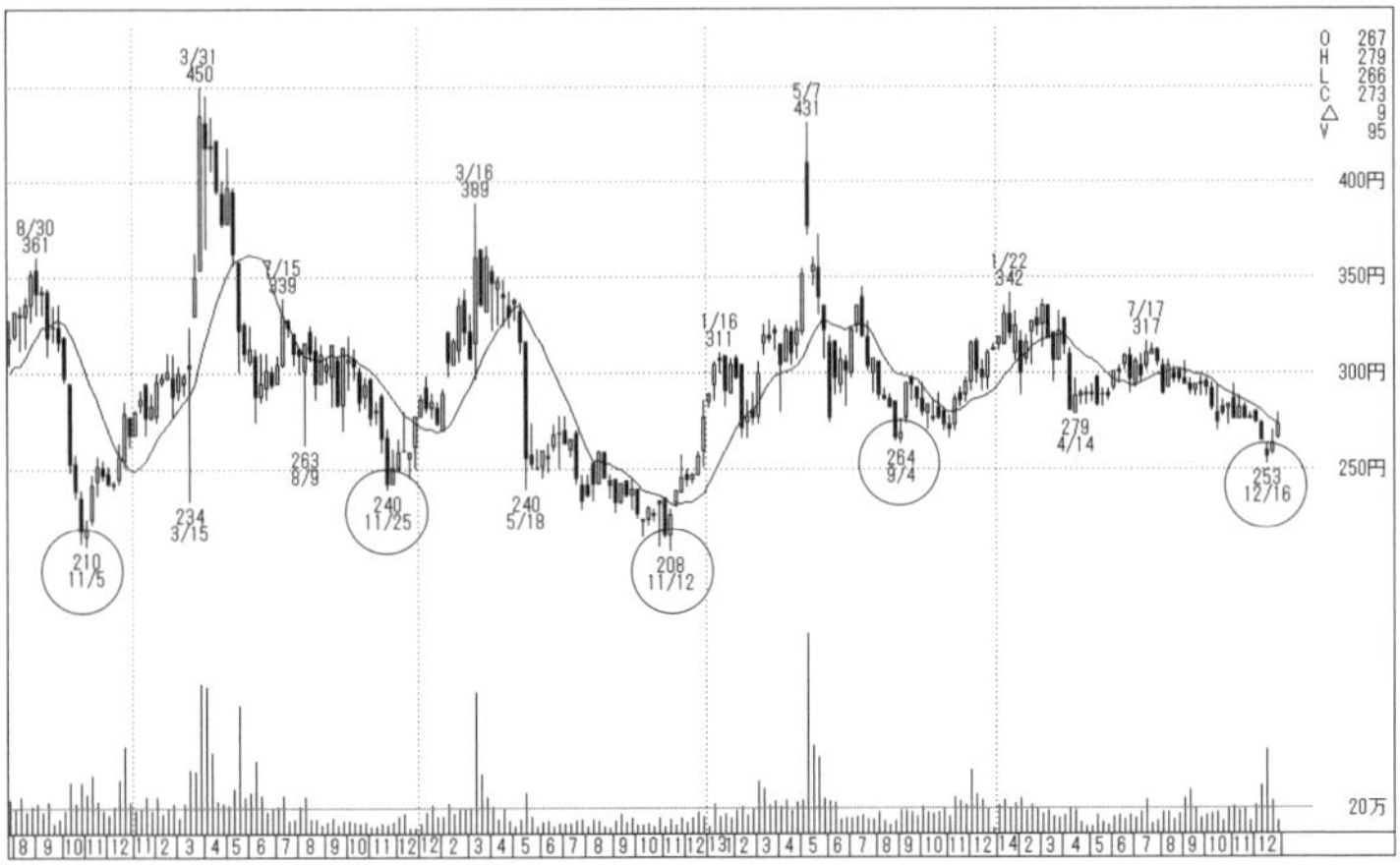

週足/2010.8～2014.12

台で比較的良く、タイミングが合えば配当を狙うこともできます。

58ページで述べたように、各銘柄とも秋頃に底を付ける傾向がみられます。また、天井の時期は銘柄によってやや違いがあります。

したがって、売買するタイミングを判断する際には、グランビルの法則を使うなどします。

3 CHAPTER

低位材料株の急騰をねらう

低位材料株とはどんな銘柄のこと？

材料とは良くも悪くも株価を動かすような要因を指す

低位材料株で儲ける話に入る前に、まず「低位材料株」がどのようなものかということから、話を始めることにします。

材料とは、株価を動かす要因のこと

株式関係のニュース等を見ていると、よく「材料」という言葉が出てきます。材料とは大まかに言えば、**株価を動かすさまざまな要因**のことを指します。

例えば、ある企業が今季業績予想を上方修正するとします。上方修正は良いニュースであり、株価にとってプラスの要因ですから、**業績の上方修正は材料の1つ**になります。

個別の企業に関するものだけでなく、ある業界全体に関する材料もあります。例えば、株価が上がって株式市場が活況になってきた場合、株の取引高が増えて取引の際の売買手数料も増えます。売買手数料は証券会社の収益源の柱ですから、株価上昇は証券業界全体にとってプラスの材料になります。

このように株価に良い影響を与える材料を「**好材料**」、逆に悪い影響を与える材料を「**悪材料**」と呼びます。同じ業績の修正でも、業績下方修正は当然悪材料になります。なお、単に材料と言った場合は普通、好材料を指します。

低位材料株＝低位株で材料が多い銘柄

では、「低位材料株」とはどんな銘柄でしょうか？　大まかに言えば、「**低位株で、かつ売買の手かがりとなる材料が多い、あるいは材料視されやすい銘柄**」のことを指します。

低位株の中には、業績の変動が大きい銘柄も少なくありません。例えば、機械関係の銘柄は景気の影響を大きく受け、大赤字になることもあれば、大きな利益を計上することもあります。

また、業績が不安定な低位株では、何かと怪しげな噂が立つこともよくあり、噂によって材料が過大評価されて多くの投資家を巻き込み、マネーゲーム的に売買されるいわゆる「**仕手株**」に近いような銘柄もあります。

材料がよく出る銘柄は、それだけ株価の動きも大きくなりやすく、株価が一度上がりだすと、**買いが買いを呼んでさらに上昇する**ことも出てきます。このような低位材料株にうまく乗ることができれば、大きく稼ぐことができます。

材料に詳しくなってこまめにチェックする

どんな事柄が好材料／悪材料になるのかを知っておく

一口に材料と言っても、その企業だけに関係するもの、特定の業種に関係するものなど、さまざまです。

個別の銘柄の材料になるもの

銘柄固有の材料とは、その企業に直接関係する材料のことです。

例えば、好材料としては**業績の上方修正**、**復配**、**増配**、**自社株消却**、業務提携や海外進出、新工場建設、**新製品／新技術の開発**、建設や造船、プラント企業などの大型契約の受注など、株価上昇にプラスになると思われる事柄の発表などがあげられます。

その反対に悪材料の例としては、**業績の下方修正**、減配、**無配**、**公募増資**、粉飾決算その他の**重大な法令違反**や不祥事の発覚、製品や商品の**重大な欠陥の発覚や事故等の多発**、災害等で生産設備が被災したことによる操業停止などがあげられます。最近の例では、顧客情報の大規模流出や食品の安全管理・異物混入の問題なども目立ちます。

業界や市場全体の材料になるもの

個別企業の材料は突発的に出て、短期的な影響のものが多いですが、それだけではありません。特定の業界全体にもう少し長いスパンで影響するような材料もあります。

例えば**天候**です。夏に晴天が多く猛暑であれば、ビール・清涼飲料水・アパレルなどのメーカー、衣料品小売り、旅行やレジャー会社などにとっては業績向上につながるので好材料となり、逆に天候不順で冷夏であれば、これらの業種にとっては悪材料となります。

また、アベノミクスによる円安が示すように**為替相場**の動向によって、特に輸出企業の業績に大きく影響しますし、**原油価格**の動向も、電気・海運・運送・化学など多くの業界に影響を及ぼします。

業種の材料については91ページでも解説しますが、その他にも各業界に対する行政当局の**規制緩和や規制強化**、増税や課税の強化、金利の上昇・低下、大規模災害や福島第一原発事故による放射能汚染、各種の**風評被害**など、さまざまなものがあげられます。

●市場全体の材料になるもの

これには国内外の景気や金利の動向、国内に限らずオリンピックや万博などビックイベントの開催、金融危機などの問題、紛争やテロ、戦争の勃発などがあるでしょう。

好材料が出たらどうする?

個々の銘柄の株価は、時に何も材料がない時は市場全体の流れに沿って動く傾向がありますが、何らかの材料が出ると、よく株価が急変します。好材料が出れば、その内容によっては株価が急騰することもあります。

例えば、決算短信で「利益が前年比で倍増する」という業績予想が発表されたとします。株価は1株当たり利益に比例する傾向がありますので、利益が前年比で倍増すれば、株価も2倍近くに上がる可能性があります。

このような銘柄をすでに持っていたとしたら、非常にラッキーです。ただ、材料の影響で株価が乱高下することもあります。その後の株価の動きをよくチェックして、頃合いを見て、その銘柄を売って利益を確保することを考える方が良いでしょう。

●好材料で上昇した例（関東電化工業）

関東電化工業は、アベノミクス相場初期に大きく株価が上がった後、2013年後半から2014年前半にかけて、200円台で株価が伸び悩んでいました。ところが、8月12日に業績予想の上方修正が発表され、利益が大きく伸びる予想になりました。このことから株価が急騰し、およそ1か月で2倍近くにもなりました。

図3-1●業績上方修正で上昇した関東電化工業

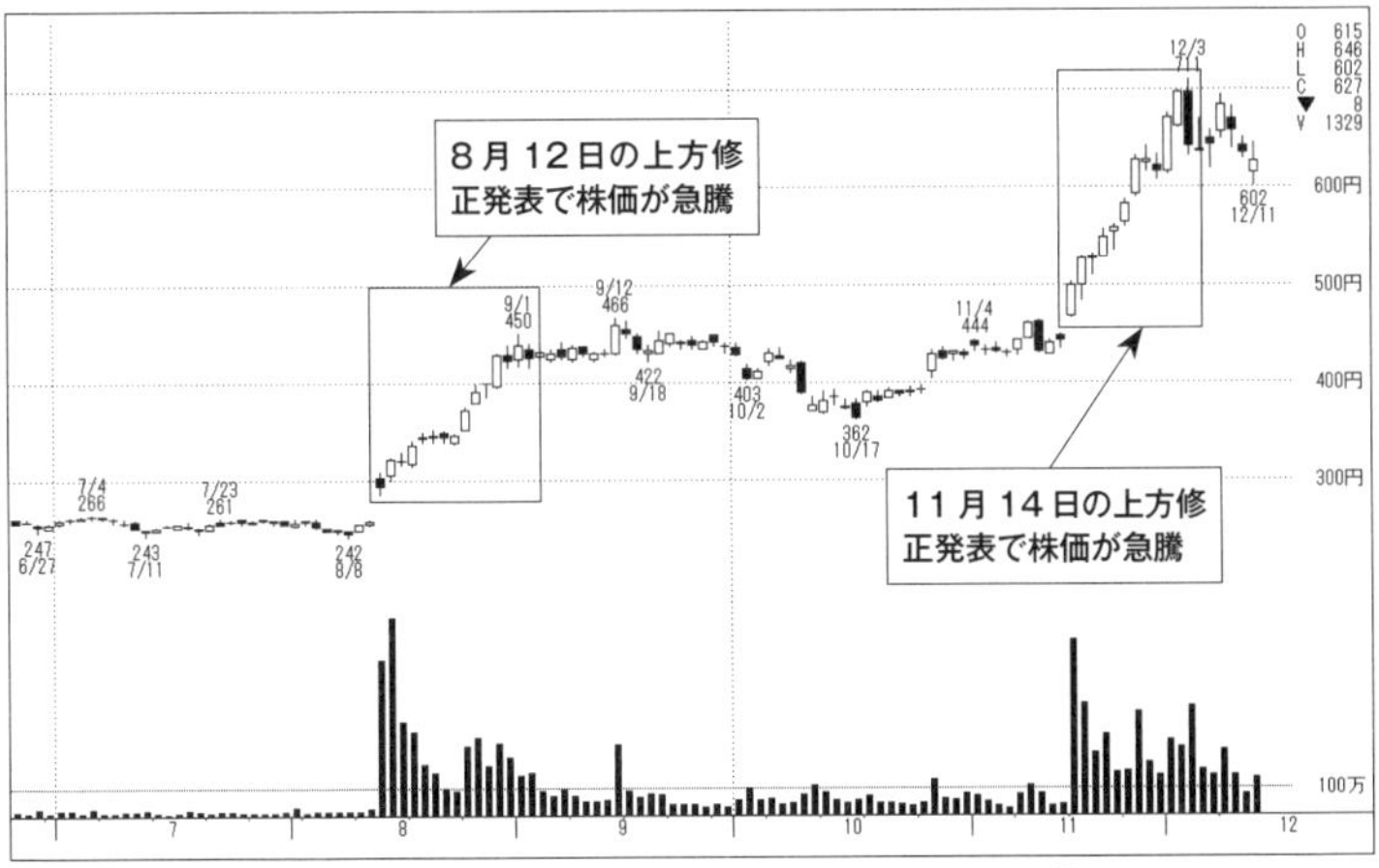
8月12日の上方修
正発表で株価が急騰
11月14日の上方修
正発表で株価が急騰
600円
500円
400円
300円
100万

日足 /2014.6 ～ 2014.12

また、11月14日にも業績予想が再度上方修正され、復配することも発表されました。これを受けて、株価はさらに上昇し、約3週間で60%近い値上がりになりました。

悪材料が出たら直ちに売る

一方、悪材料が出ればその内容によりますが、たいていの場合は株価が下がります。小幅な下げで終わることもありますが、大幅に下落することも少なくありません。手持ちの銘柄に大きく影響しそうな悪材料が出た時は、すぐに売るべきです。急落して含み損が大きくなり、売るに売れない状態になる前に、素早く売って傷を広げないことが肝要です。

●四半期決算発表日は事前に必ず確認する

材料の多くは突発的に出るため、いつ出る

かわかりません。ただ、決算情報は発表日が事前に決まっていて、企業のホームページにある「ＩＲカレンダー」等を見れば、すぐにわかります。

決算には、本決算と四半期決算があります。四半期決算は、四半期（3か月）ごとに発表される情報で、その発表の時点で**業績予想の修正が行われる**ことも多いです。

業績予想が下方修正されると、ほとんどの場合売られて株価が下がります。特に、黒字予想から一転して赤字予想に変わったりすると、なおさらです。したがって、四半期決算の発表日には忘れずにすぐ情報を確認し、下方修正されたら直ちに売るべきです。

●悪材料で急落した例（三陽商会）

三陽商会（８０１１）は各種のアパレルを扱っている企業です。その中心事業の１つとして、イギリスのバーバリーの商品の輸入販売がありました。しかし、２０１４年4月24日にバーバリーとの契約解消が報じられました。その時点では会社は「決定した事実はない」と否定しましたが、業績への懸念から株価が急落しました（図3・2）。

いったんは株価が戻りかけたものの、5月19日に会社から契約解消が正式に発表され、株価が再度急落しました。その後しばらくは、株価は下がったままで戻らない状態が続きました。

図3-2●バーバリーとの契約解消のニュースで急落した三陽商会

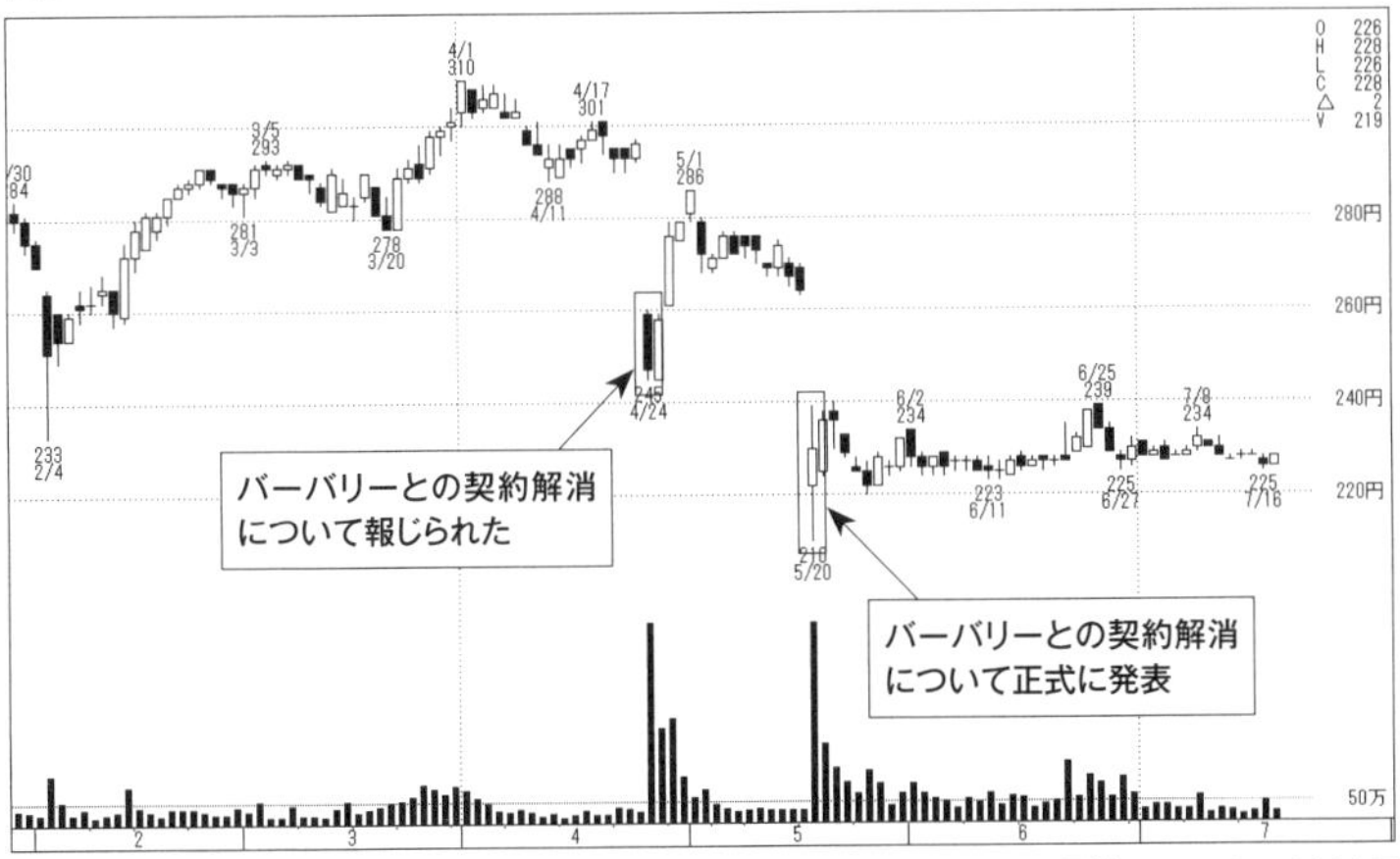

日足 /2014.1 ～ 2014.7

●悪材料で売った後もしばらく監視する

悪材料が出た銘柄は、しばらくの間は株価が下がります。しかし、売ってしまったからといって、その銘柄をすぐに見捨てるのは早計です。

株は安い時に買うのが基本です。悪材料で株価が下がった銘柄も、やがては下落が止まり、いずれはまた底を打って上昇に転じるものので、その時は買いのチャンスです。したがって、悪材料が出た銘柄は、将来の買いの候補として監視を続けることをお勧めします。

特に、パターン銘柄は、悪材料の影響で株価がパターンの下限に迫ることがあります。それまでのパターンが崩れるのかどうかをよく見きわめて、**パターンが崩れなければ再度買いを入れる**と良いでしょう。

低位材料株には定期的に急騰する銘柄もある

乏しい材料でも急騰を繰り返す仕手性が強い銘柄

低位材料株の中には、その銘柄に特に材料がないと思われる時であっても、時折株価が急上昇するものがあります。

低位材料株が急騰するのはなぜ？

景気が悪い時期には市場全体の雰囲気が落ち込んで、株価が膠着状態に陥りやすくなります。多くの銘柄は、このような時期には横ばいから値下がりの傾向になります。ところが**市場に膠着感が漂ってくると、何か売買の手掛かりはないかと物色する動き**が強まり、その結果低位材料株が買われることがあります。

●短期間で数倍の値上がりもある

低位材料株も一度動き始めると大きな動きになることが多く、そうなると、短期で利益を得ようとする投資家が群がってきて買いが買いを呼ぶ状態になります。その結果、上がる時には市場平均よりも高いパフォーマンスを見せることが多く、時には短期間で株価が

図3-3●急騰銘柄の例（サクサホールディングス）

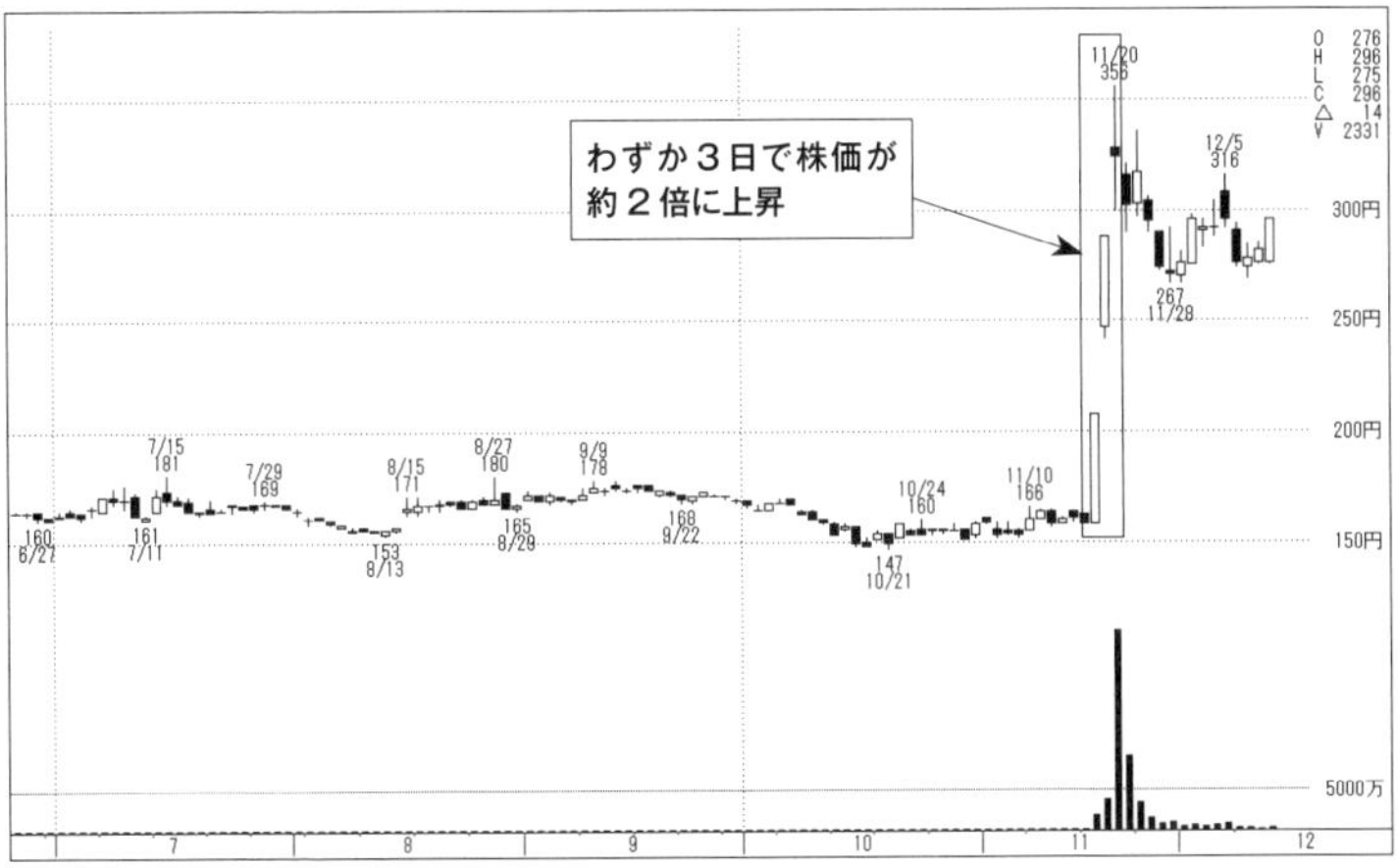

日足/2014.6～2014.12

2倍や3倍にも上昇したりします。このような動きに乗ることができれば、短期間でかなりの利益になります。

低位材料株が急騰した例として、**サクサホールディングス**（6675）を紹介します。2013年後半以降しばらくは、株価は150円～180円あたりで低迷していました。しかし、「空港での入国審査に顔認証システムを導入」のニュースが報じられ、その実験に参加するメーカーの1つにサクサホールディングスが入っていたことから期待感が高まり、わずか3日で株価がほぼ2倍に急騰する動きを見せました（図3・3）。

●時折急騰する主な銘柄

低位材料株として時折、材料がないのに株価が急騰する銘柄には、例にあげたサクサ

表3-1●低位材料株で時折急騰する銘柄の例

銘柄名	市場	業種
住石ホールディングス（1514）	東証一部	鉱業
三井住友建設（1821）	東証一部	建設業
神栄（3004）	東証一部	卸売業
日東製網（3524）	東証一部	繊維製品
ダイニック（3551）	東証一部	繊維製品
駒井ハルテック（5915）	東証一部	金属製品
前沢工業（6489）	東証一部	機械
ニチモウ（8091）	東証一部	卸売業

ホールディングスの他に、表3・1のようなものがあります。

低位材料株は忘れたころに繰り返し物色されやすい

低位材料株のもう1つの特徴として、一度急騰してからしばらく時間が経過すると、また急騰する傾向がある点があげられます。

本書をお読みの皆さんも、買った株が急騰して良い思いをした時のことは、後になってもよく覚えているのではないでしょうか。

このように、一度大きく上がった銘柄は、投資家に覚えられやすいものです。そして、「以前にこのような状態で急騰したことがあるなら、今回もまた急騰するのではないか」といった思惑を集めやすくなります。

その結果、**過去に大きく上がった低位材料株は、その後も繰り返し物色されて、年に1～2回程度の割合で急騰し**

図3-4●ショットモリテックスは繰り返し物色されてきた

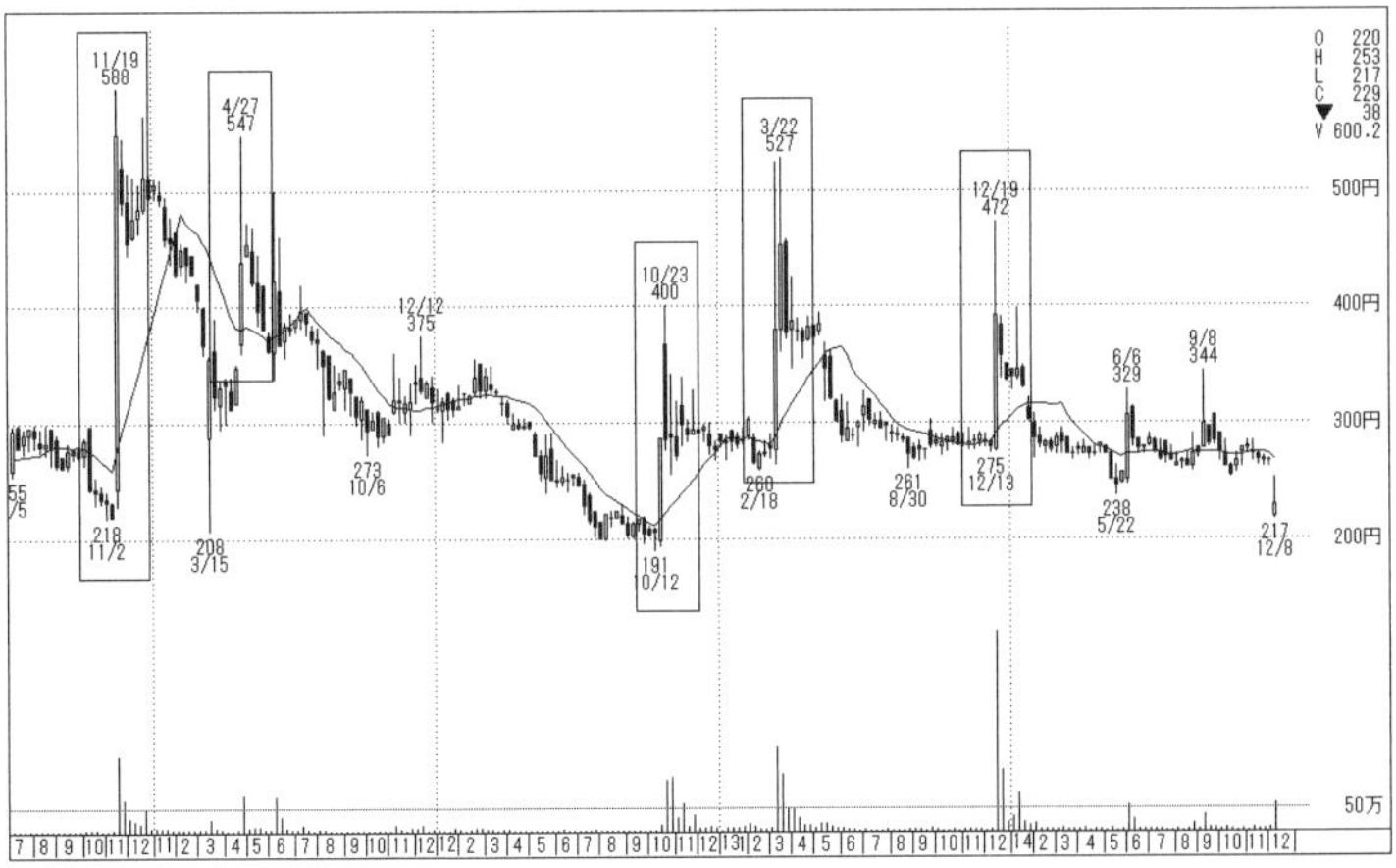

日足 /2010.7 〜 2014.12

やすくなります。低位材料株を手掛けたい方は、この点を良く頭に入れておく必要があります。

●繰り返し物色されてきた銘柄の例

繰り返し物色されてきた銘柄の例として、ショットモリテックス（７７１４）を例に取ります。

図３・４は、２０１０年７月〜２０１４年12月のショットモリテックスの週足チャートです。図中の点線で囲んだ箇所が、急騰が起こった時期にあたります。４年半ほどの間に急騰が５回起こっていて、１年に１回程度のペースになっています。

また、それぞれの時期で差はありますが、おおむね２倍前後の値上がりになっていることがわかります。

急騰銘柄の売買① 高値引けで買い翌日の寄り付きで売る

急騰後すぐに下がることも多く高値つかみを避ける

前述したように、低位材料株の中には時に急騰する銘柄があります。しかし、このような急騰銘柄の売買タイミングをはかるのは、難しいところです。

急騰は短期間で終わってしまうことが多い

先のショットモリテックスのように、低位材料株は株価が上がり始めると短期間で一気に上がり、その後はずるずると下がっていくことが多いです。そのため、買いのタイミングを取るのが難しいと言えます。

ただ、急騰した翌日の寄り付きでさらに高く始まり、いったんは上昇するものの、引けでは株価が下がるというパターンもよく見られます。そこで、**急騰したその日の引けで買い、翌日の寄り付きですぐ売ってしまう**というのが、1つの攻め方になります。

急騰した銘柄をその日の引けで買うには、市況ニュース等で急騰銘柄の情報を入手し、その銘柄の株価の動きを見つつ、引けで成行の注文を出すことが必要です。そのため、こ

図3-5●急騰当日の引けで買い翌日の寄り付きで売る（ホウスイ）

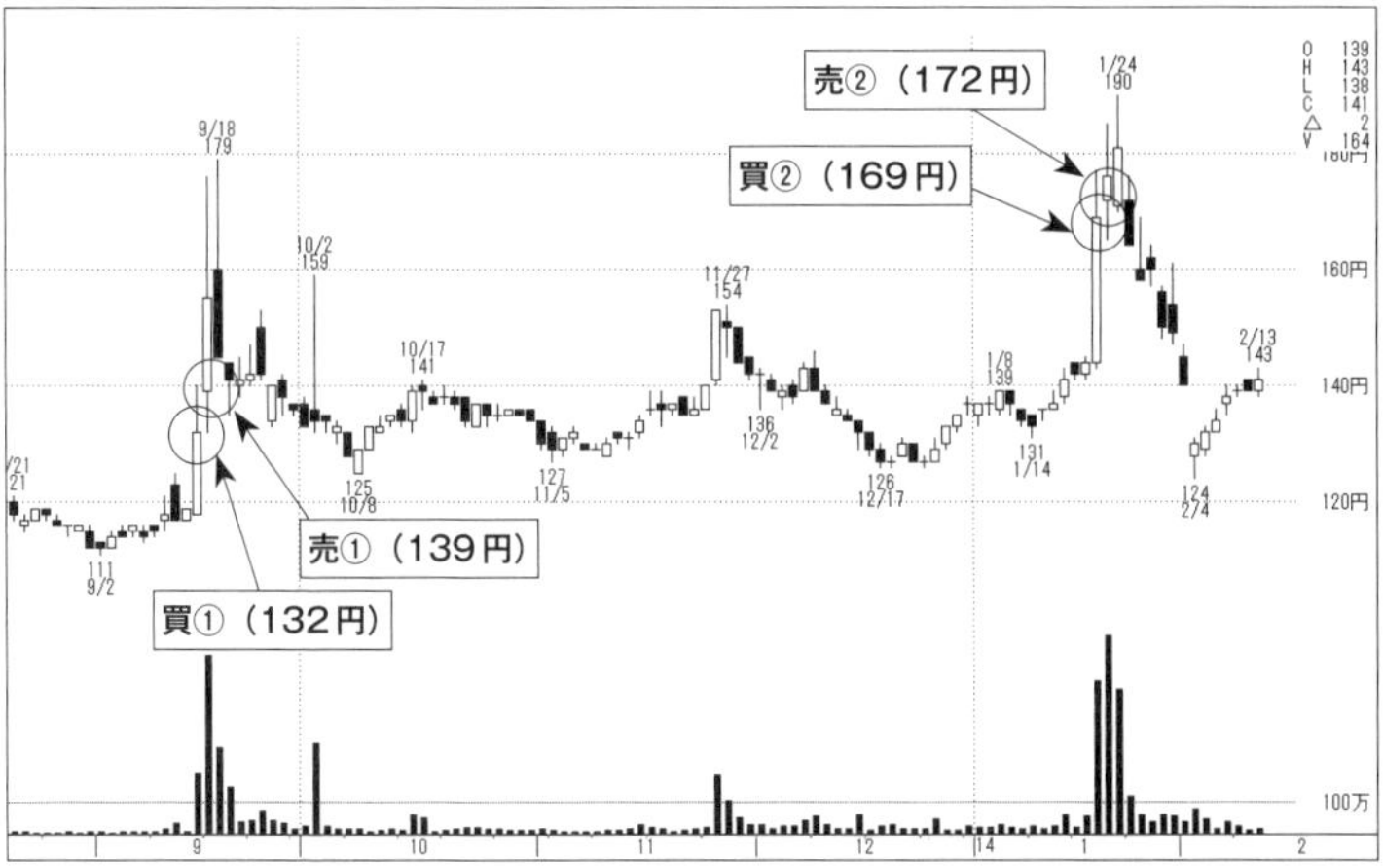

日足/2013.8～2014.2

の方法は株価を常に見ていられる人でないと実行できません。ただ、引けの成行注文はたいていのネット証券で対応していますので、それを使えば大丈夫でしょう。

また、買った翌日にすぐ売ってしまうので、利益はそれほど取れません。しかし、比較的成功しやすいというメリットがあります。

●売買の事例（ホウスイ）

図3・5は、ホウスイ（1352）の2013年8月～2014年2月の日足チャートで、株価が急騰した時の売買タイミングを示した例です。

2013年9月13日の「買①」のところで株価が急騰し、終値は132円です。そして、その翌日の寄り付きでは139円から始まっています。しかし、上昇は長続きせず、10月には9月13日の終値を下回っています。

また、「買②」のところも同様です。株価が急騰した2014年1月22日の終値は169円で、その翌日の寄り付きは172円です。その後、1月24日に高値で190円を付けたものの、その翌日には急騰した1月22日の終値を下回り、その後もどんどん下落しています。そこで、急騰日の終値で買い、翌日の寄り付きで売るようにします。

「買①」から「売①」では132円から139円まで約4％の上昇、「買②」から「売②」では169円から172円まで約2％の上昇でした。利益は小幅ですが、わずか1日での利益としてはまずまずです。

買うのはなるべく高値引けの時だけにする

一日の中で一時的に株価が急騰したものの、勢いが続かずに、終値では値下がりしてしまうこともあります。このような場合、引けで買ったとしても、翌日には値下がりする可能性が高くなりますので、買わないようにします。

急騰後に値下がりした時の株価の動きをチャートで表すと、図3・6のような形になります。このような上ヒゲが長い形になった場合は、上昇の勢いが続かず、売りが出て戻された（その日が高値で引けなかった）ことを意味します。

なお、81ページの図3・5で、買いタイミングとして示した2か所では、上ヒゲが出てはいますが、さほど長いというほどではありません。このように、上ヒゲが出た場合でも、長さがそれほどでもない（＝終値と高値の差が小さい）ときには、状況に応じて買うことを検討します。

●翌日の寄り付きに下がっていたら即座に売る

株価が急騰して高値で引けた場合でも、その勢いが翌日に続かずに翌日の寄り付きで値下がりすることもあります。そのような場合、一日限りの急騰で終わる可能性があります。

図3-6●上ヒゲの長い足は売り戻された形

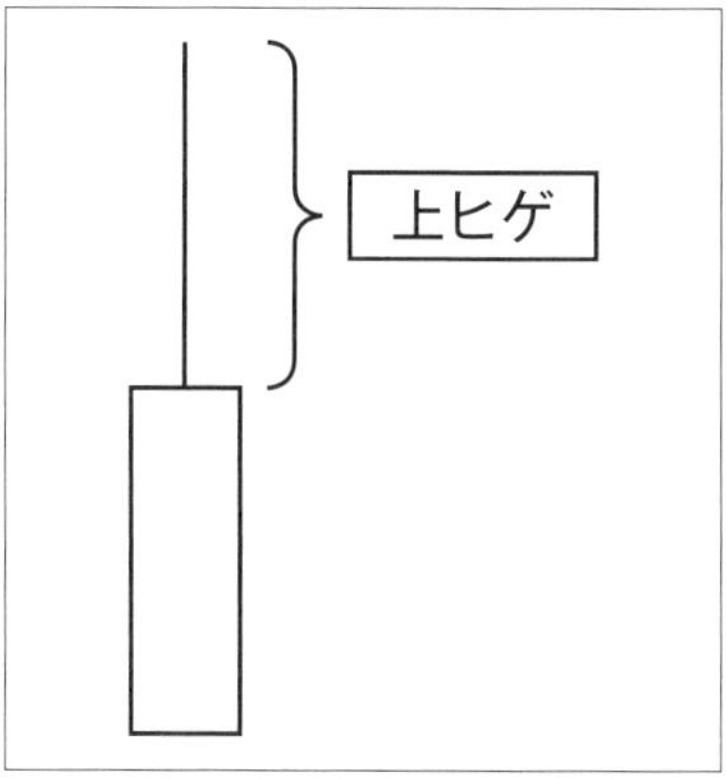

急騰の翌日に値上がりした時だけでなく、値下がりした場合も寄り付きで売って、それ以上持ち続けないのが無難です。つまり、高値引けで終わりそうなら、当日の引けに成行注文で買い、翌日の寄り付きで売りの成行注文を出しておけば、上昇／下落のどちらでも寄り付きで約定しますので、その点安心です。

状況によっては急騰翌日以降も売買

急騰が短期間で終わることはよくありますが、急騰後に上昇がしばらく続くこともあります。そこで、状況によっては急騰した日の翌日にすぐ売ってしまわずに、**しばらく持ち続ける**ことも検討します。また、急騰した日の終値で買えなかった場合でも、その翌日以降に買うことも検討します。

例えば、業績の上方修正が発表されて、利益が当初予想の2倍になるとします。株価は1株当たり利益に比例する傾向がありますので、利益が2倍になれば、株価も2倍程度に上がることが予想されます。しかし、1日に動ける値幅には制限がありますので、通常は1日では2倍までの上昇にはなりません。このようなときには、上昇が落ち着くまでにある程度時間ができますので、その間に買う（すでに持っていたなら持続する）ようにすると良いでしょう。

急騰銘柄の売買②　買っておいて値上がりを待つ

急騰を見込んだ時期の手前で仕込んで待ち伏せする

賭けの要素が強いとも言えますが、急騰しやすい低位材料株を株価が下がっている時期に買っておき、値上がりを待つ方法もあります。言わば「待ち伏せ」です。

急騰は忘れたころにやってくる

前述したように、低位材料株の急騰は市場全体が膠着した時に起こる傾向があります。ただ、市場が膠着したからといって、必ずそうなるとは限りません。一度急騰した銘柄は、再度急騰するまでには時間がかかる傾向があります。

例えば、79ページで取り上げたショットモリテックスの場合、急騰は年に1回か2回程度で、一度急騰すると次の急騰までには半年～1年半程度の時間がかかっています。

また、株価が一度急騰すると、その後はあまり時間がかからずに値下がりしていき、元の株価水準に戻るか、さらに下落することがよくあります。急騰型の低位材料株は、大抵の場合業績や財務が良くはないので、下落している期間の方がかなり長いのが普通です。

時期を分けて少しずつ買っておく

低位材料株の急騰がいつ起こるかは、はっきりとはわかりません。そこで、**急騰が起こる前の段階で時期を分けて少しずつ買っておいて、急騰を待つ**という方法をとります。

1年に1回程度の割合で急騰する銘柄なら、前回の高値から9か月後にまず1回買い、10か月後、11か月後…というように1か月ずつ間隔をあけて買い増していきます。

急騰初日の引けに買う方法だと、株価がある程度上がった時点で買うことになり、利鞘は大きくありません。一方、この方法は急騰初日の引けに買うのに比べると、より安い株価で多くの株を買える可能性が高く、急騰すればより大きな利益を得やすくなります。

●時期を分けて少しずつ仕込む例

例として、ショットモリテックス（７７１４）の２０１３年2月〜２０１４年1月の値動きで、買い方の例を示します。２０１３年3月22日に５２７円の高値を付けた後にじりじりと値下がりし、２０１３年夏ごろから落ち着いた値動きになりました。しかし、２０１３年12月に株価が急騰し、12月19日に高値で４７２円を付けました。

最初の高値の半年後／7か月後／8か月後の株価（終値）は、図3・7に示したようにそれぞれ２８９円／２８６円／２８５円でした。この3回に同じ株数ずつ買ったとすると、

図3-7●下落中に少しずつ買って急騰を待つ例（ショットモリテックス）

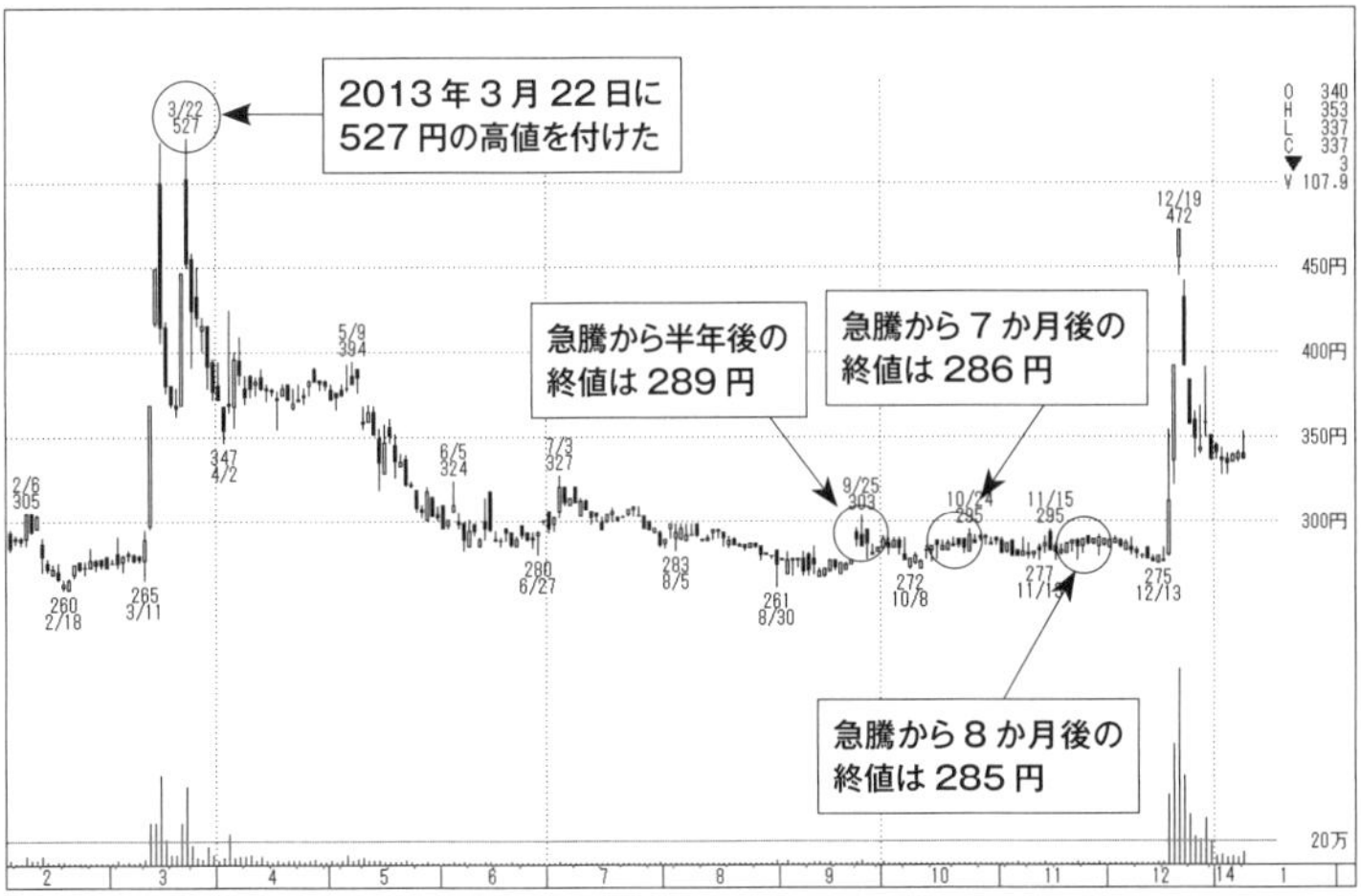

日足/2013.2～2014.1

平均の買い値は（289円＋286円＋285円）÷3＝286・7円です。

その後、2013年12月17日に急騰が起こり、その日の終値は312円まで上昇しました。一方、急騰し始める前の株価は270円台で、平均買い値よりやや低い程度の水準になっています。その結果、急騰の初日で利益を得ることができています。

このように、過去に急騰した低位材料株を買う場合は、時期を分けて少しずつ買っていく方が、より大きな利益を得られる可能性があります。

なお、ショットモリテックスは、直近の決算短信に「継続企業の前提に関する重要事象等」の注記があり、リスクが高く注意が必要です（202ページ参照）。

急騰銘柄の売買③

売りは数回に分け確実に利益を出す

半分で利益確定、半分でさらに上昇を期待

急騰型の低位材料株は、売るタイミングをつかみづらいという難点があります。このデメリットを軽減するには、80ページで説明した「翌日の寄り付きで売る方法」の他に、複数回に分けて売る方法があります。

急騰がどこまで続くかはわからない

低位材料株では、株価が急騰する時にはマネーゲーム状態になります。業績や財務とは関係なく、ほぼ需給関係だけで株価が動き、買いが買いを呼ぶことで株価が上がります。また、急騰後もしばらくは株価が乱高下することも少なくありません。

このため、急騰にうまく乗れたとしても、その後にいつ売ればよいかがわかりづらいのです。急騰の翌日に下がりだしてしまうこともあれば、人気が続いて予想外の上昇になることもあります。

急騰の天井で売ることができれば理想的ですが、そんなことはまず不可能です。むしろ、

「もっと上がるだろう」と思っているうちに株価が下がってしまい、利益どころか損失になることの方が多いのではないでしょうか。そうならないよう、売り方を考える必要があります。

2回に分けて売る

急騰する銘柄で利益を得るには、「天井で売りたい」という欲を捨てて、より確実な方法を取ります。その基本として、2回に分けて売る方法があります。**1回目の売りである程度の利益を確保し、残りの株でさらなる上昇を待つ**という考え方です。

例えば、ある銘柄を200円で2000株買ったとします。そして、その後に株価が急騰して250円になったとします。ここで、2000株のうちの1000株をまず売って、1000株分だけ利益を確定します。

すると、最初の1000株で50円の値上がり分の利益を得ていますので、残りの1000株は50円値下がりして150円にならない限り、損失にはなりません（ただし、売買手数料は除く）。この残りの1000株で、さらなる株価上昇に賭けてみるようにします。株価が一段と上昇すれば、その流れに乗ってさらに利益を取りにいきます。

一方、株価が乱高下して、さらに上がるかどうかがわかりにくい状況になった場合も、

図3-8●売りは2回に分けて売る

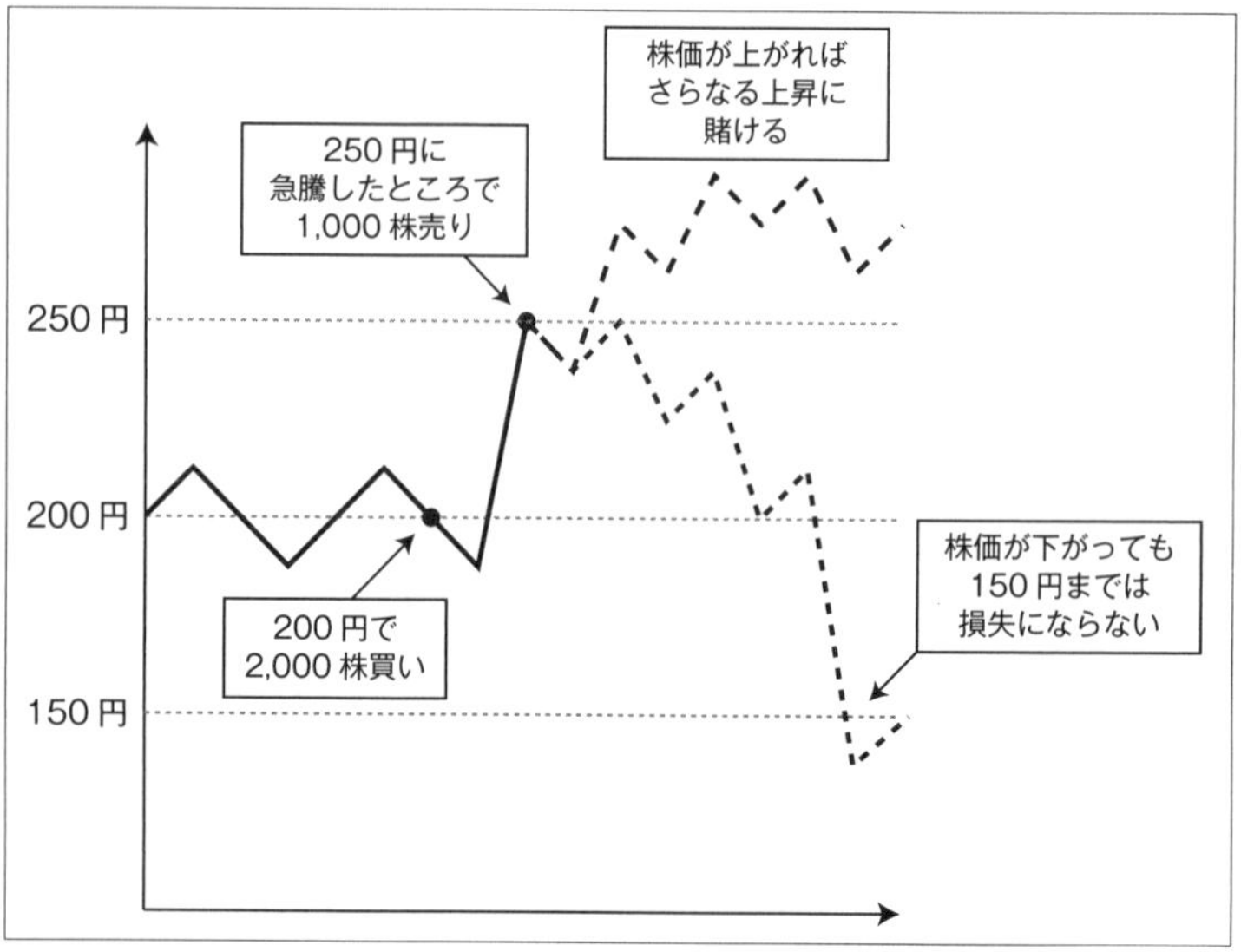

株価が150円になるまでは損失にはならないので、様子を見ることができます（図3・8）。

このように、一度利益を取って精神的に余裕を持つことができれば、その後に株価が乱高下しても慌てることもなくなり、ミスを減らすことができます。

●売り方をより工夫する

2回に分けて売る方法をさらに発展させて、売る回数を増やしたり、一度に売る株数を変えたりなど、いろいろな方法を取ることも考えられます。なお、売り方の工夫については、後の第7章で再度詳しく解説します。

特定業種の材料に乗って儲ける

注目業種の出遅れ銘柄が狙い目になる

ここまででは業種に関係なく、低位材料株の物色による急騰型の銘柄の売買方法を中心に述べてきました。ただ、状況によっては、特定の業種が材料視されてその業種の低位株だけが上がることもあります。

業種に関する材料が出ることがある

株式市場では、市場全体の株価が上下することが比較的多いです。しかし、特定の業種にだけ人気が集まって、その業種だけが上昇し、それ以外の銘柄は放置されるといったことが起こることもあります。市場の中で、個別の業種について株価を動かす何らかの材料ができると、その材料に沿った銘柄だけが売買されやすくなります。

●笹子トンネル事故で建設株の一部が急騰

特定業種の銘柄の株価が急騰した例として、2012年12月2日に起こった笹子トンネルの天井板落下事故があります。この時は、笹子トンネルだけでなく、他のトンネルでも調査や改修が必要になるのではという思惑から、建設株が買われました。アベノミクス相場の初期とも重なっていたために、一部の銘柄は大きく上昇しました。

例えば、熊谷組（1861）はトンネル工事に強い企業です。事故前は株価が70円前後で前後していましたが、事故後に急騰し、1月10日に高値で139円を付け、1か月でおよそ倍になりました。

この例のように、いろいろな材料が株式市場の中でたびたび登場しています。

東日本大震災も材料になった

2011年3月11日に東日本大震災が発生し、株式市場は全体的に大きなダメージを受けました。震災前は、日経平均株価は1万円を超える水準で推移していました。しかし、震災の影響で日本経済の先行きが不安視され、急落しました。3月15日には、安値で8200円台を付け、震災前から約20％の下落となりました。

ただ、一部の銘柄は、**震災からの復興による特需**を期待した買いが入って、株価が急騰したり、上がらないまでもあまり下がらなかったりしました。震災で多くの犠牲者が出ている中で、株で儲けようというのは不謹慎な話でもありますが、それぐらい株式市場は貪欲な戦場なのです。

図3-9●不動テトラは東日本大震災直後から急騰

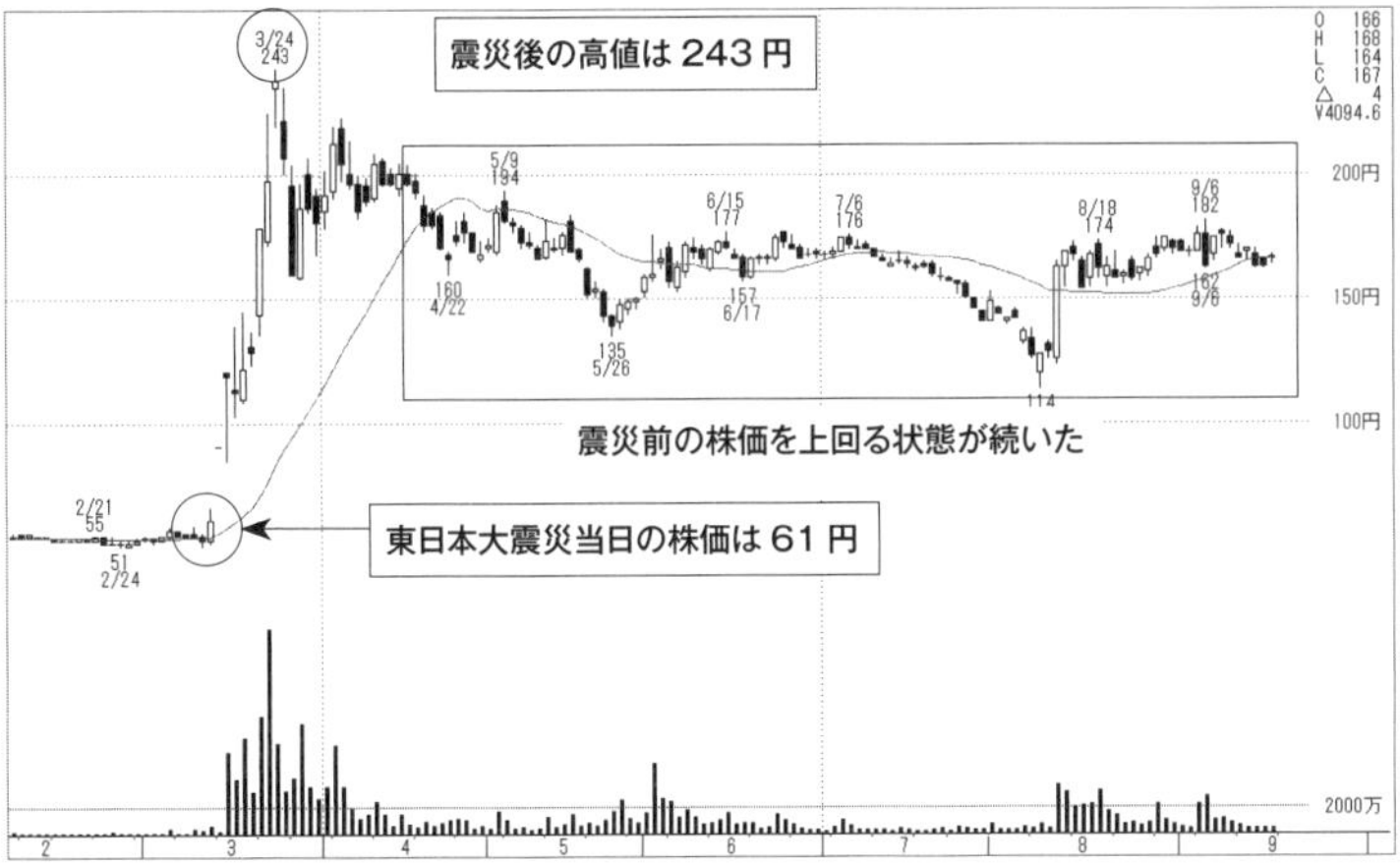

日足 /2011.2 ～ 2011.9

●建設関連株に買いが集中

まず、建設株は全体的に震災後数日に渡って株価が一時的に急騰し、その後に下落するという動きになりました。震災で多くの建物や施設、道路などが被災しており、その復興のために建設関連の企業が潤うだろうという思惑から、買われたのです。

例えば、不動テトラ（1813）は、震災当日の終値は61円でしたが、その後に株価が急騰し、3月24日には高値で243円を付け、短期間で約4倍に値上がりしました。その後数日は乱高下したものの、さらにその後しばらくの間は震災発生前の株価を上回る状態が続きました（図3・9）。

その他の建設株も、不動テトラほどではないにしても、震災直後には全体的に株価が上

表3-2●東日本大震災（2011年3月11日）によって急騰した低位株ベスト20

銘柄(証券コード)	3月11日の終値(円)	3月の高値(円)	上昇率
不動テトラ(1813)	61	243	298.4%
日成ビルド工業(1916)	71	280	294.4%
佐田建設(1826)	38	140	268.4%
若築建設(1888)	50	179	258.0%
日特建設(1929)	70	233	232.9%
大末建設(1814)	43	127	195.3%
東洋建設(1890)	48	122	154.2%
世紀東急工業(1898)	52	132	153.8%
サクラダ(5917)	16	40	150.0%
日本鋳鉄管(5612)	127	289	127.6%
飛島建設(1805)	23	49	113.0%
ハザマ(1719)	73	152	108.2%
三井住友建設(1821)	66	136	106.1%
福田組(1899)	213	433	103.3%
デイ・シイ(5234)	161	320	98.8%
エスバイエル(1919)	57	113	98.2%
東亜建設工業(1885)	103	198	92.2%
熊谷組(1861)	63	121	92.1%
浅沼組(1852)	77	147	90.9%
日本橋梁(5912)	171	325	90.1%

昇しました。また、建設関連の銘柄（住宅関連、セメント関連など）にも、上昇した銘柄がありました。この時期に上昇した低位株のベスト20をあげると、表3・2のようにほとんどが建設株であることがわかります。

ちなみに、1995年1月17日に起こった阪神淡路大震災の時にも、建設株が軒並み上昇しました。例えば、不動テトラの株価は、震災が起こる前は500円前後でしたが、震災後の1月末には高値で1470円を付け、ほぼ3倍の上昇となっています。「大地震が起こったら素早く建設株を買う」というのは、材料で儲ける1つのパターンであるとも言えます。

市場が膠着した時よりも長めに保有する

80ページで解説したように、市場全体が膠着して、材料が乏しいのにもかかわらず低位材料株が物色された時は、ごく短期（長くても数日程度）で売るべきです。この場合に人気化する銘柄は業績の裏付けがあるわけではなく、単なるマネーゲームに過ぎません。ごく短期で売った方が良いでしょう。

一方、個別の企業や業種に材料が出て、その業種の銘柄に人気が集まる場合は、**もう少し期間を長めに取ってみる**ことも考えられます（数週間程度）。業種に材料が出た場合、その業種の各企業の業績が好転する可能性があります。そうなると、業績に沿う形で株価が上昇していくことが考えられます。

ただ、上昇がどこまで続くかが読みにくいことに、変わりはありません。88ページで述べたように、複数単位の株を買っておいて、一部で利益を確定してから残りで様子を見るようにする方が良いでしょう。

材料になりそうなテーマを探る

食・健康・少子高齢化・災害・環境・ＩＴなど、すべてが材料の元

材料に乗って利益を上げるには、どんな材料が株価に影響を与えそうであるかを知っておくことが必要です。材料となるテーマはいろいろあり、またその時々によって変わっていきますので、常に情報に敏感でなければなりません。最近の有望なテーマの中から、いくつかの例をあげてみます。

ウェアラブルデバイス関連銘柄

スマートフォンやタブレットの普及が進みましたが、次に普及しそうなものとして、「ウェアラブルデバイス」（wearable device＝身に着けられる端末）があげられます。iPhone などでおなじみのアップルは、時計型ウェアラブルデバイスのApple Watch をすでに発表しており、２０１５年に発売が予定されています。また、Androidで知られるグーグルは、メガネ型ウェアラブルデバイスのGoogle Glassを販売しています。このほかにも、韓国のサムスンや日本のソニーをはじめとして、いくつかのメーカーからウェアラ

図3-10●大真空の株価の動き

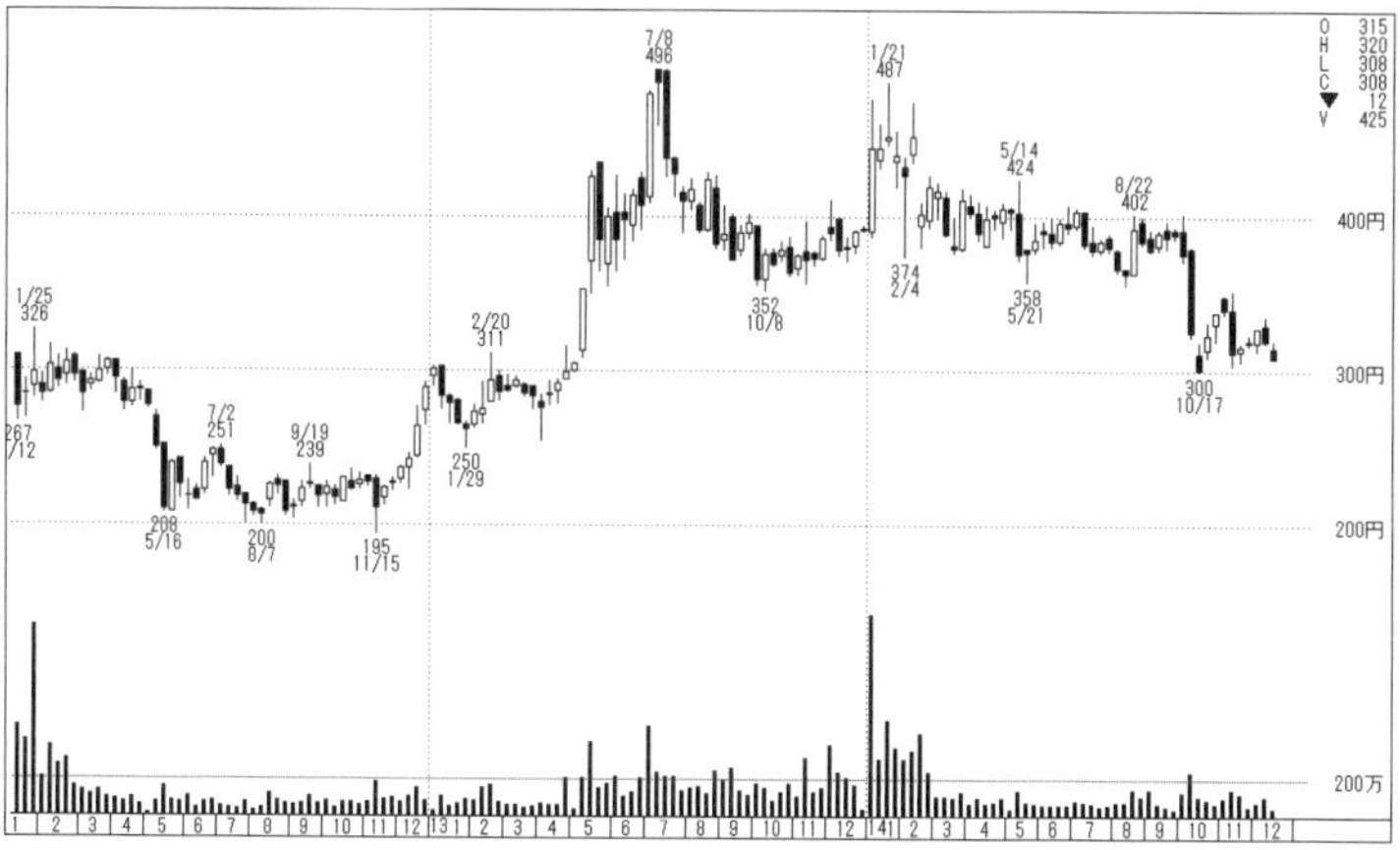

週足/2012.1～2014.12

ブルデバイスが発売（または発表）されています。

日本では、ウェアラブルデバイスはまだ普及していませんし、認知度もあまり高くありません。その分、今後に期待が持てると言えるでしょう。

ただ、ウェアラブルデバイスに関連がある銘柄は株価が高いものが多く、残念ながら低位株は少ないです。強いてあげるとすれば、繊維メーカーで電子材料も製造している**帝人**（3401）や、液晶の**ジャパンディスプレイ**（6740）や**シャープ**（6753）、水晶デバイスメーカーの**大真空**（6962、図3・10）などがあります。

新技術関連銘柄

ウェアラブルデバイス以外にも、新技術に関連する銘柄には期待ができそうです。

まず、**ロボット関連**の銘柄があげられます。特に、日本では少子高齢化で労働力人口が減っていくので、それをロボットで補う場面が増えることが予想されます。

ただし、ロボット関連の銘柄は株価が全体的に上がっていて、低位株はほぼなくなっています。本書執筆時点で低位株としては、ベアリングのメーカーの**ヒーハイスト精工**（JASDAQスタンダード・6433）や、卓上ロボットも製造している**蛇の目ミシン工業**（6445）ぐらいです。また、市場全体が大きく下がる局面があれば、**川崎重工業**（7012）が低位株に入ってくる可能性があります。

また、**3Dプリンター**も注目されています。3Dプリンターは、各種の立体物を作り出すことができる機械です。これまでだと金型を作ったりすることが必要で、時間と手間がかかりましたが、3Dプリンターがあればもの作りが大幅に楽になります。

この分野も低位株は少ないですが、三次元CADソフトのメーカーの**アンドール**（JASDAQスタンダード・4640）や、鋳物用3Dプリンターに参入した**群栄化学工業**（4229）などがあげられます。

図3-11●群栄化学工業の株価の動き

週足 /2012.2 ～ 2015.1

電気自動車関連銘柄

自動車は我々の生活になくてはならないものです。これまでの自動車はエンジンで動くものが主体でしたが、ハイブリッド車などによって、徐々にエンジンからモーターへのシフトが進みつつあります。

そして、その究極の形として、**電気自動車**があります。本書執筆時点でも日産自動車のリーフなど、電気自動車は販売されています。値段が高くてまだ一般向きではありませんが、今後徐々に普及し始めることが予想されます。

電気自動車にはいくつかの方式があり、バッテリーに充電した電力を使う方式や、**燃料電池**を使う方式などがあります。燃料電池とは、水素と酸素を反応させて水を作り、そ

表3-3●電気自動車関連の低位株の例

銘柄（証券コード）	電気自動車関連で製造している製品	株価（2015.1.9時点の終値）
黒田精工（7726・東証二部）	モーターコア	169円
明電舎（6508）	モーター、インバーター	366円
トミタ電機（6898・JASDAQスタンダード）	フェライトコア	261円
GSユアサコーポレーション（6674）	リチウムイオン電池	503円
神戸製鋼所（5406）	高圧水素圧縮機	204円
加地テック（6391・東証二部）	水素ステーション圧縮機	469円
JFEコンテイナー（5907・東証二部）	高圧ガス容器	473円

の際に出るエネルギーを電力として使う仕組みです。

今後、充電式の電気自動車が普及すれば、バッテリーの需要が拡大すると考えられます。また、燃料電池を使う電気自動車が普及すれば、燃料電池やその部品を生産するメーカーや、**水素ガス**を供給するメーカーなどに恩恵があります。

低位株の中で、電気自動車に関連性がある銘柄として、表3・3のようなものがあります。今すぐ株価が上がるというわけではないかもしれませんが、少し長い目で見て持っておくと良いかもしれません。

パンデミック関連銘柄

2014年に世界を震撼させた話題として、**エボラ出血熱**がありました。致死率が非常に高く、また治療法も見つかっていません。本稿執筆時点では、西アフリカを中心にこれまでにない勢いで感染が広がり、感染者は2万人超、死亡者も4000人を超えています（2015年1月初）。現在では

図3-12●アゼアスの株価の動き

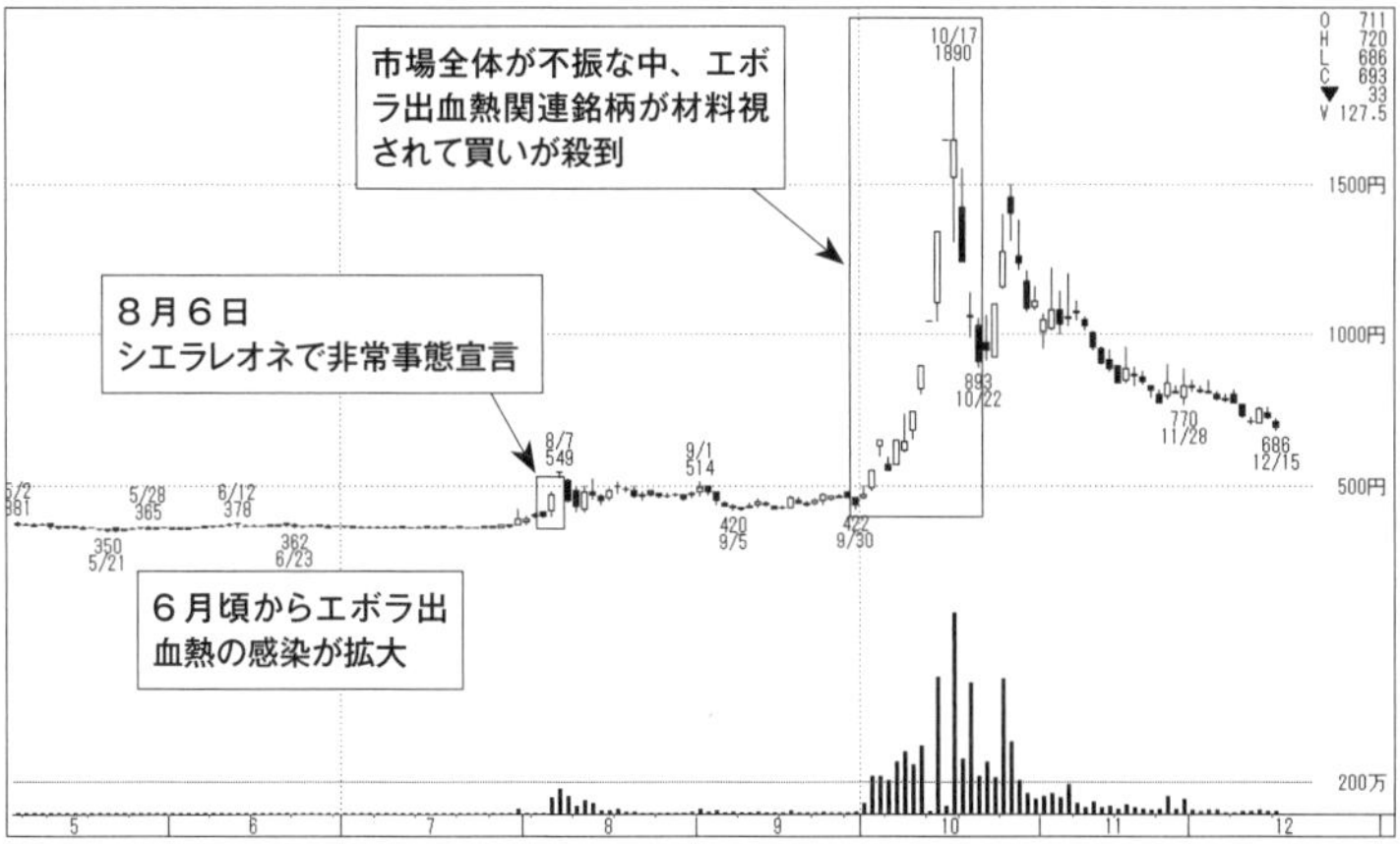

日足/2014.5～2014.12

国際的な人の移動が活発なため、**パンデミック**（爆発的な感染拡大）が恐れられています。

また、日本では２０１４年夏に**デング熱**が話題になりました。デング熱は蚊を媒介として感染し、熱帯地域ではよくある病気ですが、海外渡航歴がない日本人が国内で発症したのは、昭和20年以来69年ぶりでした。

エボラ出血熱をはじめとして、パンデミックが恐れられている病気はいくつかあります。また、２００２年に流行したＳＡＲＳや、２００９年に流行した**新型インフルエンザ**など、数年おきにパンデミックと言えるような現象が起こっています。

エボラ出血熱関連で株価が大幅に上昇した銘柄の例として、東証二部の**アゼアス**（３１６１）があります。アゼアスは防護服の販売が主な事業の企業です。エボラ出血熱では、医療関係者は防護服を着て治療にあたることが必要です。そのため、防護服の需要が伸びることが予想されて、アゼアスの株価も急騰しました。２０１３年～２０１４年前半には株価は４００円前後で推移していましたが、エボラ出血熱の感染が広がって株価が急騰し、２０１４年10月17日には高値で１８９０円を付けました（図３・12）。

低位株でパンデミックに絡みそうな銘柄としては、**赤外線センサー**を生産している**日本アビオニクス**（６９４６）や、繊維メーカーでマスクも製造している**ダイワボウホールディングス**（３１０７）や**シキボウ**（３１０９）などがあげられます。

黒字転換・復配銘柄

低位株の中には、赤字の企業や配当がない（**無配**）企業も多くあります。低位株の中でも株価がより低い企業に、赤字や無配の企業が多いです。また、機械／金属／化学など、景気の影響を受けやすい業種の企業も、景気低迷期の間は赤字で、景気が良くなると黒字に転換する企業がよく見られます。

このような企業が、赤字から黒字に転換したり、配当が復活（**復配**）したりした時には、そのことが材料になって株価が急騰することがよくあります。

図3-13●復配で株価が上がった例（JUKI）

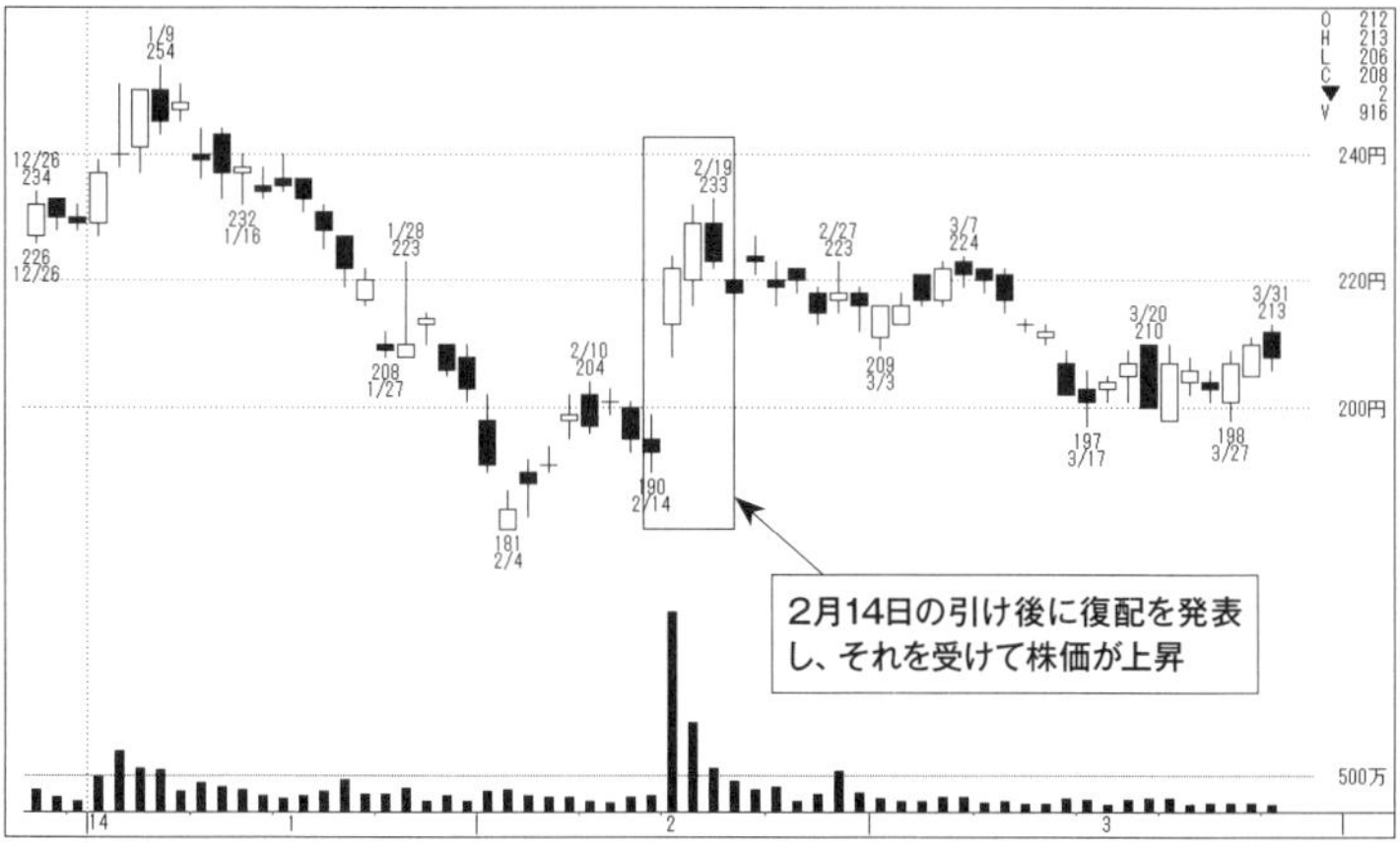

日足/2013.12～2014.3

復配で株価が上昇した銘柄の例として、ミシンメーカーのＪＵＫＩ（６４４０、図３・13）を紹介します。リーマンショックの影響等で一時は業績が大幅に悪化し、２０１２年12月期と２０１３年12月期は無配でした。しかし、２０１４年２月14日の引け後に、業績が回復してきたことから、２０１４年12月期では２円の配当を出す予定だと発表されました。このことを受けて、翌営業日の２月17日に株価が上昇し、２月19日には高値で２３３円を付け、３日で約20％の上昇になりました。

ネット証券等のスクリーニングのサービスを使えば、赤字や無配の企業を検索することができます（図３・14）。また、株式関係の各種ニュースを見ると、黒字転換や復配の企業の情報が出てくることがあります。これら

図3-14●赤字の企業を検索した例
（松井証券のスクリーニング）

銘柄スクリーニング

ヘルプ

検索結果

検索画面に戻る

スクリーニング条件（詳細検索）

取引所　東証
上場部　一部
最低投資金額　30万円以下
EPS　0円以下

並び順　前日終値　昇順(小→大)　表示銘柄数　25

表示項目の切り替え
時価総額・PER・連結PER・PBR・連結PBR・配当利回り　変更

検索結果:822件　検索画面に戻る

No	銘柄名 銘柄コード	市場 上場部	現在値 株主優待	業種	前日終値 最低投資金額	時価総額	PER 連結PER	PBR 連結PBR	配当利回り
1	キムラタン 8107/T	東証 1部	9円 詳細	繊維製品	10.0円 1万円	79億円	――倍 333.3倍	――倍 7.57倍	――%
2	ランド 8918/T	東証 1部	21円	不動産業	21.0円 0.21万円	64億円	――倍 ――倍	――倍 12.88倍	――%
3	第一船 9132/T	東証 1部	40円	海運業	41.0円 4.1万円	133億円	――倍 ――倍	――倍 0.84倍	――%
4	エコナックHD 3521/T	東証 1部	51円	不動産業	51.0円 5.1万円	44億円	――倍 999.9倍	1.22倍 1.10倍	――%
5	ユニチカ 3103/T	東証 1部	55円	繊維製品	55.0円 5.5万円	318億円	――倍 ――倍	1.32倍 0.97倍	――%
6	ティアック 6803/T	東証 1部	57円	電気機器	57.0円 5.7万円	165億円	――倍 162.8倍	2.60倍 4.79倍	――%
7	井筒屋 8260/T	東証 1部	64円 詳細	小売業	66.0円 6.6万円	76億円	――倍 ――倍	0.65倍 0.92倍	――%
8	東京機 6335/T	東証 1部	71円	機械	71.0円 7.1万円	64億円	――倍 ――倍	0.59倍 0.49倍	――%
9	アジア投資 8518/T	東証 1部	71円	証券商品先物	71.0円 7.1万円	85億円	――倍 ――倍	3.80倍 6.56倍	――%

の情報を元に、銘柄を探すと良いでしょう。

円安メリット銘柄

リーマンショック以降、しばらくの間は1ドル＝80円近辺の超円高が続きました。しかし、2012年末に安倍政権が発足し、アベノミクスが始まって以来、円安が進んでいます。

2013年1月には1ドル＝90円を突破し、5月には1ドル＝100円まで円安になりました。

その後しばらくはあまり大きな動きはありませんでしたが、2014年10月末の日銀の追加金融緩和によって一気に円安が進み、2014年12月には一時は1ドル＝120円を超えるまでになりました。

表 3-4●海外比率が高い低位株の例

銘柄（証券コード）	海外売上高比率（%）
共栄タンカー（9130）	100
ユニデン（6815）	90
東光（6801）	85
ジャパンディスプレイ（6740）	83
津田駒工業（6217）	81
大真空（6962）	80
大平洋金属（5541）	76
日本ケミコン（6997）	75
日本板硝子（5202）	74

※東光は 2013 年 12 月期、津田駒工業は 2013 年 11 月期、その他は 2014 年 3 月期

円安が進めば、輸出など海外で稼いでいる企業にはメリットがあります。売上や利益が大きく改善して、株価が上昇することが考えられます。

日本では**海外で稼ぐ企業**が多数あり、低位株の中にもそのような企業は多いです（表3・4）。このような企業は、円安が一段と進めば業績を上方修正する可能性があり、それによって株価が上がる可能性があります。**ニュース等をよくチェックしておく**ようにします。

「連想買い」も考えてみよう

常に経済や産業に目を光らせ、豊かな発想力を養う

連想買いは、当たり外れのある方法ですが、成功すればおもしろいものです。

連想買いとは？

ある銘柄（ある業種）についての材料が出た時に、その材料に関係がありそうな他の銘柄にも連想が及んで、買いが集まって株価が上がることがあります。このようなことを**「連想買い」**と呼びます。

「A社が好決算だったから、同業のB社も好決算になるのでは」「ある商品Aが良く売れているので、その部品を作っているメーカーも潤うのではないか」といった事柄が、連想買いの元になります。

また、連想買いは、最初の材料が出てから、少し出遅れる形で始まることが多いです。

したがって、最初の材料が出た時点で、連想買いが起こることを予想して、**関連性がある銘柄に先回りの買いを入れる**ことになります。

もっとも、連想買いは企業間の関連性などに精通していることが必要で、簡単ではありません。これができるようになれば、一人前と言えるでしょう。

また、連想した銘柄に、必ずしも買いが集まるとは限りません。買ってみたにもかかわらず、他の投資家が同じように連想買いしてくれなければ、株価が上がらずに終わってしまいます。その場合は失敗を認めて、潔く売って手仕舞いをします。

●連想買いの例（海運株→倉庫株）

２０１２年の１月下旬から、株式市場は全体的に上昇してきました。その中で、海運株も比較的好調でした。海運株は景気に左右されやすく、市場全体が底から上昇し始める時には、大きな株価上昇になりやすい傾向があります。

そして、海運株の上昇に伴って、倉庫株の中にも急騰する銘柄が出ました。**海運が活発になれば、倉庫の需要も高まる**という連想から、倉庫株に買いが入ったわけです。

図３・15は、海運株のＮＳユナイテッド海運（９１１０）と、倉庫株のケイヒン（９３１２）の、２０１２年１月前後の株価の動きを比較したものです。ＮＳユナイテッド海運は、まず１月24日に大きく上昇し、翌日の25日にも動いています。一方、ケイヒンは１月24日は小動きで終わっていますが、翌25日に急騰し、26日にも大きく動いています。海運株の動きから、１日遅れてケイヒンに連想買いが入った形です。

図3-15●NSユナイテッド海運とケイヒンの株価の動き

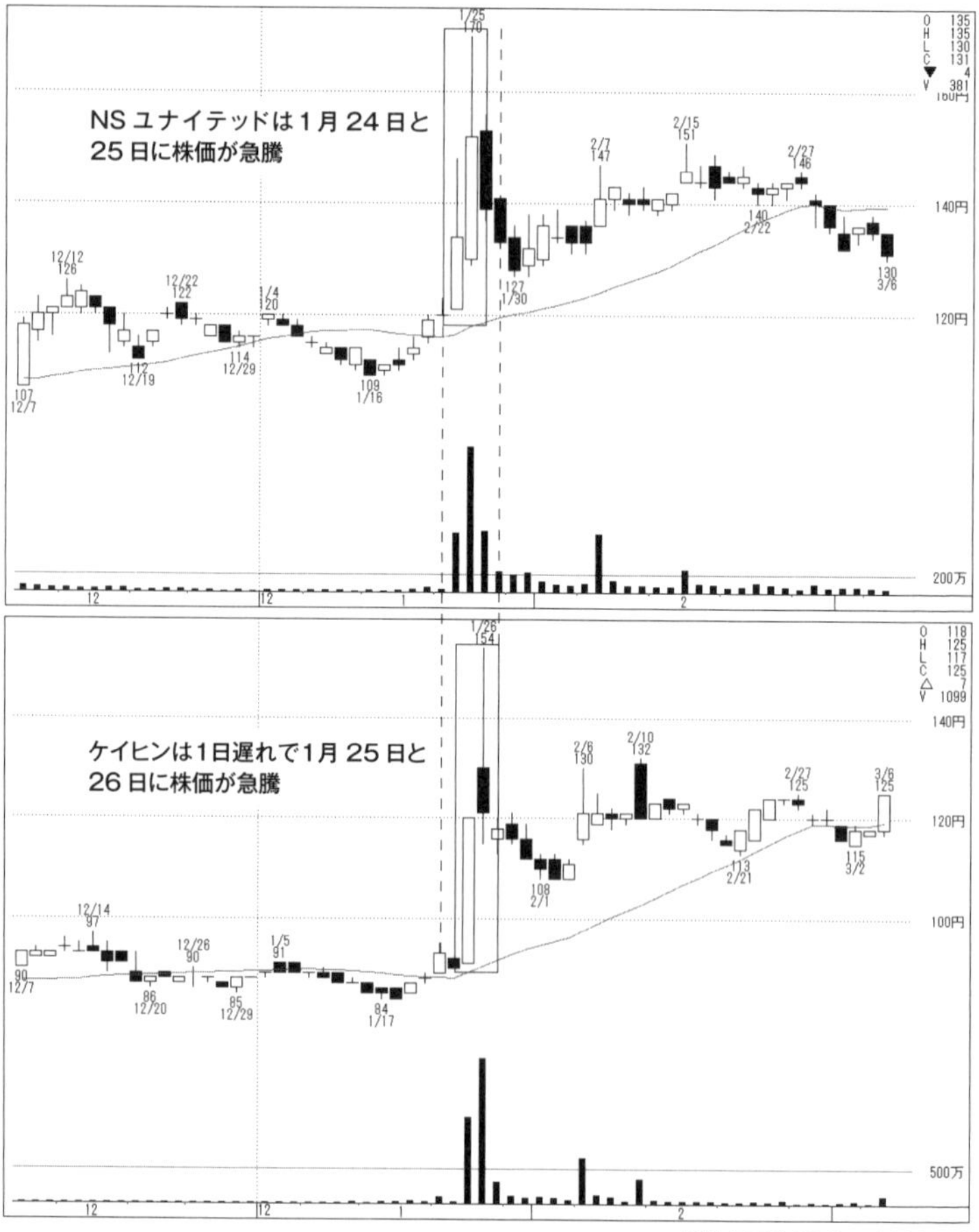

日足 /2011.12.7 ～ 2012.3.6

4 CHAPTER

低位小型株で大きく儲ける

低位小型株とはどんな銘柄のこと?

値動きの軽さが最大のメリットだが同時に危うさも

低位小型株とは?

低位小型株は、「低位株」と「小型株」の両方の特徴をもった銘柄のことを指します。東証一部銘柄の銘柄は大型株/中型株/小型株に分けることができます(19ページ)。東証一部銘柄では、**時価総額**(=発行済み株式数×株価)と**流動性**(売買代金の多さ)を元に、表4・1の基準で分類しています。

東証一部には約1870銘柄(2015年1月21日時点)が上場していますので、大型株/中型株を除くと、約1350銘柄が小型株にあたります。その中で、株価が500円未満の低い銘柄が「低位小型株」に該当します。

なお、大型株/小型株/中型株の選定は、毎年10月に行われます。本書執筆時点での各銘柄の区分は、次のホームページで見ることができます。

http://www.tse.or.jp/market/topix/data/b7gje6000000054v1-att/b7gje6000003vdj2.pdf

表4-1●東証一部銘柄での大型株／中型株／小型株の定義

分類	定義
大型株	東証一部全銘柄のうち、時価総額と流動性が高い上位100銘柄
中型株	大型株に続いて、時価総額と流動性が高い400銘柄
小型株	上記以外のすべての銘柄

また、東証一部以外の市場では、ほとんどの銘柄が一部に比べて時価総額／流動性ともに低く、それらの銘柄は実質的に小型株と言って良いでしょう（ただし、中には東証一部並みに時価総額や流動性が高い銘柄もあります）。

低位小型株は値動きが軽い

小型株全般の特徴として、「値動きが軽い」ということがあげられます。

株に限らず、物の値段は基本的には需要と供給の関係で決まります。供給が多すぎて需要を上回ると、値段は下がります。逆に、供給が少なくて需要に足りないと、値段が上がります。

大型株だと、多くの投資家が売買に参加し供給が豊富なため、株価を大きく動かすにはかなりの需要（出来高）が必要になります。一方、小型株は発行済み株式数が少なく、流動性も低いため、供給が少ない状態です。そのため、わずかな売買で株価が大きく動きやすく、**小型株に投資家が群がれば一気に上昇する**ことになります。

図4-1●三菱化成工機の2014年3月以降の株価の動き

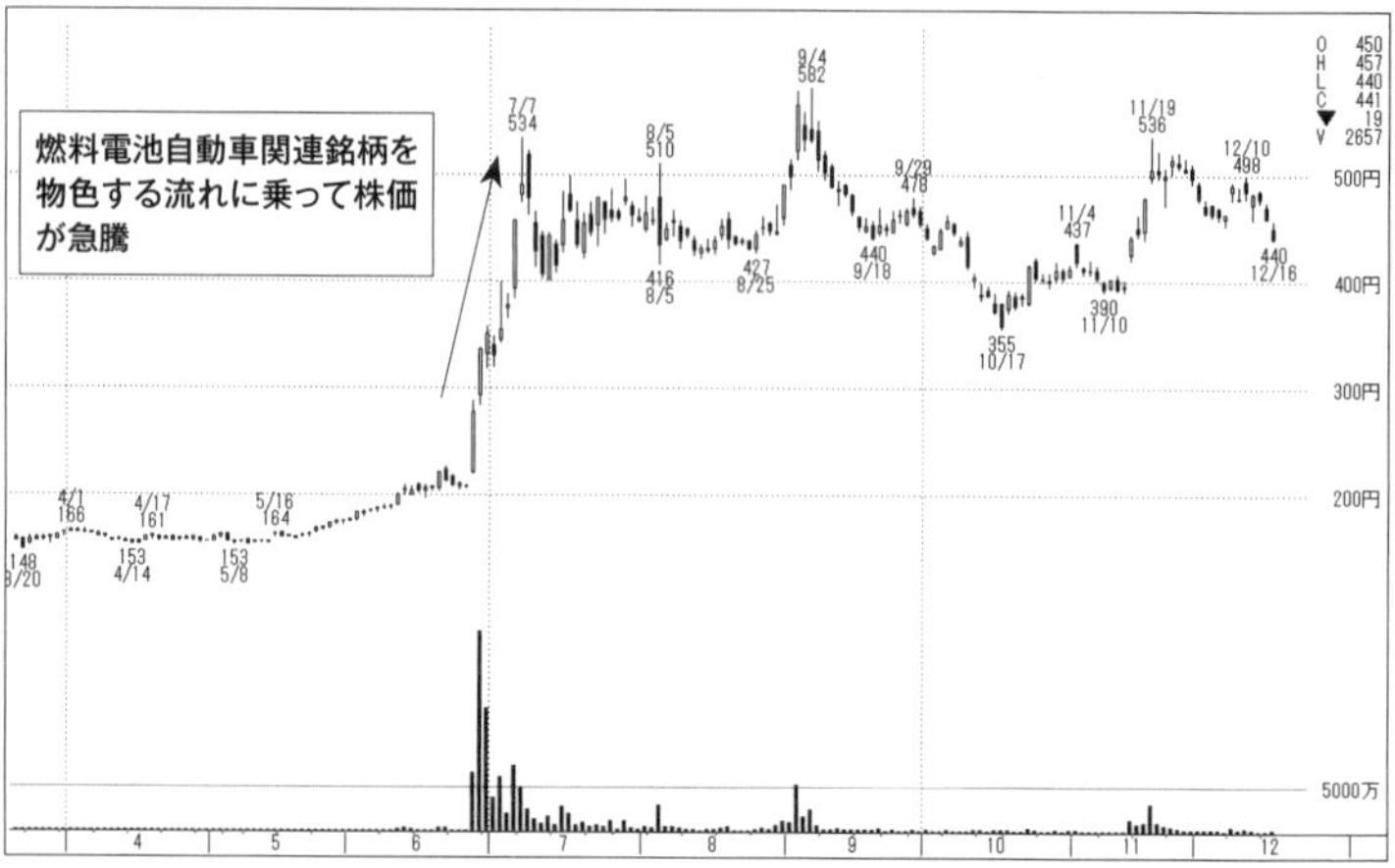

日足 /2014.3 〜 2014.12

低位株は、数字のマジックによって、株価が大きく動きやすいと述べました（23ページ）。この傾向と、小型株の傾向が合わさることで、低位小型株は値動きが軽くなりやすいという特徴が出ます。

●いったん火が付くと大幅上昇もある

２０１４年に株価が大きく上昇した低位小型株の例として、**三菱化工機**（６３３１）を紹介します。

三菱化工機は石油化学系のエンジニアリング企業で、その事業の1つとして、燃料電池自動車向けの水素ステーションを手掛けています。２０１４年６月下旬に燃料電池自動車関連の銘柄を物色する動きがあり、その流れに乗って株価が急騰しました。２０１３年から２０１４年前半にかけて、三菱化工機の株価は150円～200円の範囲で上下していましたが、6月下旬から7月上旬にかけて急騰し、9月4日には高値で582円を付け、約3倍になりました（図4・1）。

低位小型株が必ず値上がるとは限らない

低位小型株が、そうでない銘柄より必ず値動きが良いとは限りません。例えば、業績があまりふるわない銘柄だと、株価が上がりそうな期待感が出にくく、株価が上がらないこともあります。

また、時には大型株が人気化することもあり、その場合は低位小型株より大型株の方が株価が動くこともあります。例えば、1999年から2000年にかけてのITバブルの頃には、ソニーやソフトバンクなどのIT関連の大型株に人気が集中し、売買が活発に行われたため、値動きが非常に良くなりました。一方で、小型株の値動きは振るいませんでした。

低位小型株の選び方

値上がりしやすく、かつ安全な銘柄を選ぶ

低位小型株は数が非常に多いため、その中から投資に適した銘柄を選びだす必要があります。選び方の目安を確認しておきましょう。

目安1　発行済み株式数が少ないこと

一口に「小型株」と言っても、その数は非常に多く、東証一部銘柄のうちでも本書執筆時点で約1350銘柄が小型株です。東証二部やＪＡＳＤＡＱ等の銘柄で株価が安い銘柄も、低位小型株にあたります。

また、小型株にも、中型株に近い小型株からきわめて小型な銘柄まで、かなりの幅があります。それらの中から、株価が上がりやすい低位小型株を選んでいきます。

選び方の基準としては、発行済み株式数が少ない銘柄ほど、市場に出回っている株数が少ないので、株価の動きが軽くなる傾向があります。

ちなみに、現在では、**小型株かどうかの基準は時価総額と流動性**の2つですが、かつて

は「発行済み株式数が6000万株未満」という条件でした。低位小型株に投資する場合も、この「**6000万株未満**」を1つの基準にすると良いでしょう。

なお、個々の企業の発行済み株式数は、企業のホームページ等や**会社四季報**で調べられます。

表4・2は、発行済み株式数が6000万株未満の低位小型株の中で、**毎年のように株価が上下する銘柄**の例です。例えば、明和産業（8103）は、業績変動はさほど大きくない割に、株価の動きがダイナミックです（図4・2）。こういった銘柄を安い時期に買い、高い時期に売ることができれば、かなりの利益を上げられるでしょう。

目安2　時価総額が小さいこと

すでに述べたように、低位小型株は発行済み株式数が少なく、かつ株価も低いので、全体的に時価総額の規模が小さくなっています。

時価総額が小さいほど、その銘柄を買い占めるのに必要な資金が少なくて済みます。そのため、少ない「買い」でも株価が大きく動きやすいと考えられます。

時価総額が小さい銘柄は、ネット証券のスクリーニング機能で簡単に検索できます。

表4-2●毎年のように株価が上下する低位小型株の例

銘柄名(証券コード)	発行済み株式数(万株)	2014年の最安値(円)	2014年の最高値(円)
明和産業(8103)	4,178	304	520
協栄産業(6973)	3,193	162	357
東京個別指導学院(4745)	5,429	240	490
日東製網(3524)	2,605	129	258
ナカノフドー建設(1827)	3,449	206	448
丸紅建材リース(9763)	3,429	190	361
内田洋行(8057)	5,209	255	466
新日本無線(6911)	3,913	277	527
植木組(1867)	3,436	181	330
芝浦エレクトロニクス(6590)	5,192	205	384
アルテック(9972)	1,935	193	317

図4-2●明和産業は大きな幅で上下している

週足/2011.6～2014.12

目安3　特定株比率が高く浮動株比率が低いこと

「**浮動株**」とは、発行済み株式数に対して、個人投資家など売買をそこそこの頻度で行いそうな投資家が保有している株数の割合を指します。会社四季報では、1単元以上50単元の株主が保有している株数の割合を、浮動株比率としています。

例えば、発行済み株式数が5000万株で、浮動株比率が20％の銘柄だと、浮動株は5000万株×20％＝1000万株になります。

また、「**特定株**（少数特定者持株の略）」は、10位までの大株主や、企業の役員などが保有している株数を指します。

特定株比率が高い銘柄は、大株主が持っている株式が多いので、市場ではあまり売買されていないことになります。また、浮動株比率が低い銘柄も、小規模な株主が持っている割合が低いことになりますので、市場で売買されている株数は少なくなります。

つまり、**特定株比率が高く、浮動株比率が低い銘柄ほど、値動きが激しくなりやすいと**考えられます。

低位小型株で儲ける売買のタイミング

急騰後の利食い売りが難しい

買いタイミングはグランビルの法則を使う

低位小型株も、上がる時には素早く上がることがよくあります。ただ、普段動きがまるでないのに急に上がることは、そう多くはありません。徐々に上がり始め、上昇に勢いがついて、そして一気に上昇することもあります。

そこで、買いタイミングの判断に、グランビルの法則を使うことが考えられます。株価に底打ち感が出て、移動平均線の下落も収まってきたら、買いのタイミングを探り始めます。株価が移動平均線を下から上に抜いたら、買いを入れて様子を見るようにします（59ページ参照）。

ただし、**急騰型の低位材料株として投資家に知られている銘柄**では、急騰／急落が起こりやすいため、急騰の初日の引けで買って翌日にすぐ売る方法か、またはじりじり下がっている間に少しずつ買い集める方法を取ります（第3章参照）。

出来高の急増から株価のピークを予測する

株価が大きく上昇する時には、多くの投資家がその銘柄を買いますので、出来高が増えます。そして、**株価がピークを付ける時、出来高もピークを付ける**傾向があります。出来高は無限に大きくなることはなく、発行済み株式数が決まっている以上、その株数の制約を受けます。1日の出来高が発行済み株式数を超えるようなことは、めったに起こりません。

また、市場で売買されるのは、主に**浮動株**になります。したがって、浮動株数（＝発行済み株式数×浮動株比率）が、1日に売買される株数の上限の目安になると考えられるでしょう。

これらのことから、**出来高が急増し、浮動株数に達するような勢い**になったら、株価がピークになった可能性があるので、売ることを考えた方が良いと言えます。

もっとも、株価に勢いがついて売買が非常に活発になると、多くの投資家が売買に参加して、1日の中で転売が繰り返されるため、浮動株数を大幅に超える出来高になることもあります。

図4-3●売買タイミングを取る例（協栄産業）

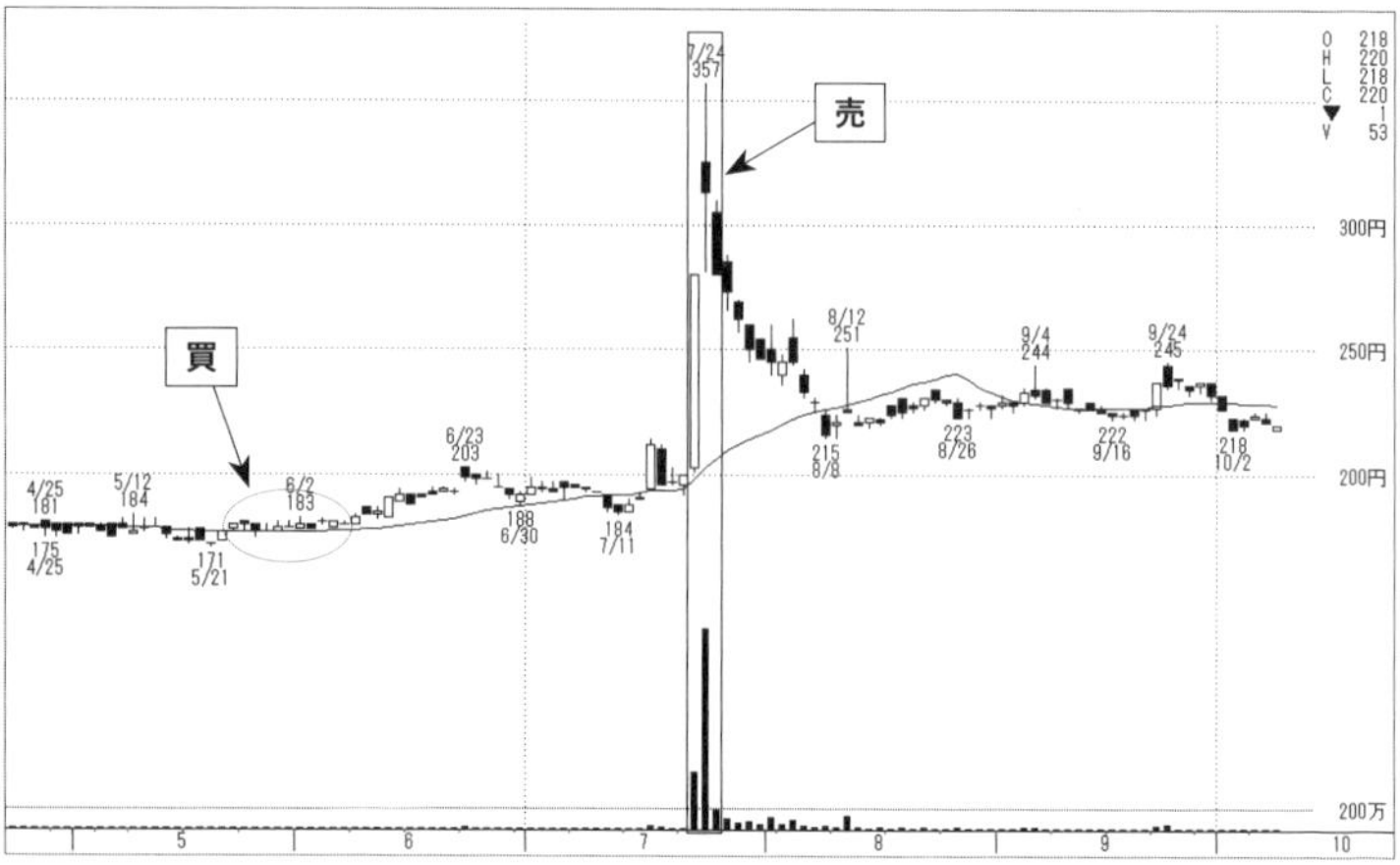

日足 /2014.4 ～ 2014.10

●売買タイミングを取る事例（協栄産業）

図４・３は、電子機器関連商社の協栄産業（６９７３）の２０１４年4月～10月の株価の動き（日足）です。7月下旬に急騰していますが、この時の売買タイミングを見てみます。なお、移動平均線は25日のものを使っています。

4月から5月にかけて横ばいの動きが続き、5月21日に１７１円の安値を付けた後、移動平均線を上に抜いていて、グランビルの買い法則の形になっています。その後もしばらくは動きは小さいですが、5月21日の株価を下回らない状態が続いていて、底を打った感が出ています。そこで、図中の「買」のあたりで買いを入れます。

その後、6月下旬に株価がやや上昇し、7

月上旬にいったん下落するものの、7月中旬から動きが大きくなっています。そして、7月23日と24日にかなり大きな出来高を伴って株価が急騰しました。

7月24日の出来高を見ると、1900万株弱になっています。協栄産業の発行済み株式数は3200万株弱で、浮動株比率は35％程度です。したがって、浮動株は約1100万株です。このことから考えると、1900万株もの出来高は、ピークとなってもおかしくない水準です。実際、株価はこの日で天井を打ち、その後は急落した後、上下する動きに転じています。したがって、7月24日の時点で売っておくべきだったと言えます（図中の「売」の箇所）。

●数回に分けて売ると利益を取りやすい

ここまでで述べたように、大量の出来高を伴って株価が上昇する場合、その後の動きは不安定になりがちです。そのため、1単位しか買っていない場合に利益を確実に取るには、**出来高が多かった時に売るのが無難**です。

ただ、89ページで述べたように、2単位以上買っておいて、まず1単位だけ売り、残りでさらに様子を見るようにすると、より良いでしょう。複数回に分けて売ることについては、第7章でも再度解説します。

新興市場の低位小型株の狙い方

リスクは高いが知られざる成長株に当たることも

東証一部以外の新興市場にも、低位小型株が多数あります。東証一部銘柄よりもリスクは高いので積極的にはお勧めしませんが、興味がある方のために触れておきます。

新興市場にも低位小型株が多数ある

東証二部やＪＡＳＤＡＱなど、新興市場にも多数の銘柄が上場しています。これらの大半は発行済み株式数が少なく、小型株です。中には、数百万株しかないといった**超小型株**もあります。

また、新興企業には値嵩株も見られますが、低位株も多数あります。本書執筆時点だと、東証二部で全体の60％弱の銘柄（約３００）が低位株ですし、ＪＡＳＤＡＱのスタンダードでも約45％（約３５０）が低位株です。

新興市場の低位小型株の中にも、株価が大きく動く銘柄があります。明確な材料で動くものもあれば、マネーゲームで動くものもあります。

図4-4●高田工業所は業績予想の上方修正で急騰

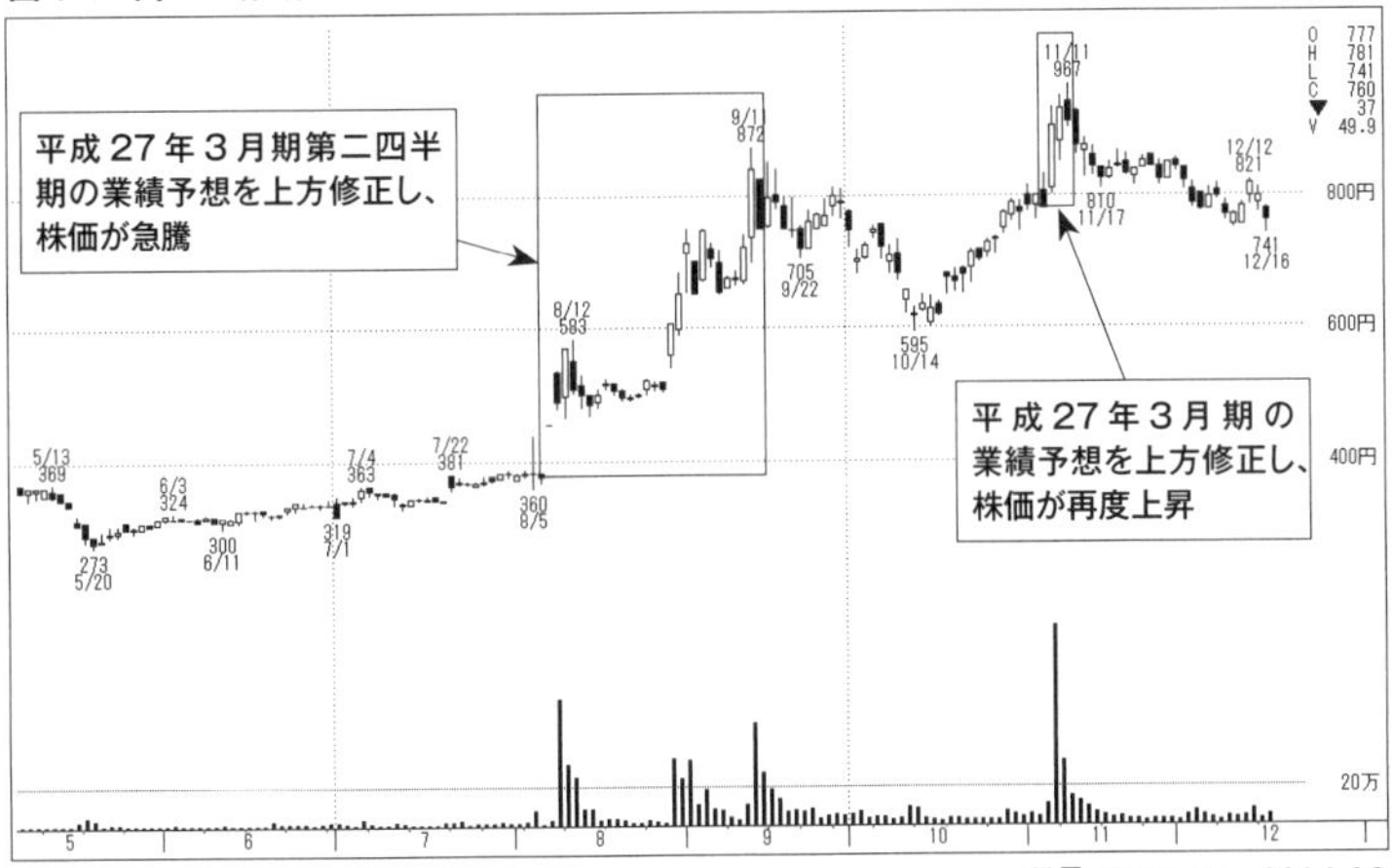

日足 /2014.5～2014.12

●材料で動いた低位小型株の例

この例として、東証二部の**高田工業所**（１９６６）を取り上げます。高田工業所は鉄鋼等のプラント工事を行う企業です。

リーマンショック後は売上や利益が落ち、２０１１年～12年にかけて株価は２００円～３００円あたりを上下していました。２０１３年末に一時４００円台まで上がったものの、２０１４年５月にはまた３００円を割り、なかなか上がらない状況でした。

しかし、２０１４年８月６日に第二四半期の業績予想を上方修正し、１株当たり利益が当初予想の約３倍になることが発表されて、株価の動きに火が付きました。９月11日には高値で８７２円を付け、約１か月で２倍以上になりました。さらに、11月６日には通期の

図4-5●神田通信機は低位小型株物色の流れに乗って2014年に2回急騰

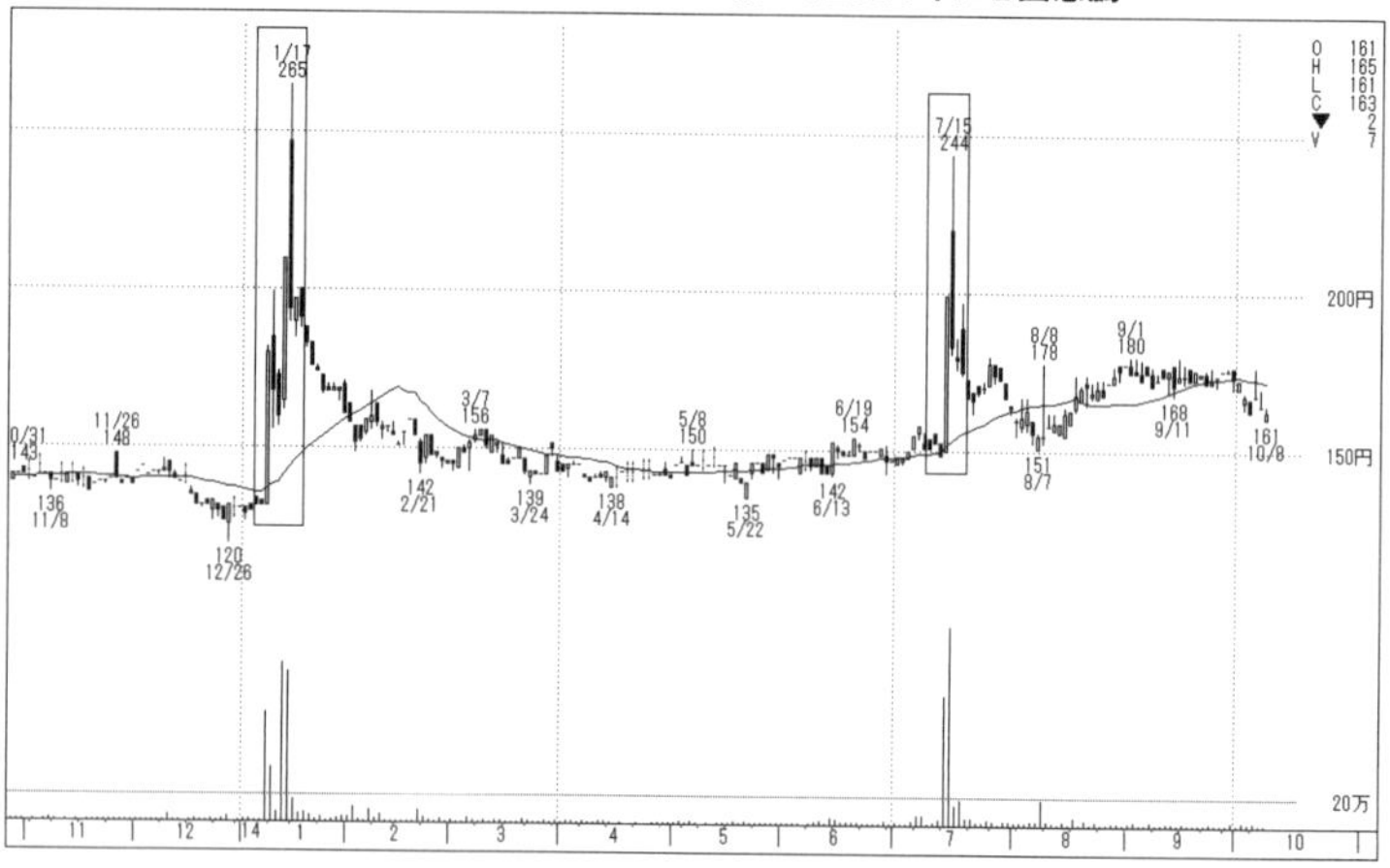

日足/2013.11～2014.10

業績予想も上方修正し、11月11日には高値で967円まで上昇しました（図4・4）。

また、急騰型の銘柄の例として、JASDAQスタンダードの**神田通信機**（1992）を紹介します。通信関連の工事を主に行っている企業で、業績は黒字と赤字を行き来する状況です。株価も100円台であることが多いです。

しかし、2014年には1月と7月の二度の急騰がありました（図4・5）。どちらも神田通信機固有の材料は特にありませんが、同じ時期にJASDAQでいくつかの低位株が急騰していました。ちなみに、2014年1月は市場全体的には低迷していた時期で、低位小型株を物色する動きがあり、その流れに乗って急騰したものと思われます。

割安に放置された銘柄を辛抱強く保有する

新興市場には、知名度の大変低い銘柄も多数あります。そのため、業績や財務が良いにもかかわらず、株価が安いままの銘柄も少なくありません。一般に、「割安に放置」と言われる状態です。このような銘柄を発掘して買い、**辛抱強く持ち続けて、他の投資家が気づくのを待つ**という方法もあります。

37ページで、「低位株投資は長期投資しない」と述べました。しかし、新興市場の低位小型株で、割安に放置されていて、かつ業績／財務ともに特に問題がないのであれば、**長期保有も1つの戦略**になります。まったく報われない可能性もありますが、成功した時のリターンはかなり期待できます。

割安かどうかの判断は、一般に**PER**（株価収益率）という指標で行います。PERは、株価を1株当たり利益で割った値で、この値が低いほど割安だと判断します。

●割安状態から大きく上昇した例

東証二部上場の**三谷商事**（8066）を紹介します。さまざまな商品を扱う商社で、東証二部銘柄としては売上の大きい企業です。

2008年1月に高値で1900円を付けたものの、リーマンショックの影響等で株価

図4-6●割安に放置された状態から上昇した三谷商事

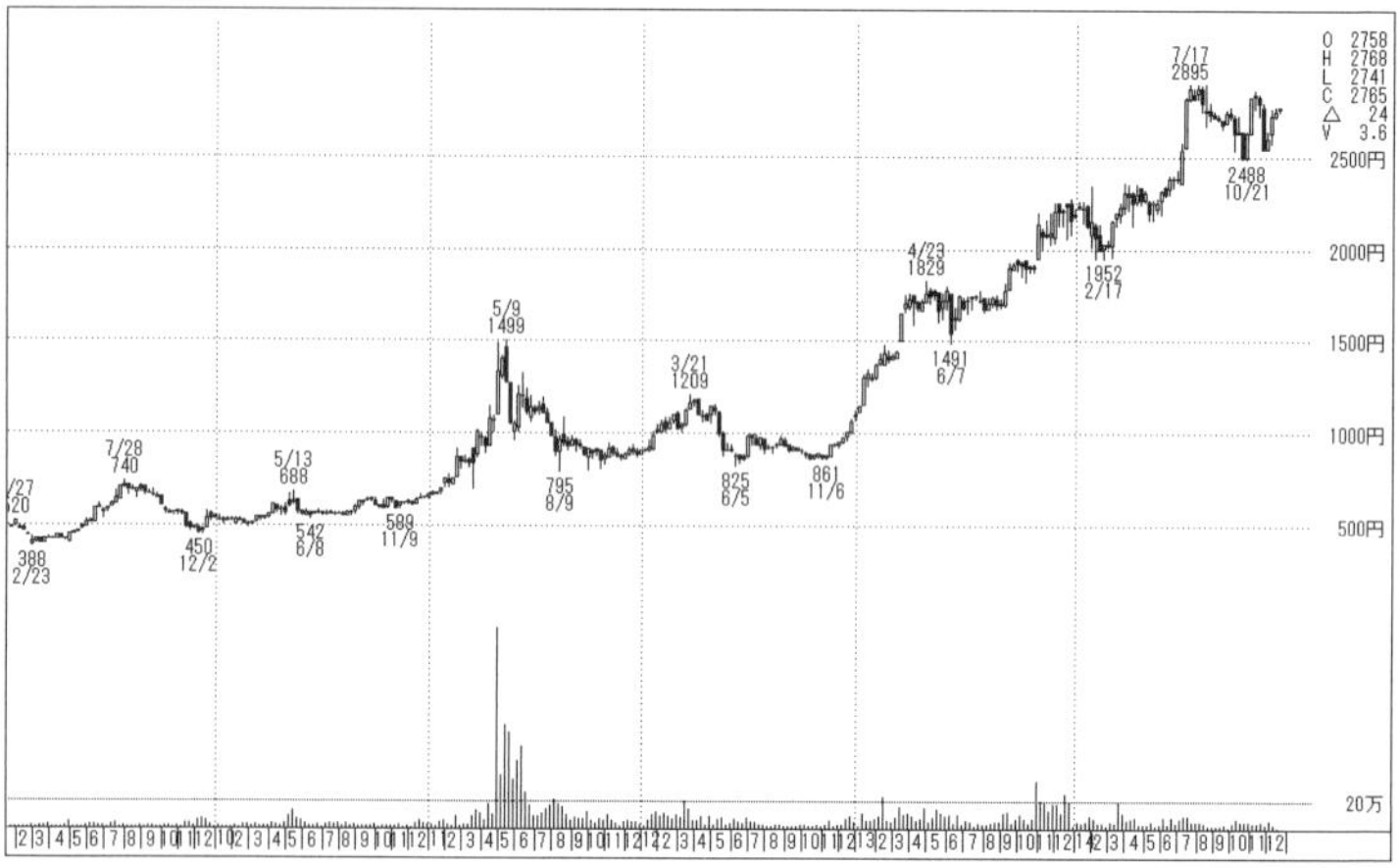

週足 /2009.2～2014.12

が大幅に低迷し、２００９年２月には３８８円を付けて、低位株の仲間入りしていました。２００９年４月30日に業績予想の下方修正があったものの、その時点での連結予想ＰＥＲは約４倍で、非常に割安な状態でした。

アベノミクス相場が始まる前の時期でも、連結予想ＰＥＲは４倍程度とまだ割安に放置されている状況でした。景気回復に伴って業績も回復したため、株価が大きく上昇し、２０１４年７月には高値で２８９５円を付けました（図４・６）。

なお、東証二部等の新興市場で、ＰＥＲが非常に低い銘柄には、表４・３のようなものがあります。また、低ＰＥＲの銘柄は、ネット証券でも簡単に検索できます（図４・７）。

表4-3●新興市場の低PER銘柄の例（2015年1月21日時点）

銘柄（証券コード）	市場	株価（円）	今期予想PER（倍）
丸八倉庫（9313）	東証二部	387	3.98
ハナテン（9870）	東証二部	331	3.99
玉井商船（9127）	東証二部	158	4.31
栗林商船（9171）	東証二部	332	4.70
内外テック（3374）	JASDAQスタンダード	218	4.76
ナラサキ産業（8085）	東証二部	306	5.00
メタルアート（5644）	東証二部	353	5.07
ヤマウ（5284）	JASDAQスタンダード	385	5.11
SYSKEN（1933）	東証二部	361	5.69
UEX（9888）	JASDAQスタンダード	320	6.19
日本エスコン（8892）	JASDAQスタンダード	185	6.35
美樹工業（1718）	JASDAQスタンダード	324	6.44
常磐開発（1782）	JASDAQスタンダード	330	6.48
ジェーシー・コムサ（2876）	JASDAQスタンダード	308	6.32
セントラル総合開発（3238）	東証二部	244	6.75

図4-7●ネット証券で低PER銘柄をスクリーニング（松井証券）

新興株が東証一部に指定替えされると上昇しやすい

将来期待の新興市場の低位株を買い、成長して一部に上がるのを待つ

新興市場の銘柄の中には、成長して東証一部に指定替えになる銘柄もあります。その際に株価が上がることが多いので、成長期待があり指定替えの可能性がありそうな銘柄を買っておき、指定替えまで保有し続ける方法もあります。

指定替えになると株価が上昇しやすい

新興市場から東証一部に指定替えになる銘柄は、**成長が続いて売上や利益が伸び、売買も活発になってきたような銘柄**です。成長中の銘柄は、株価も順調に上がりやすいものです。さらに、指定替えが発表されると、ＴＯＰＩＸなどの組み込み対象になることなどから、指定替え自体が材料になって株価が急騰することもあります。

本書執筆時点での比較的新しい指定替えの銘柄の例として、低位株からやや外れますが、**キューブシステム**（２３３５）を紹介します。企業向けソフトを開発しているメーカーで、２００６年11月に東証二部に上場しました。

図4-8●キューブシステムの株価の動き

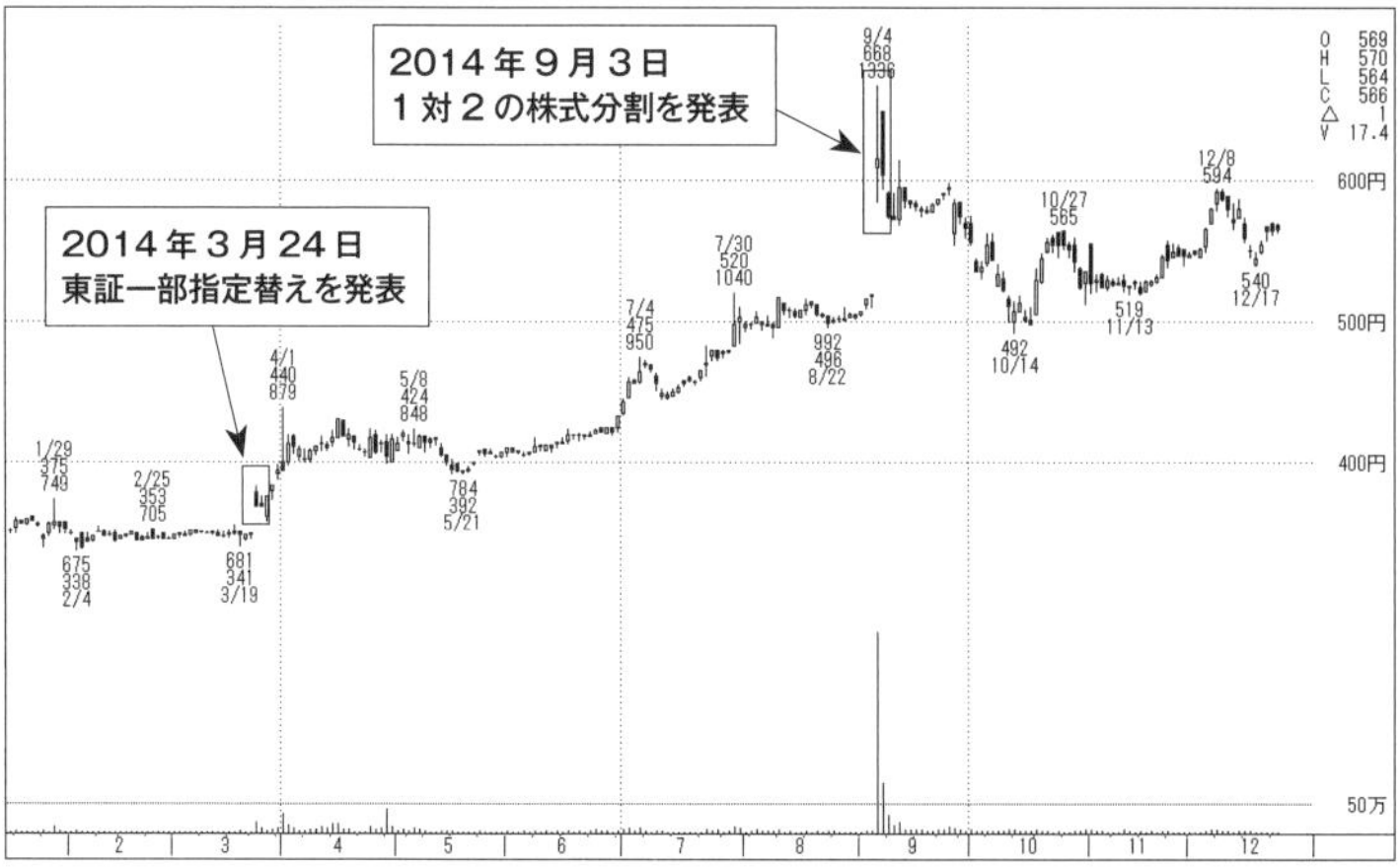

週足 /2014.3 ～ 2014.12

2013年には株価が600円～700円付近で上下していましたが、2014年3月24日に東証一部への指定替えを発表し、そこから株価が上がり始めました。さらに、2014年9月には1対2の株式分割も行って、半年で約2倍に上昇しました（図4・8）。

指定替えの可能性がありそうな新興市場の低位株の例

東証一部上場には、売上や利益が順調に伸び、なおかついくつかの基準を満たす必要があります。本書執筆時点で一部上場基準をほぼ満たしていて、指定替えの可能性がありそうな銘柄を探してみたところ、表4・4のようになりました。

表4-4●東証一部指定替えの可能性がありそうな銘柄（株価は2015年1月21日時点）

銘柄（証券コード）	市場	株価（円）
日本風力開発（2766）	東証二部	399
フマキラー（4998）	東証二部	356
ユアサフナショク（8006）	東証二部	328
ロングライフホールディング（4355）	JASDAQスタンダード	398

図4-9●ロングライフホールディングの株価の動き

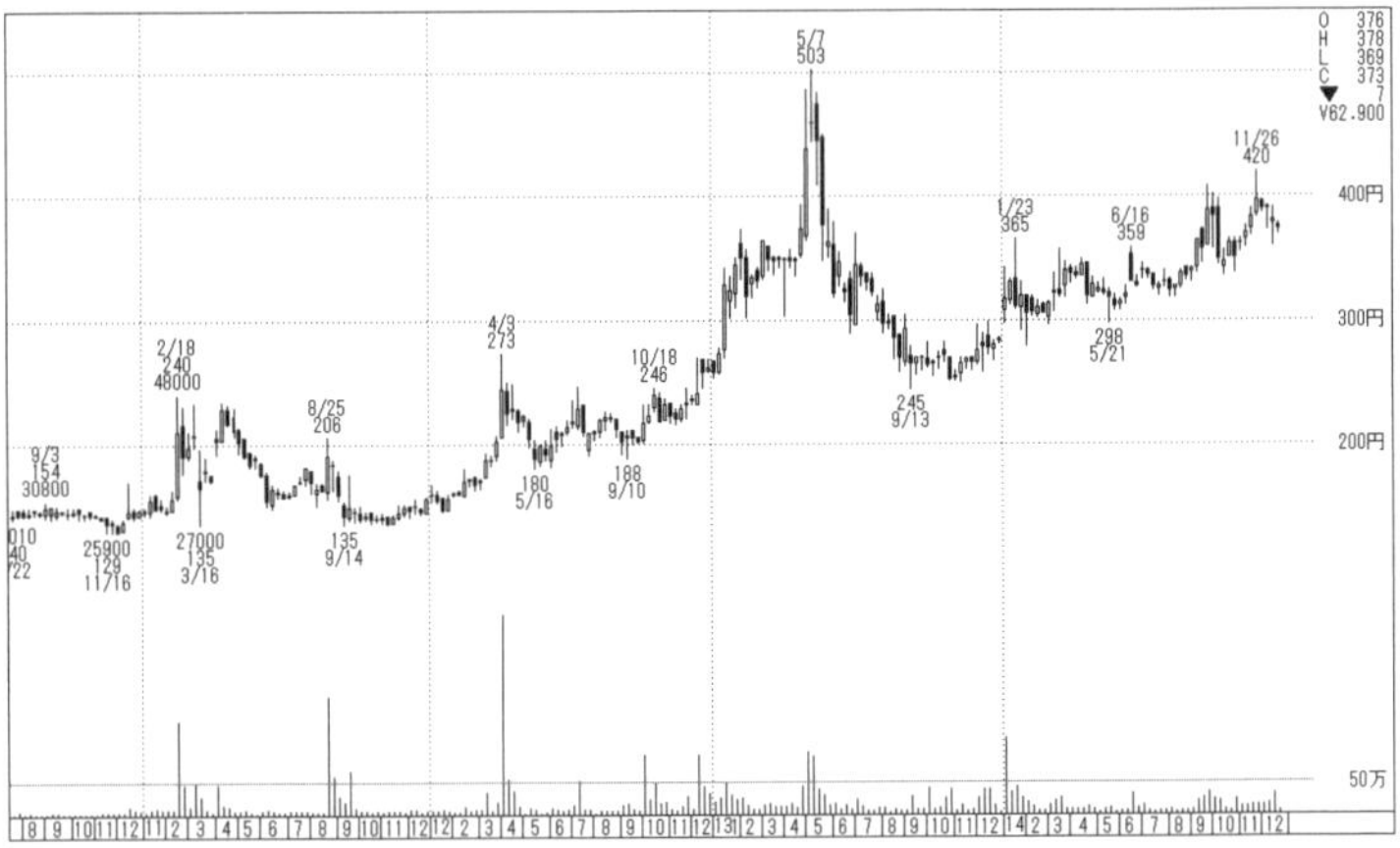

週足 /2010.8 ～ 2014.12

中でも、**ロングライフホールディング**（JASDAQスタンダード・4355）は介護が事業の中心の企業で、売上や利益が着々と伸びています。それに伴って、株価もリーマンショック以降は右肩上がりで推移しています（図4・9）。

大きく上がりやすい低位小型株銘柄

最近の3年間で毎年上昇した銘柄を紹介

東証一部の上昇期待銘柄

まず、東証一部の低位小型株の中で、2014年に大きく上昇し、かつ2012年と2013年にもある程度の上昇がみられた銘柄を探してみました。その結果、表4・5のような銘柄が見つかりました。

芦森工業や**盟和産業**はほぼ毎年上げ下げがあり、繰り返し売買するのに向いています。**協栄産業**は比較的底値が固いので、株価が下がるのを待ってから買うのが良いと思われます。

新興市場の上昇期待銘柄

新興市場でも、東証一部と同じ方法で上がりやすい低位株を探したところ、表4・6のようになりました。

この中で妙味がありそうな銘柄として、**インターライフホールディングス**（1418・

表4-5●東証一部で大きく上がりやすい低位小型株

銘柄 (証券コード)	2012年の上昇	2013年の上昇	2014年の上昇
三菱化工機(6331)	1.39倍 (132円→183円)	1.75倍 (137円→240円)	3.93倍 (148円→582円)
イチケン(1847)	1.56倍 (124円→194円)	1.41倍 (141円→199円)	2.92倍 (154円→450円)
オーバル(7727)	1.38倍 (130円→180円)	1.43倍 (141円→202円)	2.70倍 (165円→445円)
芦森工業(3526)	1.35倍 (105円→142円)	1.64倍 (116円→190円)	2.68倍 (115円→308円)
協栄産業(6973)	1.29倍 (136円→175円)	1.64倍 (148円→242円)	2.20倍 (162円→357円)
アーク(7873)	3.56倍 (71円→253円)	2.61倍 (153円→400円)	1.90倍 (150円→285円)
盟和産業(7284)	2.13倍 (127円→270円)	1.31倍 (191円→251円)	1.90倍 (105円→200円)

ＪＡＳＤＡＱスタンダード）を紹介します。店舗の内装工事等を行う日商インターライフを中心に、傘下に複数の企業を持つ持ち株会社です。

買収で事業を広げていて、それに伴って売り上げが徐々に伸びています。２０１４年11月20日には増配も発表しています（年３円↓４円）。

株価は上下動が大きいですが、傾向としては右肩上がりになっています。ただし、本書執筆時点の株価ではやや割高感があります。２００円を割る局面があれば、注目したいところです（図４・10）。

また、時々株価が急騰するので、売るときはそのタイミングを狙いたいです。

表4-6●新興市場で大きく上がりやすい低位小型株

銘柄(証券コード)	市場	2012年の上昇	2013年の上昇	2014年の上昇
エルナー(6972)	東2	1.92倍 (74円→142円)	1.47倍 (98円→144円)	4.41倍 (86円→379円)
ゼニス羽田ホールディングス(5289)	東2	1.70倍 (79円→134円)	2.23倍 (82円→183円)	3.85倍 (146円→562円)
理経(8226)	東2	2.36倍 (67円→158円)	4.90倍 (81円→397円)	2.78倍 (143円→398円)
キョウデン(6881)	東2	1.59倍 (112円→178円)	1.61倍 (114円→184円)	2.29倍 (141円→323円)
タケダ機械(6150)	JQS	1.67倍 (78円→130円)	1.85倍 (92円→170円)	2.35倍 (138円→324円)
夢みつけ隊(2673)	JQS	3.20倍 (70円→224円)	1.93倍 (82円→158円)	2.24倍 (95円→213円)
インターライフホールディングス(1418)	JQS	2.89倍 (90円→260円)	2.34倍 (156円→365円)	2.07倍 (159円→329円)
テクニカル電子(6716)	JQS	2.03倍 (105円→213円)	2.15倍 (190円→408円)	1.56倍 (300円→467円)

※市場の東2は東証二部、JQSはジャスダックスタンダード

図4-10●インターライフホールディングスの2011年6月～2014年12月の動き

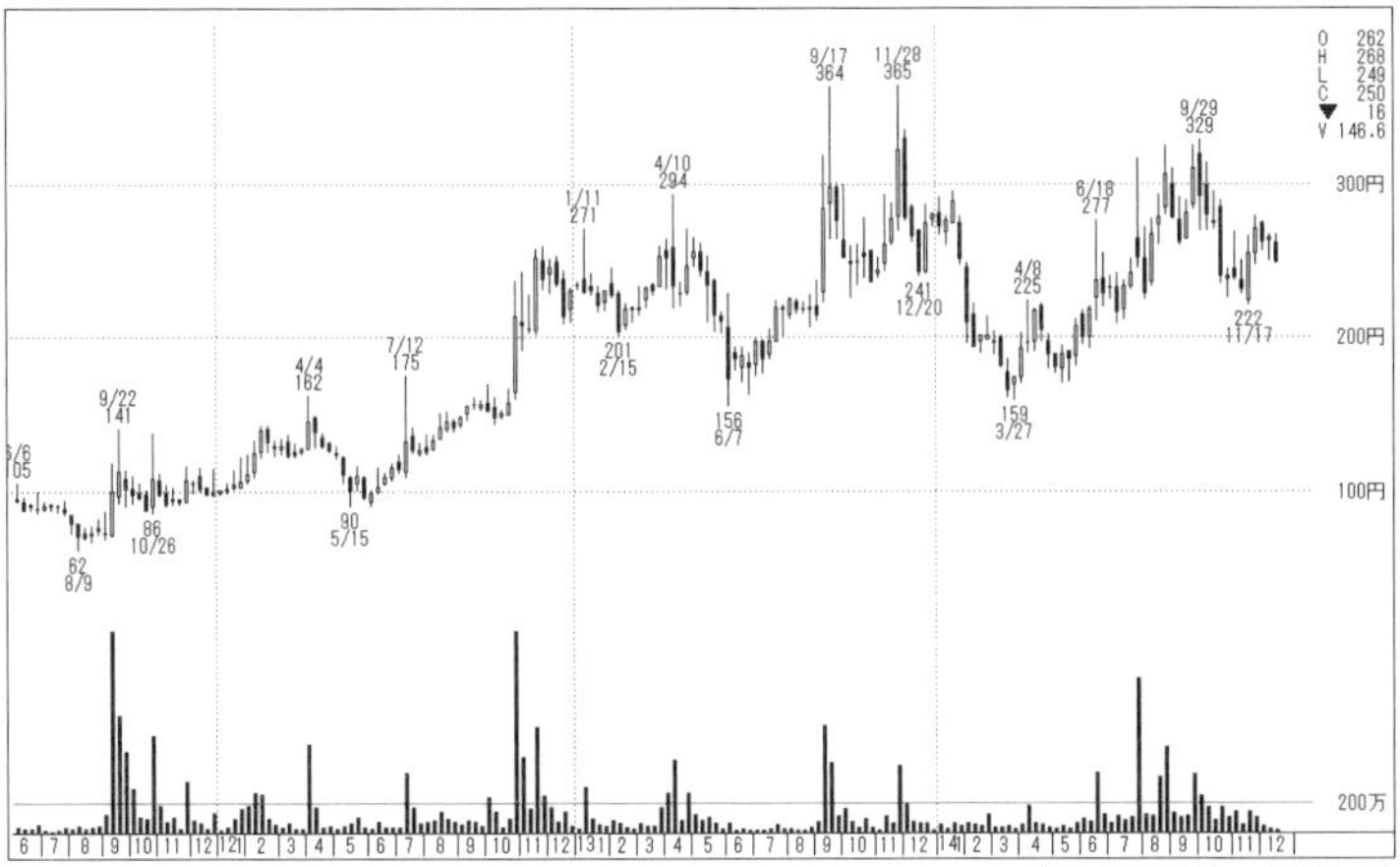

週足/2011.6～2014.12

低位小型株の魅力は高リスクと隣り合わせ

銘柄選びを失敗すると思わぬ大損を招くこともある

低位小型株は値動きの軽さが魅力ですが、「値動きが一方向になることがある」「出来高が少ない」という難しさもあります。

ストップ安が続いて売れないこともある

多くの投資家が売買する銘柄では、個々の投資家の思惑がさまざまであるため、株価が一方向に動き続けることはあまりありません。しかし、小型株では売買に参加する投資家が少ないため、多くの投資家の思惑が一致して、株価がしばらく上がり続けたり、逆に下がり続けたりすることがあります。

特に、ＪＡＳＤＡＱやマザーズなどの新興市場では、そのようなことが起こりやすく、**場合によっては数日に渡ってストップ高やストップ安が続く**こともあります。

例えば、東証マザーズのケアネット（２１５０）は、２０１４年11月19日にインドのインデジジン社と提携したことが日本経済新聞に報道され、それをきっかけにストップ高が連

図4-11●ケアネットは急上昇の後で急落

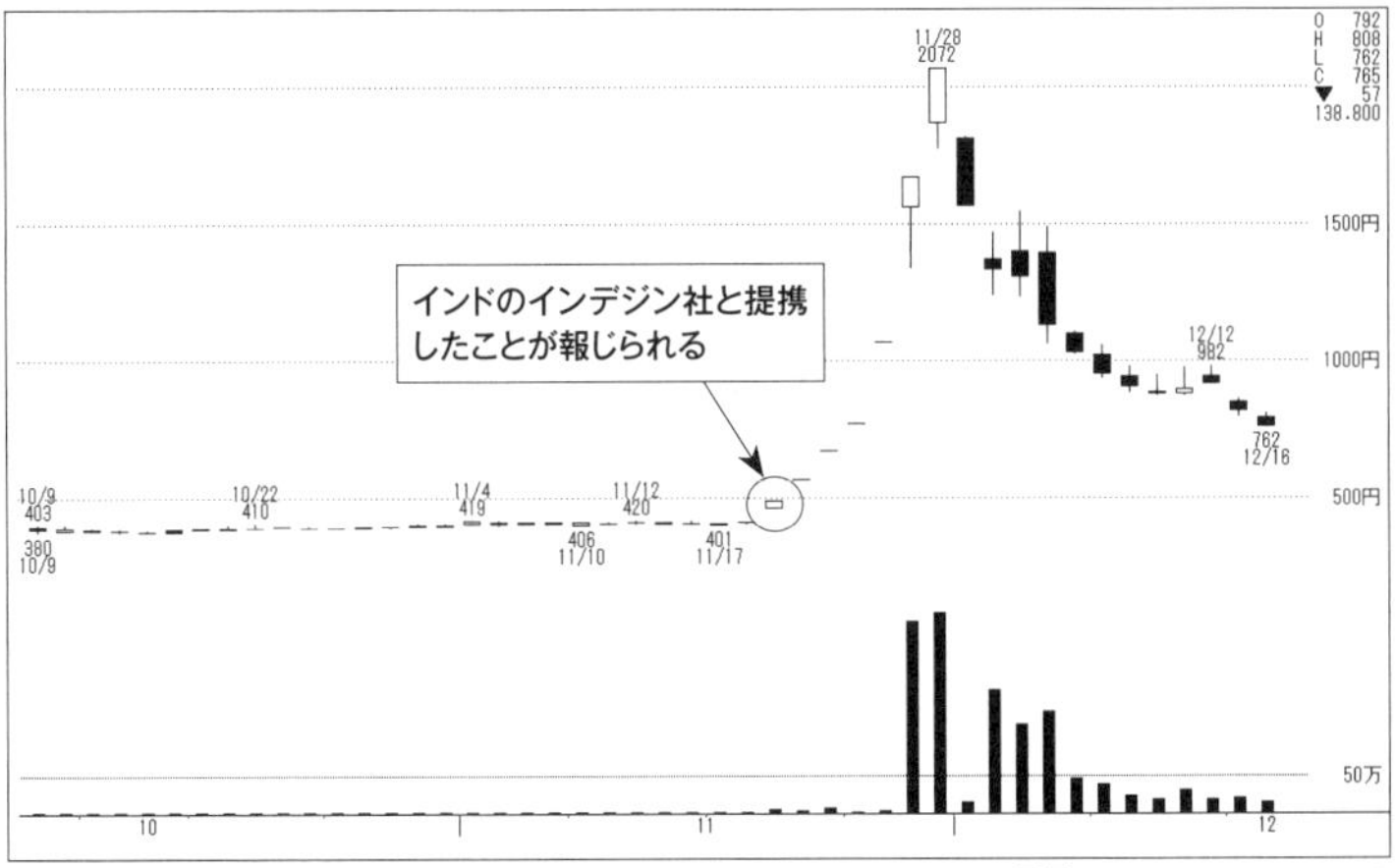

日足/2014.10～2014.12

続し、株価が４００円付近から２０００円台まで急騰しました。しかし、その後一気に下落し、12月中旬には８００円割れまで下がりました（図４・11）。

買った銘柄が連続ストップ高になれば、言うことはありませんが、逆に連続ストップ安になって、注文しても売れない状況になってしまうと悲惨です。

したがって、低位小型株の場合、株価が天井を付けて下がり始めてから売ろうとしても、売れなくなることがあり得ます。株価が天井を付けるまで待つのではなく、１１９ページで述べたように、**出来高が急増したらその場で売り抜ける**ことをお勧めします。

出来高が極少で売れないこともある

小型株は市場に出回っている株数が少ないため、市場が落ち着いていて、その小型株に特に材料が出ていなければ売買があまり行われません。銘柄によっては、**数日間にわたって出来高がゼロ**というようなこともあります。

出来高が少ないと、いざ売ろうと思っても売れないことが起こり得ます。高値圏で売買が活発な時なら売れますが、その時期を逃がしてしまうと、売れないままに株価がずるずると下がっていくということにもなりかねません。

特に、1つの銘柄を多く買っていた場合、その後に一気に売ることは難しいでしょう。

●売りにくい銘柄の例

売りにくい例として、JASDAQスタンダードのセーラー広告（2156）の例をあげます。この銘柄は、2013年以降は底値が200円近辺で安定してています。なおかつ、年に2~3回ほど株価が吹き上がるときがあります。チャートを見た限りでは、売買しやすそうに見えます（図4・12）。

しかし、日々の出来高がかなり少なく、日によっては出来高が100株のこともあります。また、普段の日でも数百~数千株のことが多く、株価が上昇して売買が活発になった

図4-12●セーラー広告の2012年10月以降の動き

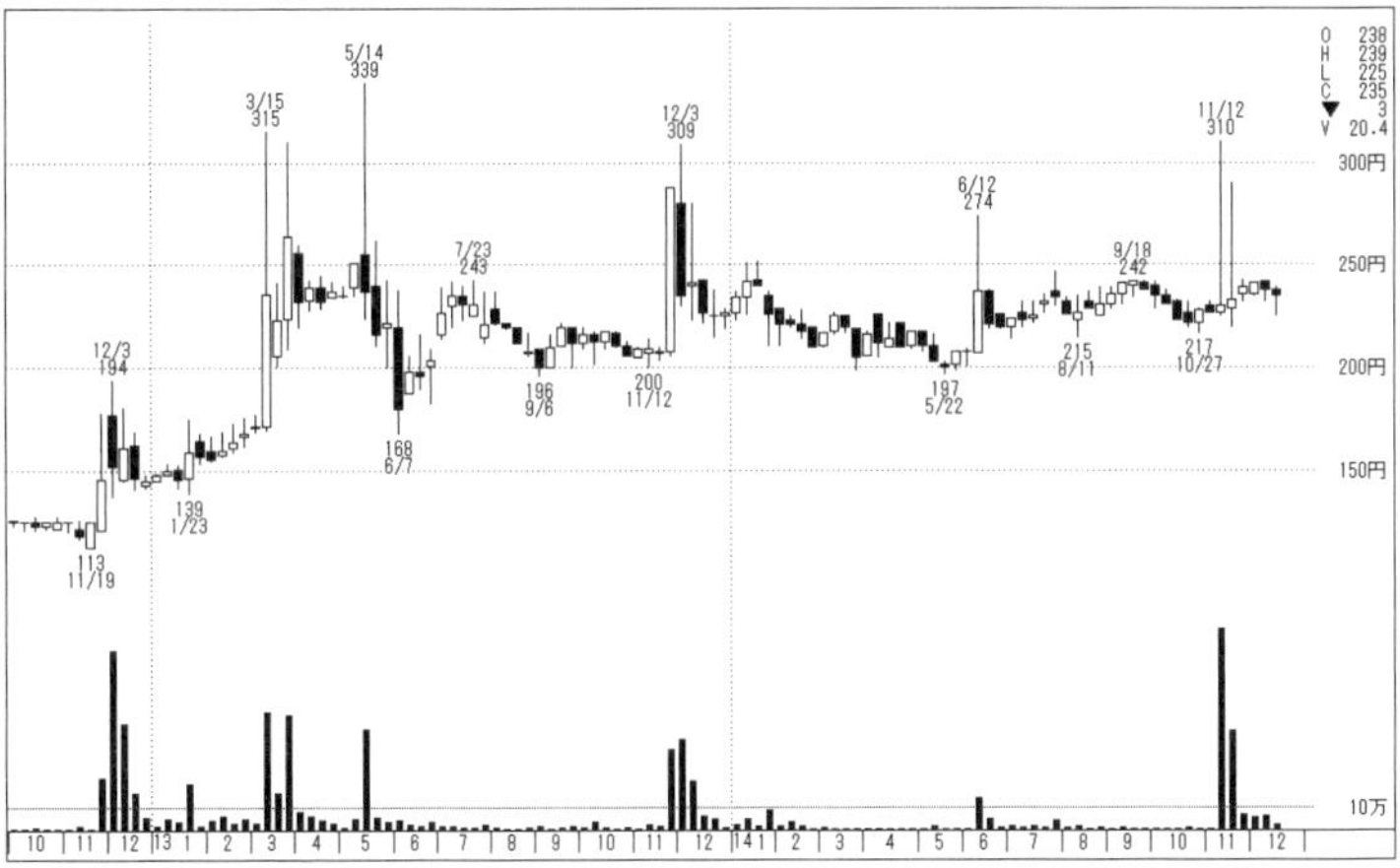

週足/2012.10～2014.12

日ですら、10万株にも満たないことが多いのです。これでは、多くの株数をまとめて売買することはまず無理です。

このように低位小型株では、**出来高が少なすぎてまとまった株数を売買しにくい銘柄もある**という難点があります。低位小型株を手掛けるのであれば、このことはしっかりと頭に入れておく必要があります。

5 CHAPTER

ボロ株で一気に大逆転！

ボロ株とはどんな銘柄のこと?

株価100円未満の超低位株だが一気に何倍にも上がる時も

低位株の中で、特に株価が安い銘柄を総称して「ボロ株」と呼びます。まずは、ボロ株の全体的な特徴から話を始めましょう。

株価がきわめて安い銘柄＝ボロ株

本書の冒頭でも述べたように、低位株の中でも株価が特に安い銘柄を「ボロ株」や「超低位株」と呼びます。「○○円以下」というような明確な基準はありませんが、**おおむね株価が100円を割っているような銘柄**をボロ株と呼ぶことが多いようです。

株価は業績（特に1株当たり利益）に比例する傾向があります。したがって、基本的には業績が悪い銘柄がボロ株になるということです。

景気が悪く株式市場全体が良くない時には、ボロ株も増えます。2015年1月21日時点では、東証一部で株価100円割れの銘柄が24ありました（表5・1）。東証一部には約1870銘柄が上場していますので、そのうちの1・3％弱がボロ株にあたります。

　また、東証一部以外にもボロ株が多数あります（表5・2）。東証二部やJASDAQスタンダードでは、東証一部よりもボロ株の割合が高いです。

●ボロ株は大幅上昇もあり得る

　第1章で、「低位株は数字のマジックで株価が大きく動きやすい」と述べました。この特徴は株価が安いほど強まるため、ボロ株は大きく動きやすいと言えます。

表5-1●東証一部のボロ株の例（2015年1月21日時点）

銘柄（証券コード）	株価（円）
キムラタン（8107）	10
ランド（8918）	21
アゴーラ・ホスピタリティー・グループ（9704）	47
エコナックホールディングス（3521）	51
ユニチカ（3103）	55
ティアック（6803）	57
ナイガイ（8013）	60
井筒屋（8260）	66
大東紡織（3202）	74
中山製鋼所（5408）	80
三菱製紙（3864）	86
ヤマダ・エス・バイ・エルホーム（1919）	91
太平洋興発（8835）	95
昭和電線ホールディングス（5805）	98

表5-2●東証一部以外の各市場のボロ株の割合（2015年1月21日時点）

市場	全銘柄数	ボロ株の数	割合
東証二部	541	33	6.1%
JASDAQスタンダード	800	23	2.9%
マザーズ	205	2	1.0%

２０１２年秋以降のアベノミクス相場で、株式市場全体が大きく上昇しました。ボロ株の中に株価が大幅に上がった銘柄が続出し、数倍になった銘柄も少なくありません。

例えば、鉄鋼大手の神戸製鋼所（５４０６）は、２０１２年夏の時点では、株価が60円前後で低迷していました。しかし、その後のアベノミクス相場によって２０１２年暮れには１００円を超え、２０１３年９月27日には高値で１９１円を付け、１年ほどで約3倍になりました（図５・１）。

その後、２０１４年春にかけて株価が一時下落したものの、再度盛り返して、２０１４年12月には高値で２１１円を付けました。

また、材料によって株価が急騰し、短期間で数倍になることもあります。例えば、ゼネコンの熊谷組（１８６１）は、２０１３年夏の時点では株価は１００円すれすれの状況でした。しかし、２０１３年９月７日のＩＯＣ総会で、２０２０年のオリンピックの開催地が東京に決まったことから、建設株全般にオリンピック特需を期待した買いが入りました。熊谷組にも買いが集まり、10月28日には高値で３５７円を付け、２か月足らずで約３・５倍にも上昇しました（図５・２）。

図5-1●神戸製鋼所はアベノミクスに乗って大幅上昇

週足/2012.1～2014.12

図5-2●熊谷組は東京オリンピック特需への期待で株価が急騰

週足/2012.1～2014.12

ボロ株の買い方と売り方

基本的に業績と財務が悪いことを忘れずに

ボロ株もこれまで説明した他の銘柄と同様に、似たような傾向があるいくつかのグループに分けられます。そして、グループごとに買い方/売り方に違いがあります。

パターン型のボロ株はパターンに沿って売買する

ボロ株の中には、利益水準が低いもののあまり変動が大きくない銘柄もあります。そのような銘柄では、株価の動きにパターンができる傾向があります。1章でパターン銘柄の攻略法を説明しましたが、同じようにパターンに沿って底値付近で買い、天井付近で売ることを繰り返して、利益を得るようにします。

●ボロ株のパターン銘柄の例

実際の銘柄の例として、**東洋精糖**（2107）をあげます。業績は赤字ではありませんが（過去10年で赤字は2006年3月期の1回だけ）、好業績というわけでもなく、低位安定といったところです。

図5-3●パターン型のボロ株の例（東京精糖）

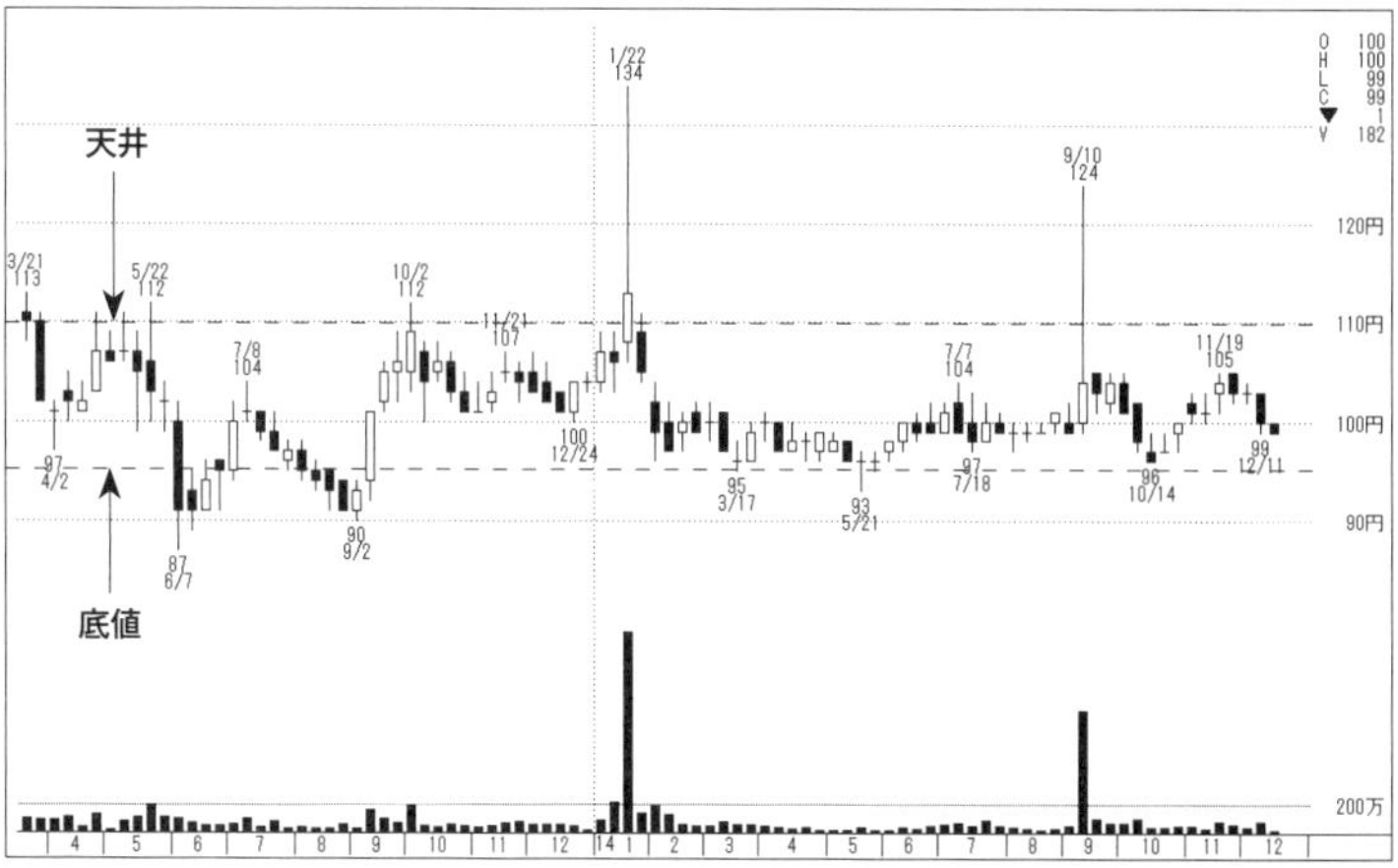

週足/2013.3～2014.12

株価の動きも２００８年以降は安定して、パターン化しています。２０１３年以降だと、底値は95円前後、高値は１１０円前後になっています。また、２０１０年以降は、東日本大震災の時を除いて、株価が80円を割ったことがありません。

したがって、東洋精糖を買うには、株価が１００円を割ったあたりから動きに注目し、下げ止まり感が出てきたら買うようにします。そして、１１０円付近まで上がったら、そろそろ天井であることを意識して、売り時を探るようにすると良いでしょう。

急騰型の低位材料株に入るボロ株は急騰を狙う

低位材料株に物色の矛先が向いた時に、一

図5-4●急騰型のボロ株（カネヨウ）

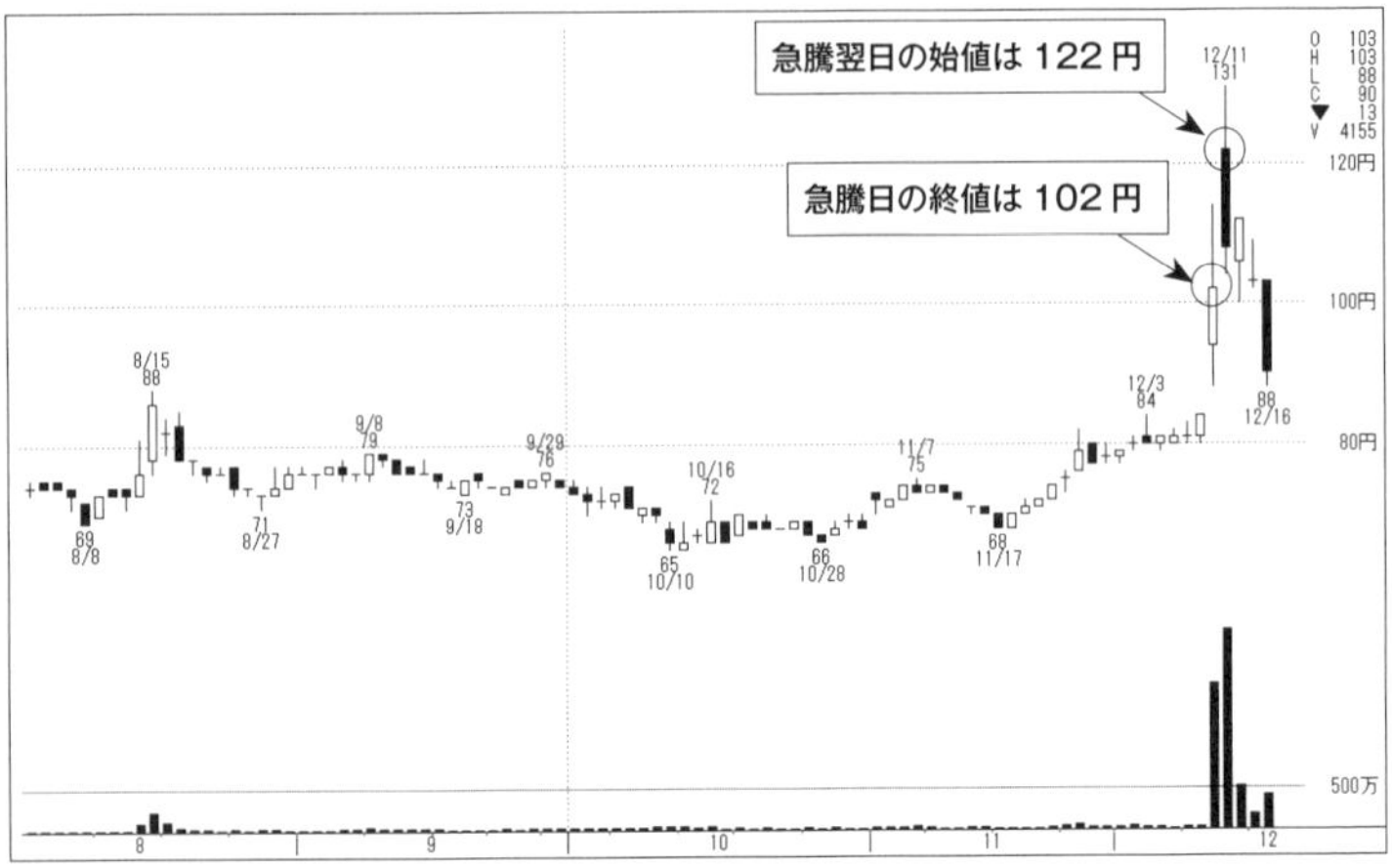

日足 /2014.8 ～ 2014.12

緒になってボロ株が急騰することもあります。このような銘柄は、第3章の低位材料株のところでお話ししたように、急騰初日の引けで買って翌日の寄り付きで売るか、もしくは急騰からしばらくたって下がっている時期に、少しずつ買い集めておくようにします。

●急騰型のボロ株の例

急騰型の銘柄の例としては、**カネヨウ**（東証二部・3209）があります。兼松系の商社で、インテリアや寝具等を主に扱っています。利益率が低くて業績は低水準で、かろうじて黒字を確保しているという状況です。

カネヨウは、年に1~2回程度、株価が大きく上がる局面があります。ただ、上昇が長く続くことはまれで、数日で終わることが多いです。例えば、２０１４年12月に80円台から株価が急騰し、高値で１３１円を付けましたが、その翌日には早くも下げに転じています（図５・４）。

この時は、急騰日（12月10日）の始値が94円、終値が１０２円で、翌日の寄り付きでは１２２円を付けました。急騰初日の終値で買い、翌日の寄り付きで売っていれば、わずか１日で20％弱の利益を得られたことになります。

また、急騰前の９月から11月にかけては、株価が70円前後で上下する動きをしていました。この時に待ち伏せで買っておけば、急騰初日の引けで売ったとしても、50％近い利益を得ることができています。

景気回復に期待するボロ株

機械／金属／鉄鋼などの業種のボロ株は、景気に左右されやすい傾向があります。これらの銘柄では、景気が回復すると業績も急回復するため、株価が大きく上昇します。特に、景気回復の初期では、赤字から黒字に転換するなど業績変動が大きく、かつ数字のマジックが働きやすいので、上昇率も高くなります。

図5-5●日本冶金工業の売買の判断例

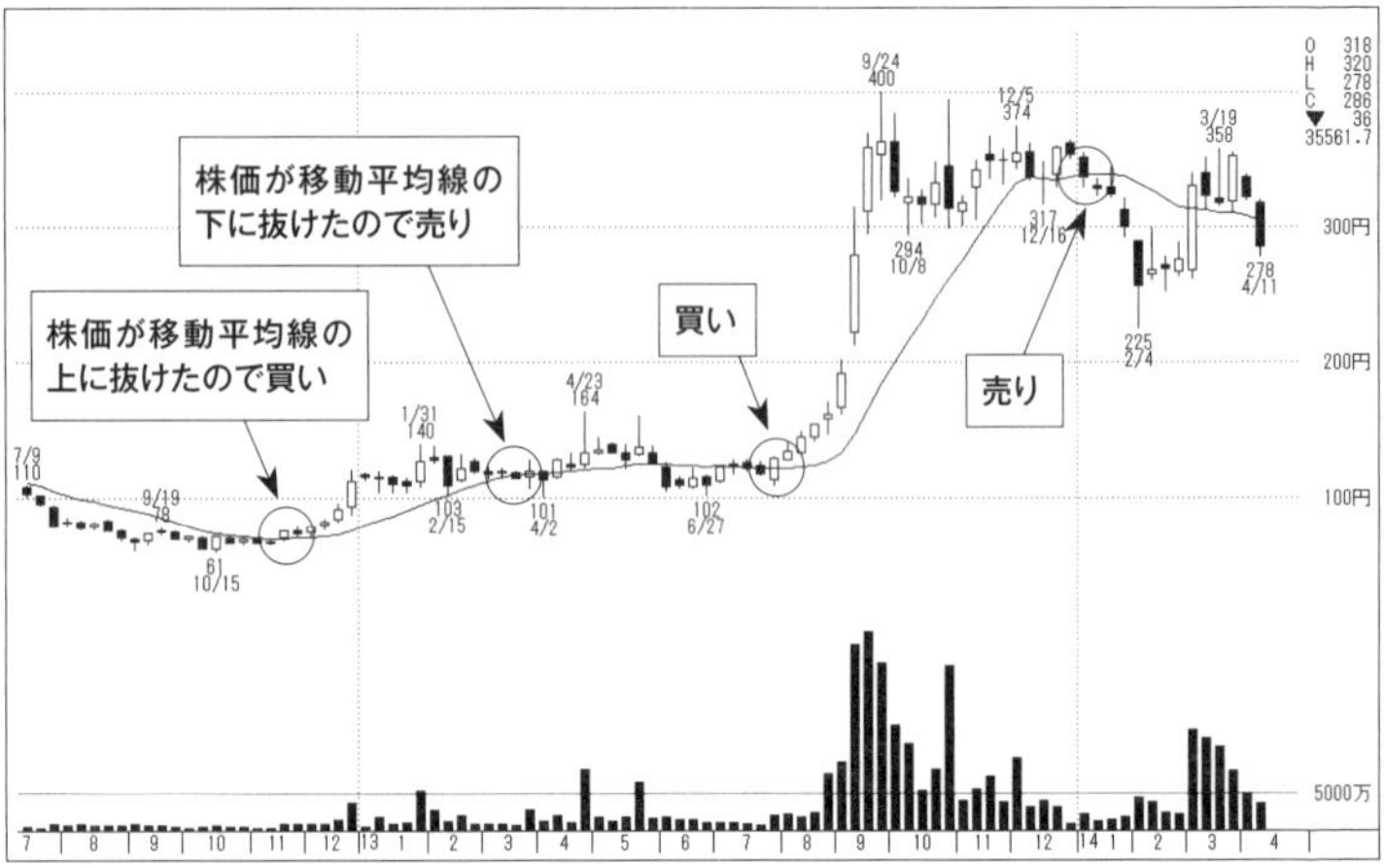

週足/2012.7～2014.12

●景気回復期に上昇したボロ株の例

２０１２年秋以降のアベノミクス相場で大幅に上昇した銘柄の例として、ステンレスのメーカーである**日本冶金工業**（５４８０）を紹介します。日本冶金工業は景気変動の影響で業績が上下しやすく、その分株価の変動も大きいです。

リーマンショック前の２００７年には高値で１７１３円まで上昇していましたが、その後に暴落し、２０１２年10月には安値で61円を付けました。しかし、アベノミクス相場で株価が上がり、２０１３年４月には１６４円まで上昇しました。その後いったん下落したものの、２０１３年夏から秋に急騰し、２０１３年9月には高値で４００円を付け、１年で7倍近い上昇になりました。

景気回復期に株価が大きく上昇する銘柄は、短期間で急騰するわけではなく、数か月〜1年程度の期間保有し続けることが必要になります。また、その間にも株価が上下しますので、グランビルの法則を利用して、売買のタイミングを判断するようにします。

図5・5は、日本冶金工業の売買タイミングを、グランビルの法則で判断した例です。2012年11月に株価が移動平均線を上回り、買い法則の形になっています。その後、2013年3月に移動平均線を下回っていますので、ここでいったん売ります。この間で約50%の上昇を利益を得ることができています。

また、2013年7月にも株価が移動平均線を上回り、買いの形になっています。そして、2014年1月に移動平均線を下回っていますので、ここで売るようにします。この間で株価は3倍弱になっていて、かなり大きな利益を取れたことがわかります。

新興市場のボロ株は基本的に避ける

東証一部以外の新興市場にも、ボロ株があります。ただ、全体的に難易度が高いと言えます。

まず、新興市場のボロ株では、以前は業績が良好だったものの、現在では大幅に悪化し

図5-6●ジェイ・エスコムホールディングスの出来高は１日数千株程度のこともある

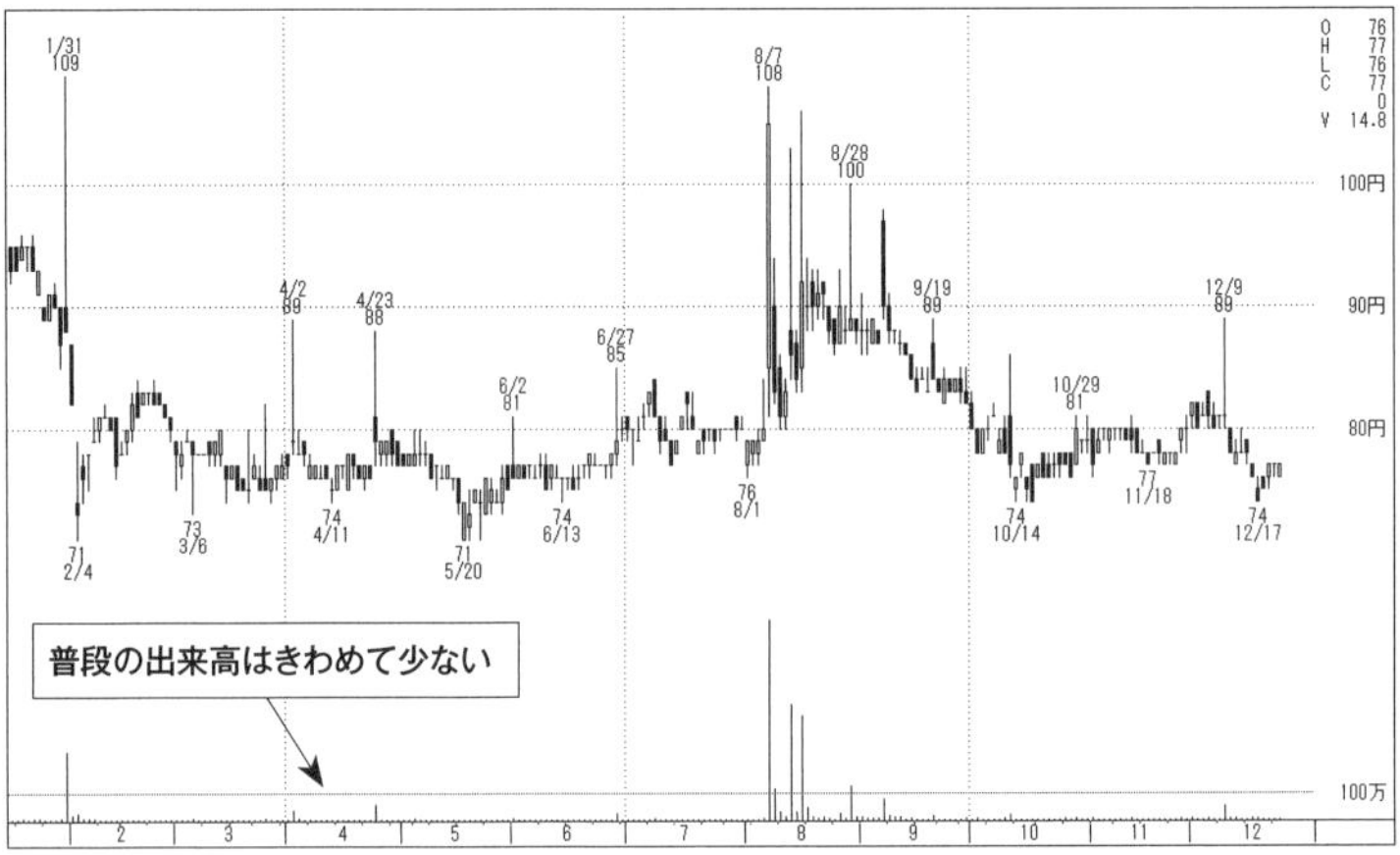

日足/2014.1～2014.12

ていて、長期にわたって株価が下落傾向にある銘柄が多く見られます。タイミングを狙って買うこともできなくはないですが、長期下落傾向の銘柄で稼ぐのは難しいでしょう。

　また、短期急騰型のボロ株も見られます。**東証一部の低位材料株が物色される時に、新興市場のボロ株が一緒に上がったりする**こともあります。

　東証一部の急騰型の銘柄と同様の手法で、新興市場のボロ株を攻めることも考えられます。ただ、東証一部の銘柄に比べると出来高が少ないため、安く買うことができても、売り損ねるリスクが高いというのが難点です。また、買うことすら難しい場合もあります。

　例えば、ＪＡＳＤＡＱスタンダードのジェイ・エスコムホールディングス（３７７９）

は、2012年以降ほとんどの期間で株価が100円を割っています。底値が70円前後でほぼ安定していて、パターン性が見られます。

ただ、普段の出来高は1日で数千~数万株程度しかありません（図5・6）。これでは、大量に売買しようとすると、できないことも出てくるでしょう。

以上のことから、**新興市場のボロ株には基本的には手を出さない**ことをお勧めします。

ボロ株1銘柄に集中投資するのは避ける

ボロ株には株価が安いのでたくさん買えるというメリットもありますが、一般的な銘柄と比べリスクがかなり高いというデメリットもあります。多くのボロ株は業績や財務が悪く、中には倒産寸前といった銘柄もあります。

そのため、場合によっては株価がさらに大きく下がったり、最悪の場合は上場廃止になることもあり得ます。その場合、特定の1銘柄だけに集中的に投資していたとすると、損失をもろに被ることになります。

したがって、ボロ株に投資する場合は、1銘柄だけに集中投資することは避け、いくつかの銘柄に分散して投資し、リスクを分散するようにします。

極端に安いボロ株も買ってはいけない

安すぎる銘柄は破たんリスクが特に高く危険

1円の値上がりで儲けられるか?

ボロ株の中には、株価が1桁~10円台という極端に安い銘柄も存在します。

そのような銘柄は数字のマジックが特に働きやすく、例えば株価1円の銘柄を買い、2円に値上がりすれば、あっという間に資金が2倍になります。2円が3円に値上がりすれば上昇率は50%で、効率は十分良いです。これらの銘柄で株価チャートだけ見ると、1円値上がりした時点で売って、儲けられそうな気がするかもしれません。

●超低位株の値幅は小さすぎて取れない

図5・7は、不動産業のランド(8918)の2014年7月以降の日足チャートです。ランドはサブプライムローン問題による不動産市況悪化の影響をもろに受け、業績が大幅に悪化し、2011年春以降は株価が10円台になっていることが多いです。

このチャートを見ると、ほぼ毎日1円の値動きがあり、1円上がったところで売れるような気がします。また、日によっては2~3円の値動きがあることもあります。

図5-7●毎日1円程度の値幅では小さすぎて現実には無理

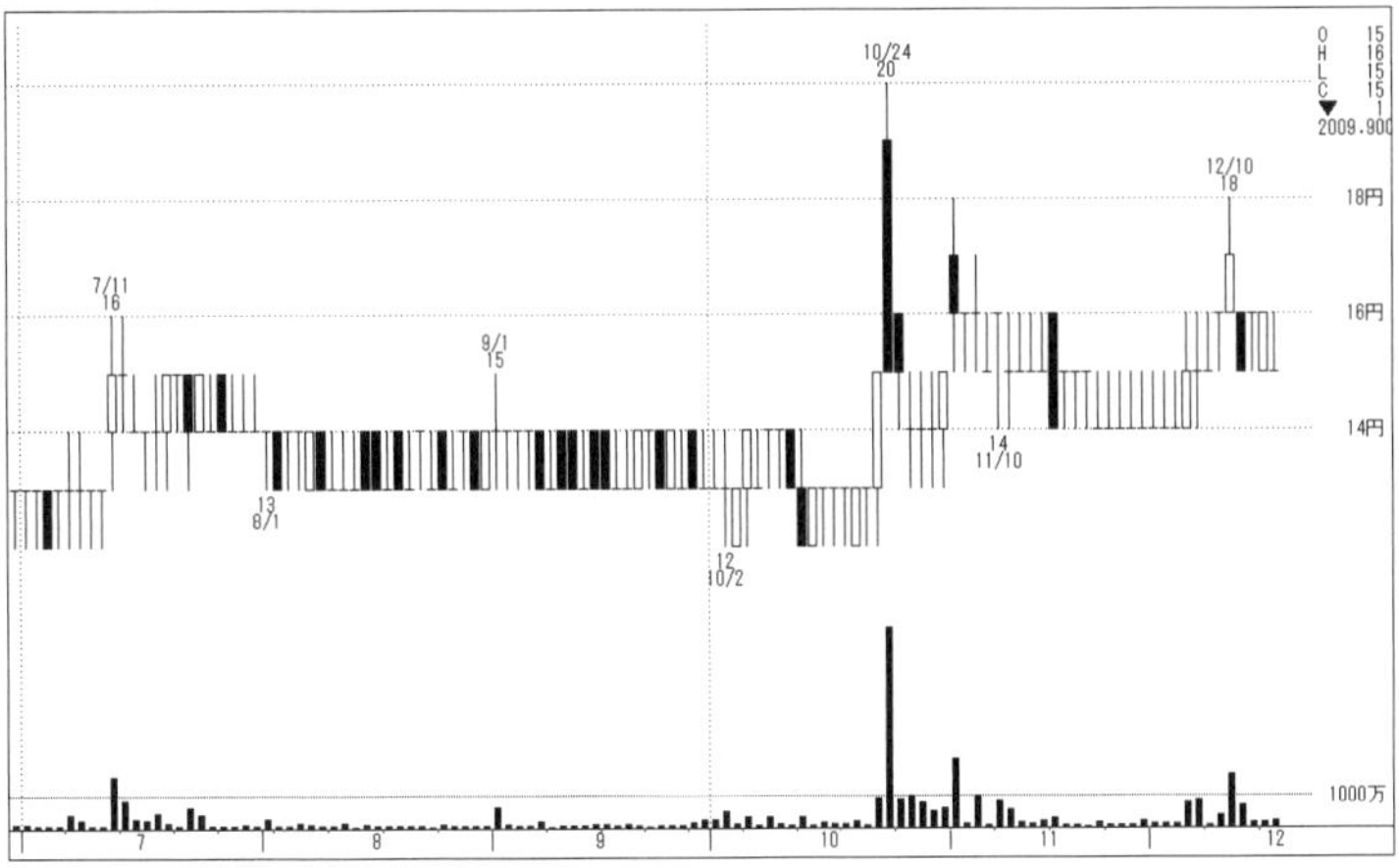

日足 /2014.7 ～ 2014.12

しかし実際には、値上がりした株価で売買が成立することは少なく、買うのは簡単でも売るのは難しいのが現実です。儲けるのは厳しいでしょう。

安すぎてマネーゲームにも乗れない…

低位材料株に物色の矛先が向かった時などには、株価が1桁の銘柄も急騰して2桁になることもあります。例えば、ＪＡＳＤＡＱスタンダードのＬＣＡホールディングス（４７９８）の例があります。経営コンサル会社ですが、業績が悪くて赤字を垂れ流し続けているため、株価も1桁の状態が続いていました。

比較的最近の例だと、２０１３年４月に、わずか1週間ほどで株価が6円から14円にまで上がったことがあります。この急騰に乗ることができていれば、大きく儲けることができたことになります。

しかし実際には、これは難しかったのではないかと思います。株価1桁の銘柄が急騰するのは、マネーゲーム以外の何者でもありません。予想外に上がることもあれば、ほとんど動かずに終わることもあります。そのため、売るタイミングをつかむことが難しく、急騰を見ているだけになりがちです。

いつ倒産するかわからない

株価が1桁の銘柄は、当然業績や財務が非常に悪い企業です。債務超過に陥っていたり、赤字が何年も続いていたりすることもあり、倒産のリスクがきわめて高いと言えます。

実際に倒産した比較的最近の例としては、山水電気があります。山水電気は、かつてはオーディオアンプの名門企業でしたが、オーディオブームが去って業績が悪化し、バブル崩壊後はボロ株の定番でした。香港のグランデ・グループの傘下に入って再建を目指しましたが、2008年4月以降は株価が1桁の状態が続き、いつ倒産してもおかしくない状況でした。

そして、2011年5月にグランデ・グループが倒産状態に陥った結果、山水電気の資金繰りが悪化。２０１２年4月2日に民事再生法の適用を申請し、山水電気株は同年5月3日付けで上場廃止になりました。

基本的には、**株価が50円を割っている銘柄は特に要注意**です。かつて、株に額面があったころには額面50円が基本でした。したがって50円を割っている銘柄は、言わば「額面割れ」の状態で、ハイリスクと言えます。

特に株価1桁の銘柄は、マネーゲームと割り切って売買できる方でない限り、手を出すべきではありません。

なお、いつ倒産してもおかしくない銘柄では、決算短信等に「**継続企業の前提に疑義**」というような記載がされることがあります。このような銘柄には、絶対に手を出すべきではありません。これについては、後の２０１ページで再度解説します。

監理ポスト入りしたボロ株を狙うのはどうか？

上場中の銘柄が、上場廃止基準に抵触するおそれがある時には、そのことを投資家に周知するために、「**監理ポスト**」という扱いになります。これはボロ株に限らず、優良企業でも同じです。例えば、粉飾決算が発覚した企業の銘柄などがこの扱いに該当します。

その後、上場廃止にするかどうかの審査が行われ、審査の結果で上場廃止と決まったら、後述する「**整理ポスト**」に割り当てられます。一方、上場廃止にならない場合は、監理ポストから外れて、通常の扱いに戻ります。

監理ポスト銘柄は、割り当て直後には株価が急落するのが一般的です。その後、上場廃止になるかどうかを巡って思惑が生じ、マネーゲーム化することがあります。また、上場廃止を免れると、株価が急騰することもよくあります。

●監理ポストから復活したボロ株の例

これには、東証マザーズ上場のメッッ（4744）があります。メッツは、かつてはパソコンソフトの開発販売を行っていましたが、その後不動産業に転換した企業です。

メッツは業績がかなり悪化していて、ボロ株と言える銘柄でした。チャートを見ると、株価が1000円を超えているので一見ボロ株には見えませんが、1単元が1株であるため、実質的には1株数円の銘柄とほぼ同じです。

メッツは立て直しを図っていたものの、金融機関からの融資が受けられなくなり、2011年11月14日に会社の清算を発表しました。そのため、監理ポストに割り当てられ、11月15日からストップ安の状況になり、株価が暴落しました。

ところが、2012年1月26日に、吉野勝秀氏がメッツ株を公開買付することを発表し、株価が急反発しました。そして、実際に公開買付が行われ、清算が回避されたことから、

図5-8●一度は監理ポストから復活したメッツ

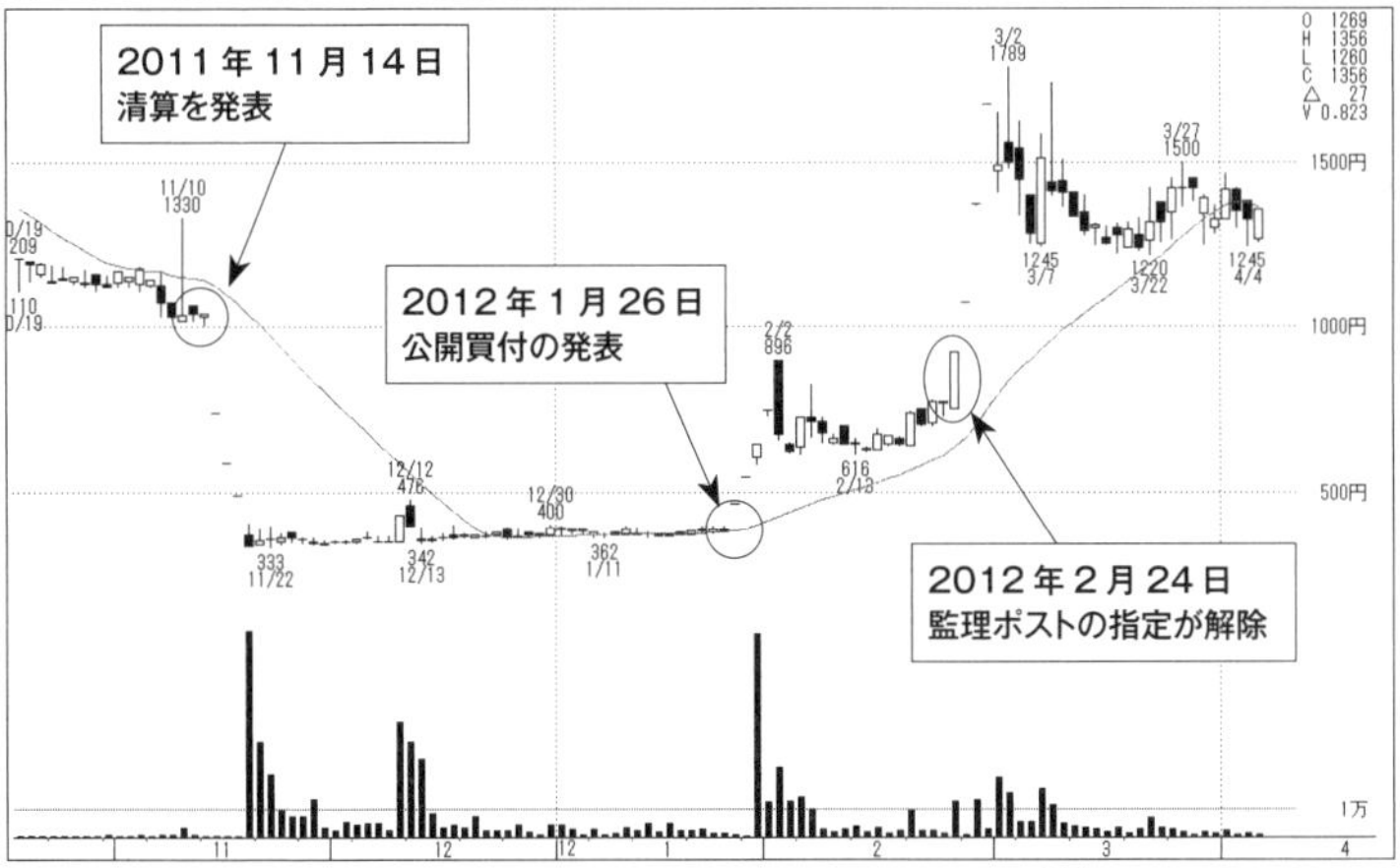

日足/2011.10～2012.4

2012年2月24日に監理ポストの指定が解除され、4日連続ストップ高となり、株価は解除前の2倍以上になりました（図5・8）。

このように、いったん監理ポスト入りしたものの、その指定が解除されると、株価が大きく上昇します。

もっとも、**監理ポスト入りした後上場廃止が確定**したり、復活しても結局再建できなかったりして、そのまま紙くず同然になってしまうことも多々あります。ちなみに、前述のメッツは一度は監理銘柄から復活はしたものの、本書執筆時点でも「継続企業の前提に疑義」のある危ない状態が続いていて、いまだにボロ株です。監理ポスト銘柄を手掛けるのであれば、監理ポスト入りした理由と指定があった後の推移をよく見ることが必要です。

そして、指定が解除された時点で買って短期で売り抜けるのが良いでしょう。

整理ポスト銘柄には手を出さない

倒産等で上場廃止が決まった銘柄は、上場廃止までの期間（原則として1か月間）は「整理ポスト」という扱いになり、売買も可能です（図5・9）。このような銘柄は時としてマネーゲーム化して、株価が急騰することがあります。

しかし、整理ポスト銘柄は上場廃止までの期間が短いので、マネーゲームに乗ろうとして買ったとしても、売れなくなってしまう可能性が高いのです。

したがって、手を出すべきではありません。

図5-9●監理ポスト入りから上場廃止までの流れ

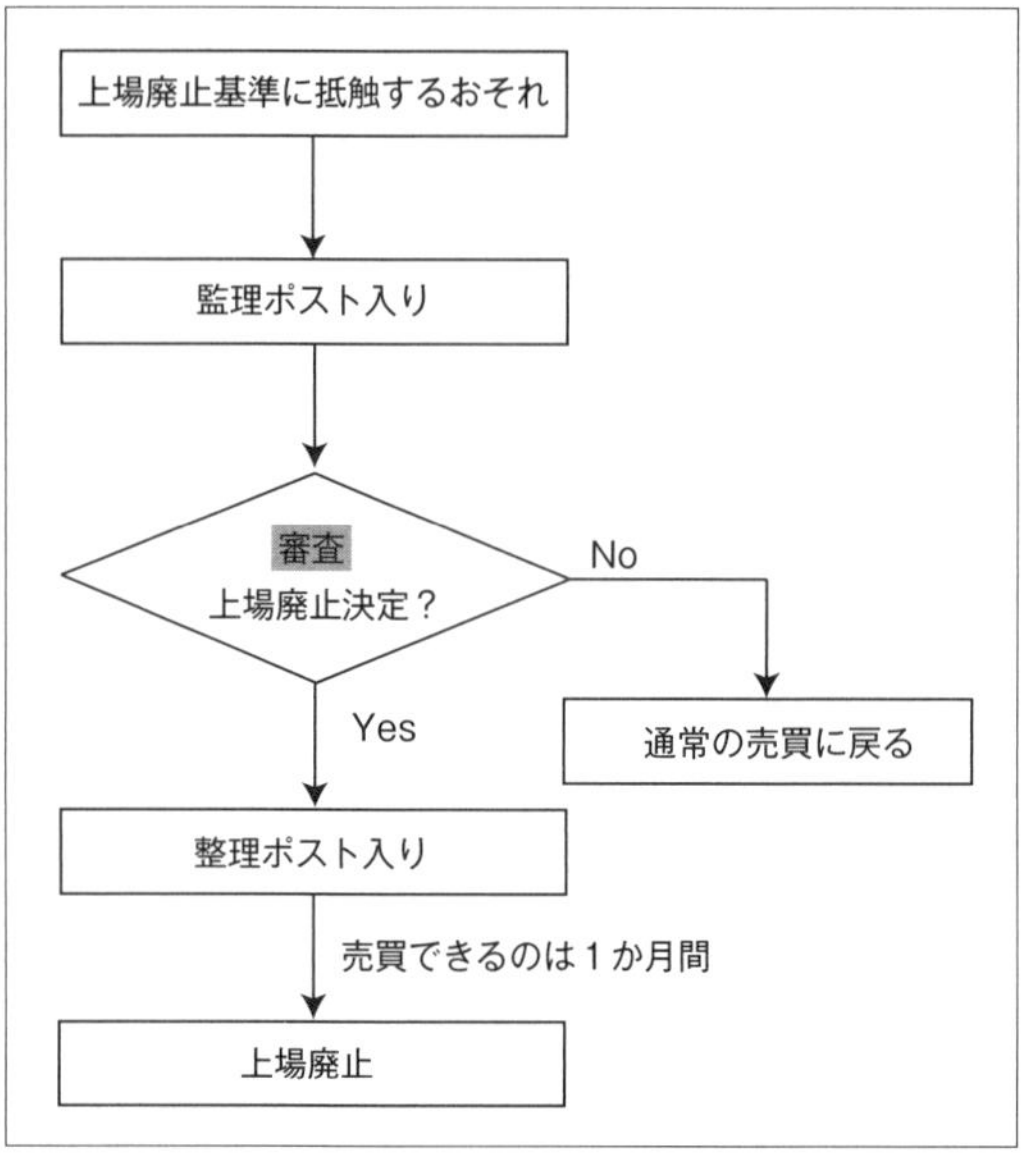

ボロ株のタイプ別銘柄例

リスクを理解し、アベノミクス相場に乗り遅れ気味の銘柄だということを忘れない

本書執筆時点ではボロ株は少なくなっていますが、その中から投資に適していそうな銘柄をいくつか紹介します。

東証一部のボロ株

東証一部の銘柄は、アベノミクスで全般的に株価が上がっているため、ボロ株は数が減っています。その中で、本書執筆時点でも投資に向いていそうな銘柄としては、**林兼産業**（２２８６）、**トーア紡コーポレーション**（３２０４）、**太平洋興発**（８８３５、図５・10）などがあげられます。

林兼産業はハムやソーセージ等のメーカーです。最近10年は、業績は赤字と黒字をいったりきたりしている状況で、株価も１００円割れしている時期が多いです。ただ、今後景気が本格的に良くなれば、株価が大きく上がる場面もありそうです。ちなみに、２００６年２月には高値で２４２円を付けたこともありました。

図5-10●太平洋興発の株価の動き

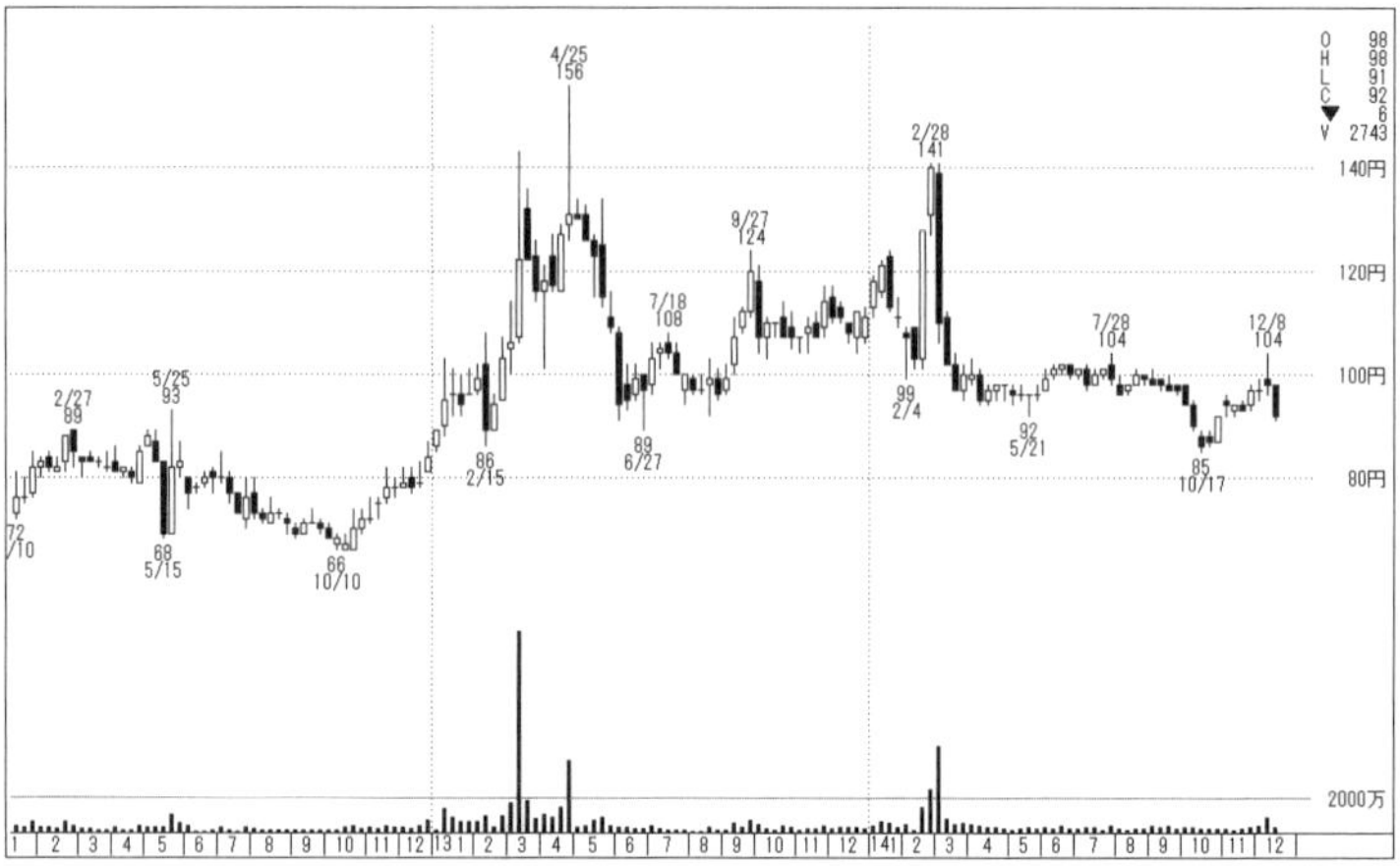

週足/2012.1～2014.12

トーア紡コーポレーションと太平洋興発は、いずれも業績は低位安定の状況です。また、100円割れの銘柄にしては珍しく、どちらも配当があります（今期予想で、トーア紡コーポレーションは年2円、太平洋興発は年2・2円）。

新興市場のボロ株

新興市場のボロ株からも、良さそうな銘柄をいくつか見つけてみました。

今後景気が本格回復することに期待するのであれば、**オーミケンシ**（東証二部・3111）、**日東化工**（東証二部・5104）、**アマテイ**（東証二部・5952）などがあげられます。

どの銘柄も本書執筆時点では100円割れが定位置になっていますが、2005年～

図5-11●ムラキの株価の動き

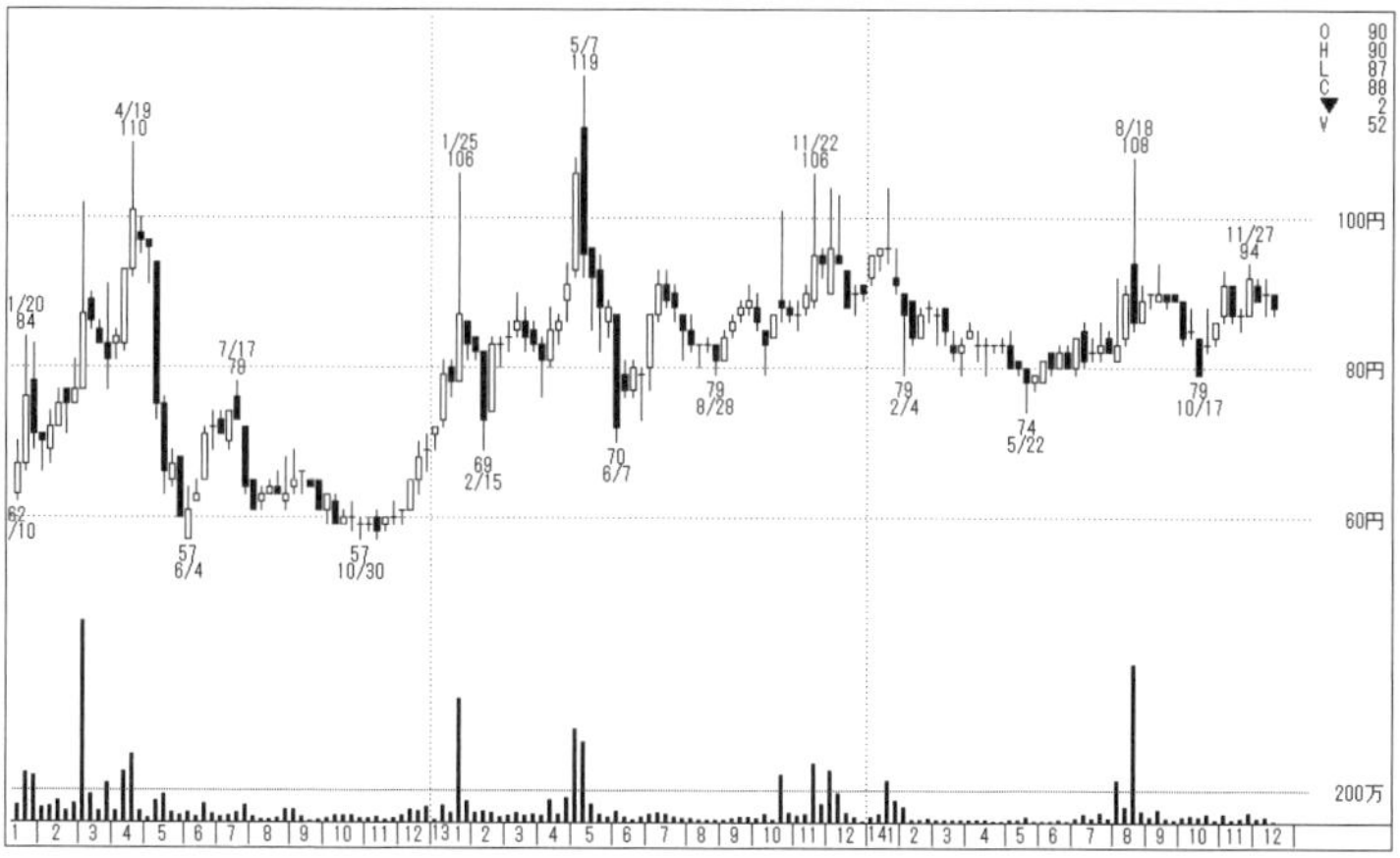

週足/2012.1～2014.12

2007年にかけての好況期には、株価が200円を超えたことがあります。

　また、配当をもらいつつ、値上がりを待つ銘柄としては、**グローベルス**（東証二部・3528）や**ムラキ**（JASDAQスタンダード・7477）があります。ムラキは今期予想配当が年2円あり、本書執筆時点の株価だと、配当利回りが2%を超えています（図5・11）。

　また、大穴として**ADワークス**（JASDAQスタンダード・3250）をあげておきます（図5・12）。不動産を再生して、富裕層に販売することを事業としている企業です。

　アベノミクスが継続してバブル的な流れが強まれば、富裕層が節税対策等で不動産に投資することが増えると見込まれますので、業

図5-12● ADワークスの株価の動き

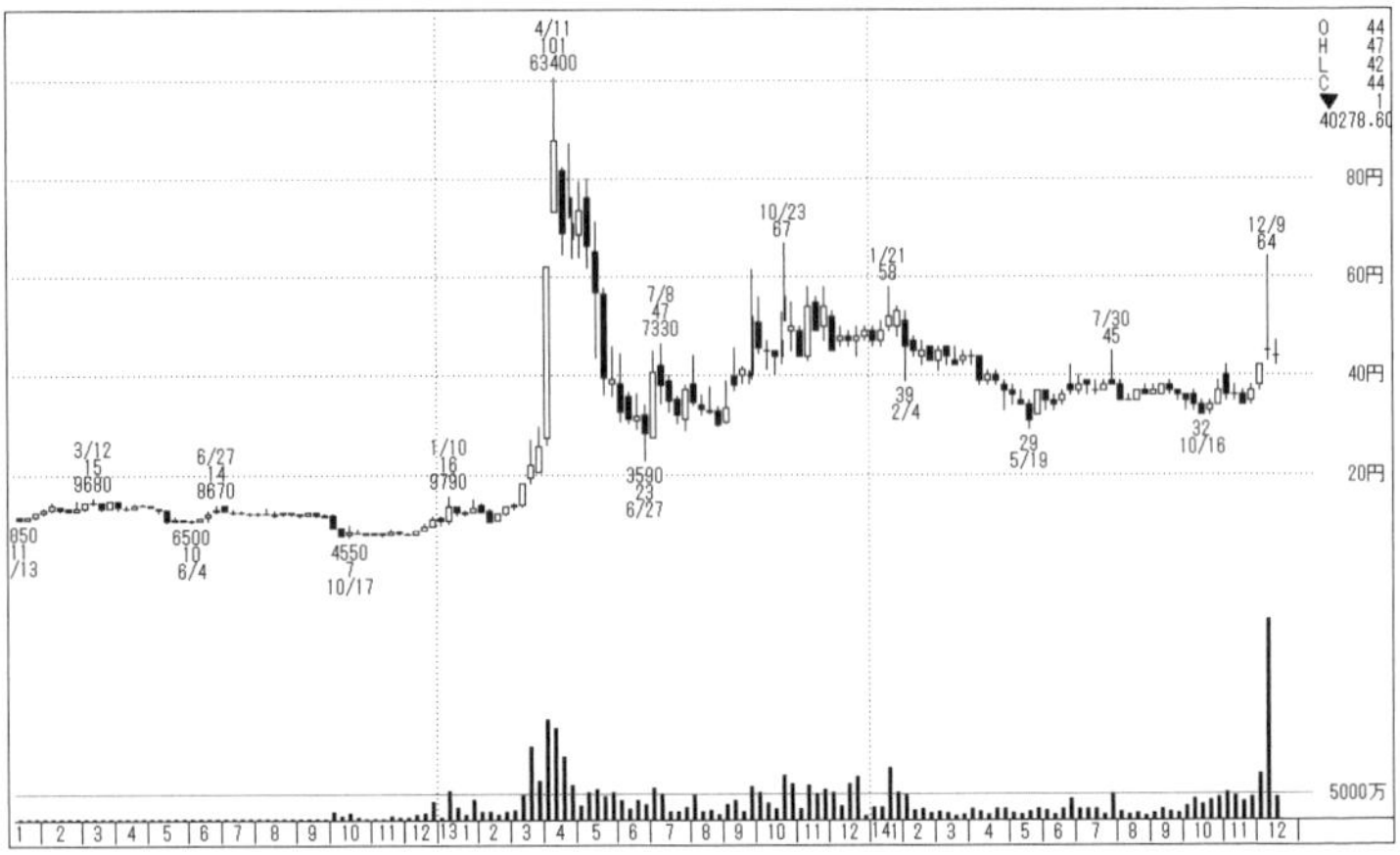

週足/2012.1～2014.12

績が伸びる可能性があります。1単元が100株で、本書執筆時点の株価だと5000円足らずから投資できる点も魅力です。

●業績や財務をよくチェックすること

本書執筆時点では、アベノミクスの影響で市場全体的に株価が上がっています。このような中で、いまだに株価が100円を割っている企業は、**アベノミクスに乗り遅れている**とも考えられます。

相当に景気が良くなるか、あるいは大きなマネーゲームが発生しない限り、株価が大幅に上昇することはあまり期待しない方が良いでしょう。むしろ業績や財務に関して、相当の注意をもってチェックしなくてはなりません。

6 CHAPTER

急落のリバウンドを拾う

市場全体の急落は絶好の買い場になる

大きな悪材料で全体が急落するとリバウンドが起こる

株で儲けるには、安く買って高く売ることに尽きます。市場全体が急落した時は、個別銘柄も大きく値下がりしていることが多いので、絶好の買いチャンスでもあります。

株式市場は年に一〜二度は急落局面がある

株式市場を見ていると、普段の株価の動きはそう大きなものではありません。上がるにしても下がるにしても、比較的ゆっくりとした動きのことが多いです。しかし、年に一度か二度ほどの頻度で、市場全体を揺るがすような悪材料が出て不安が高まり、全体的に株価が大幅に急落することも珍しくありません。

例えば、2013年5月下旬から6月中旬にかけて、日経平均株価が1万6000円付近から1万2500円割れまで、およそ3500円も暴落することがありました。それまでの株価上昇が急だったことに加えて、中国の景気減速が報じられたことなどから、日本株に向かっていた資金が一気に引き上げられたことにより大きな下げとなりました。

その後も、世界的な緊張の高まりや金融不安などで、株価が急落する局面がたびたび起こっています。

急落後はリバウンドが起こりやすい

市場全体が急落した後で、そのまま株価がいつまでも下がり続けたり、あるいは下がらないままでも上がらないかというと、そうではありません。むしろ、リバウンドが起こって、株価が大きく戻すことがよくあります。

確かに、個別銘柄そのものに悪材料が出て株価が下がりだした場合、そのまま下落が続くことが少なくありません。しかし、市場全体が急落した場合は、ある程度株価が下がると、「これだけ安くなったなら、そろそろ買おう」という人も出てきます。その結果、**株価が反発して短期間で大きく戻す**ことが多いのです。

特に、低位株は株価が大きく動くことがよくあります。第1章で述べたように、数字のマジックによって大きなリバウンドが起こりやすいのです。

ちなみに、リーマン・ショックの際には、わずか1週間ほどの間に、リバウンドで数十%上昇した銘柄が数多く見られました。

リーマン・ショック／東日本大震災後の暴落

百年に一度の金融危機と千年に一度の巨大地震

ここ数年で市場全体が急落した時期として、リーマン・ショックと東日本大震災があります。これらのケースで、個別銘柄の急落とリバウンドについて見てみましょう。

リーマン・ショックによる暴落とリバウンド

リーマン・ショックは２００８年９月15日、米リーマン・ブラザーズの破たんをきっかけに起こりました。破たん前の９月12日の日経平均株価は１万２２００円台でしたが、破たんの10日後あたりから株価が急激に下がり始めました。そして、10月28日に安値で６９９４・90円を付けるところまで暴落しました。

ところが、その後リバウンドが起こり、11月５日には高値（かつ終値）で９５２１・24円を付けました。10月28日の底値から11月５日の高値まで、わずか１週間ほどの間に35％ほど反発上昇したことになります（図６・１）。この間に多くの個別銘柄もリバウンドしましたが、中でも低位株の動きが顕著で、高いパフォーマンスを見せました（表６・１）。

図6-1●リーマン・ショック後の日経平均株価の動き

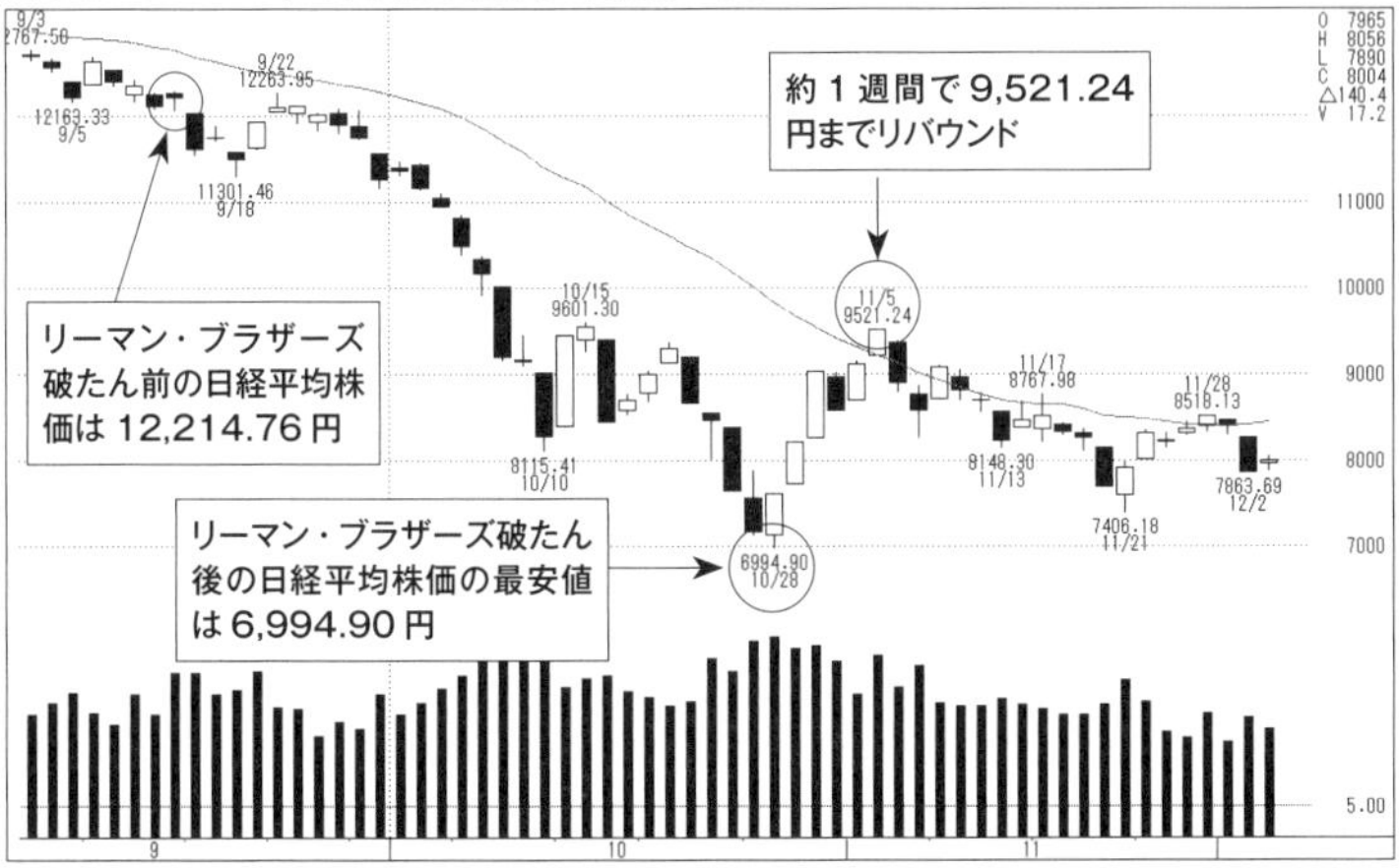

日足 /2008.9 ～ 2008.12

表6-1●リーマン・ショックの際に大きくリバウンドした主要企業の低位株（東証一部）

銘柄（証券コード）	10月28日の始値（円）	11月5日の終値（円）	上昇率
鹿島（1812）	235	303	28.9%
グンゼ（3002）	243	353	45.3%
旭化成（3407）	297	436	46.8%
レナウン（3606）	123	187	52.0%
昭和電工（4004）	120	170	41.7%
三菱ガス化学（4182）	283	469	65.7%
太平洋セメント（5233）	91	126	38.5%
新日本製鐵（5401）	259	355	37.1%
住友金属工業（5405）	168	280	66.7%
三井金属（5706）	146	202	38.4%
NEC（6701）	236	339	43.6%
富士通ゼネラル（6755）	154	225	46.1%
川崎重工業（7012）	122	200	63.9%
いすゞ自動車（7202）	129	203	57.4%
丸紅（8002）	290	427	47.2%
ダイエー（8263）	345	551	59.7%
商船三井（9104）	369	535	45.0%

株価帯別の値上がり率を調べてみると、100円台の銘柄が最も高く、平均で34・6％でした。そして、株価帯が上がるにつれて、パフォーマンスが下がっていく傾向が見られます（図6・2）。

例えば、東京鉄鋼（5445）は、10月28日の始値が142円で、11月5日の終値が274円でした。この間の値上がり率は93％にも達します（図6・3）。11月5日には、高値では318円まで上がりました。

東日本大震災後の暴落とリバウンド

2011年3月11日の東日本大震災では、日本経済が巨大なダメージを被ることが予想されたため、株価も短期間で急落しました。

震災の前は、日経平均株価は1万円を超えていましたが、15日には安値で8227円を付けるまで下落しました。ところが、そこからリバウンドが起こり、1週間後の3月22日には高値で9625円まで戻り、20％近い上昇になりました。

この時はリーマン・ショックの時以上に、低位株のリバウンドが顕著でした。3月16日の始値と3月22日の終値で上昇率を調べてみると、100円割れ銘柄の平均31・1％に対し、500円以上700円未満の銘柄では平均17・4％に止まりました（図6・4）。

図6-2●リーマン・ショック後の株価帯別の上昇率

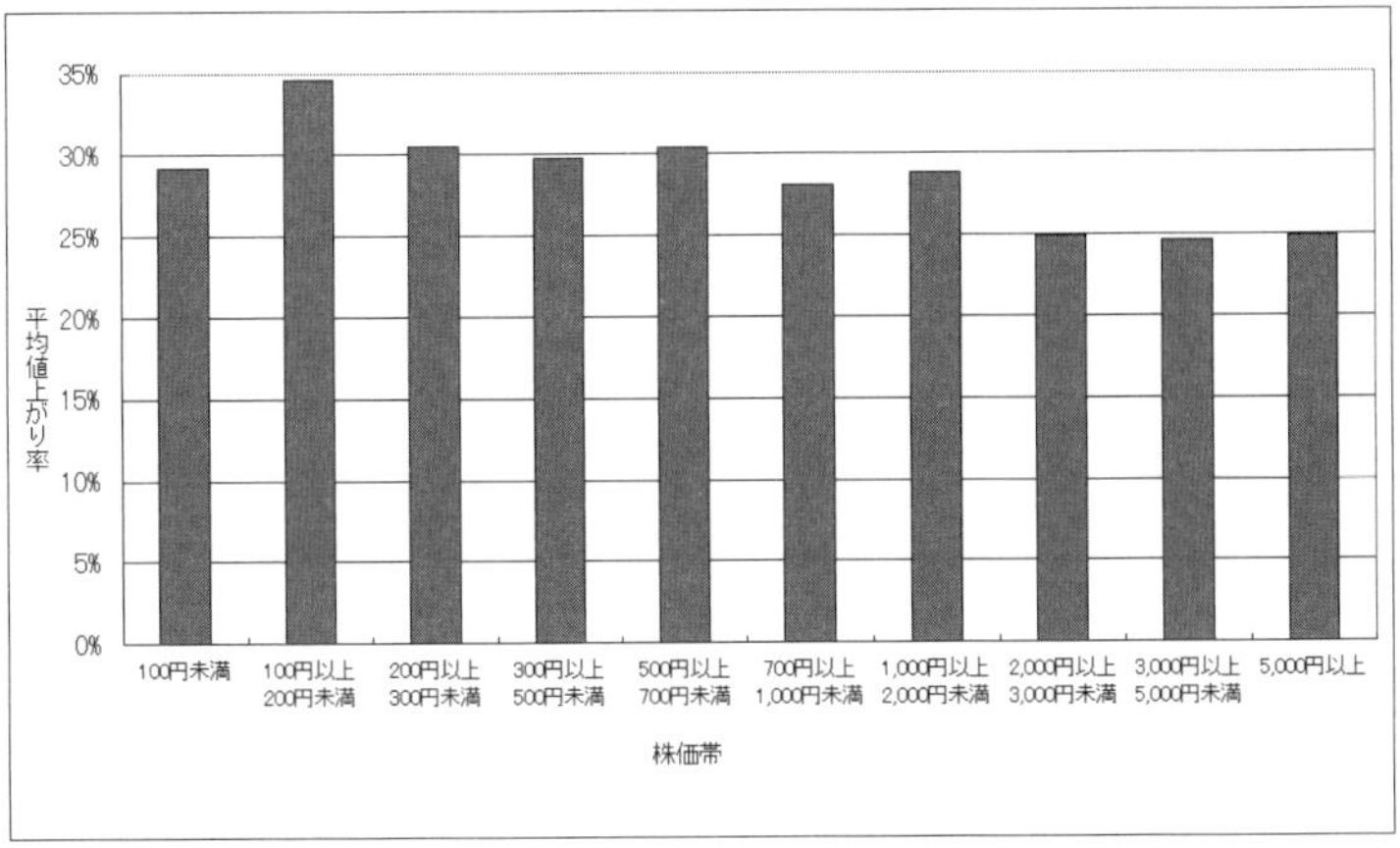

図6-3●東京鉄鋼はリーマン・ショック後のリバウンドで大幅上昇

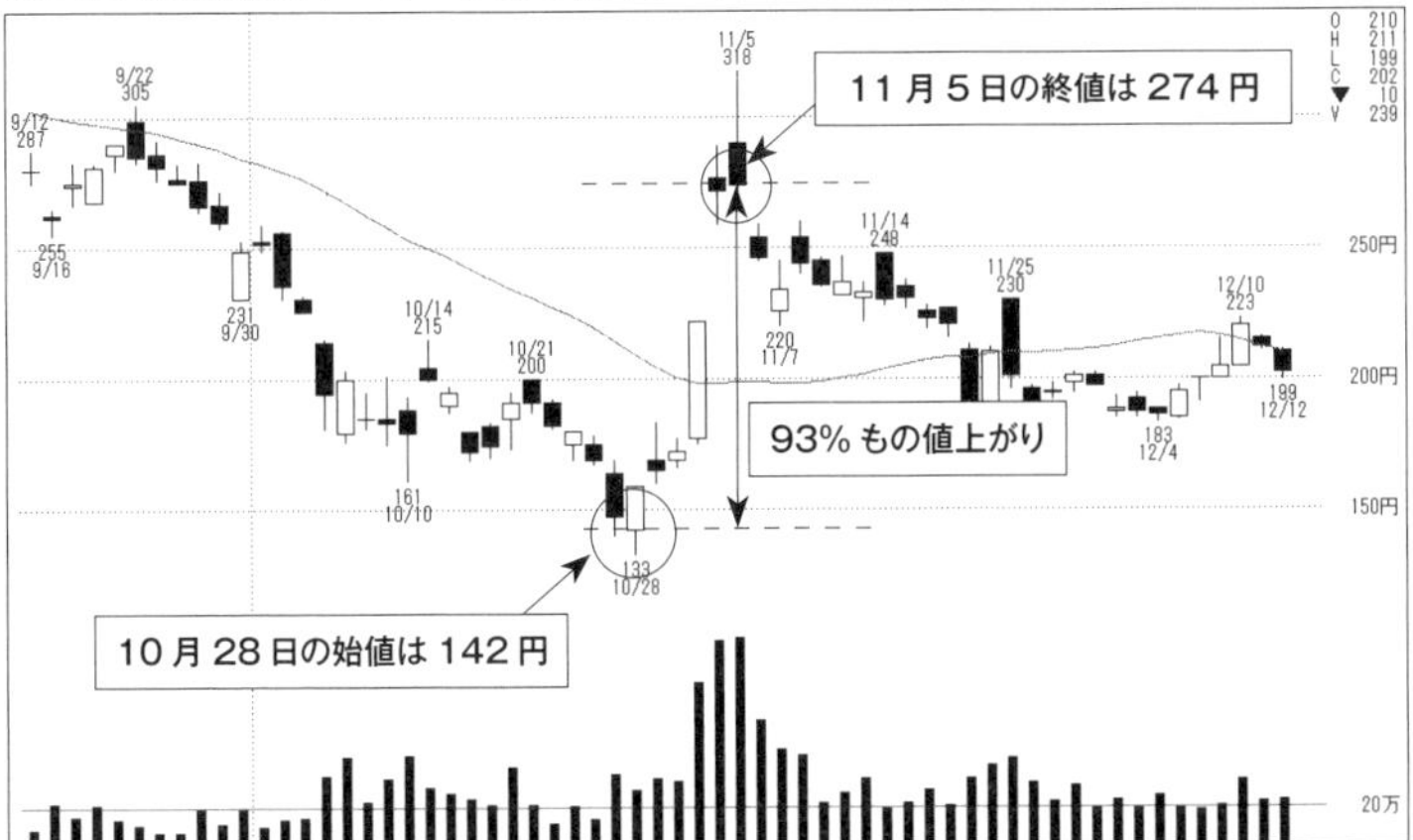

日足 /2008.9 ～ 2008.12

図6-4●東日本大震災後の株価帯別の上昇率

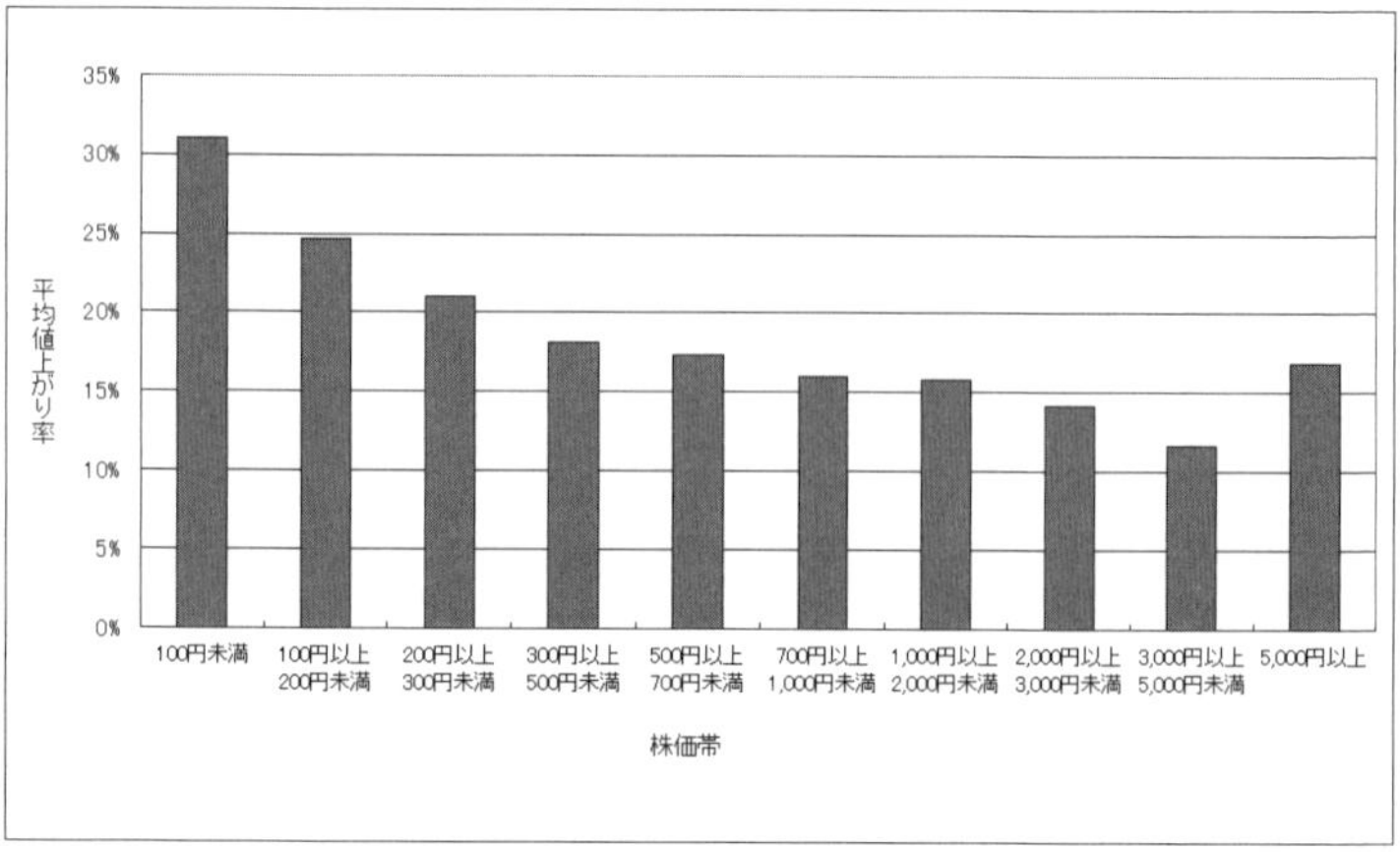

図6-5●建設関連以外で上昇した銘柄（ピクセラ）

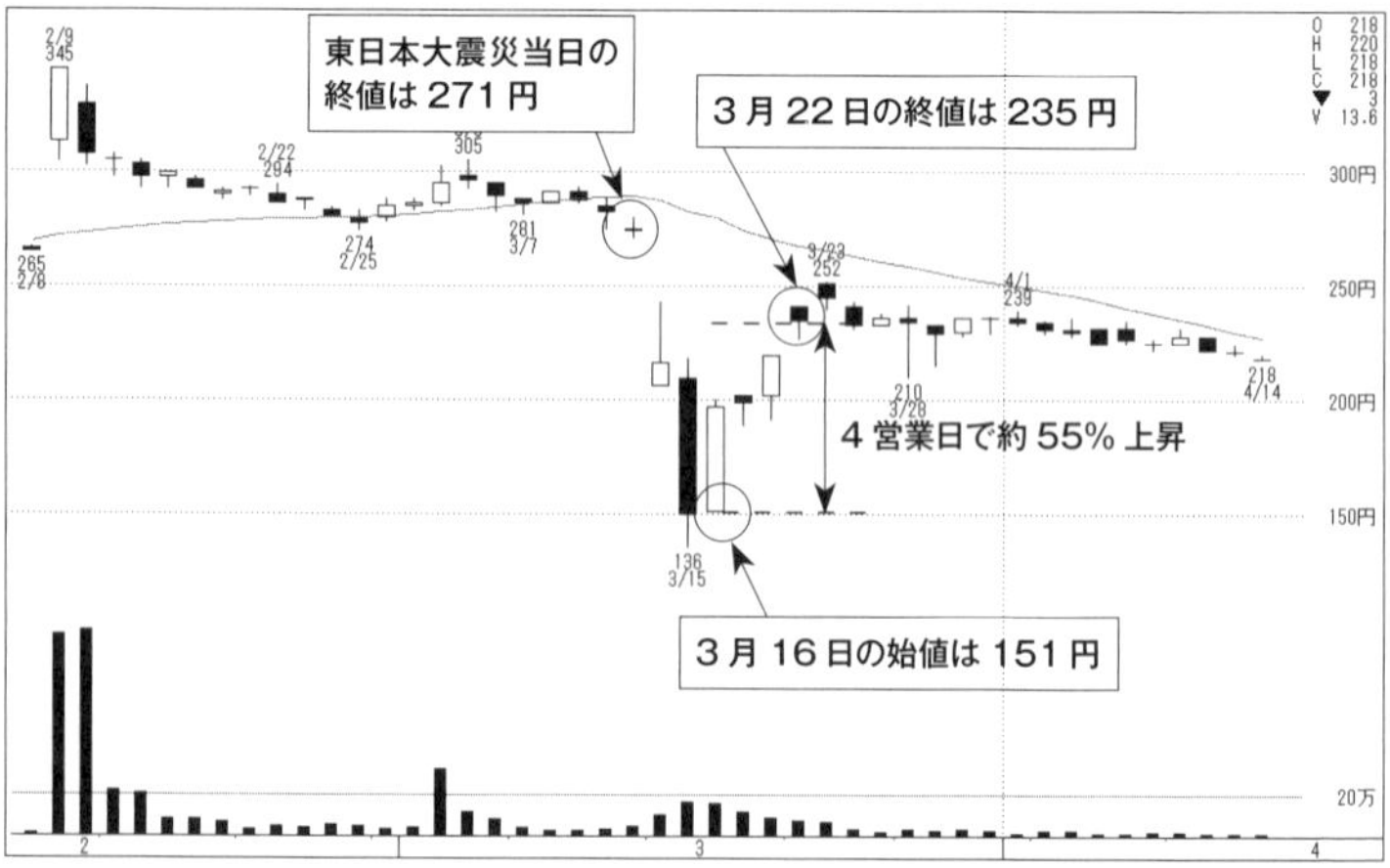

日足/2011.2.8～2011.4.14

特に、92ページで述べたように、復興需要を見込んだ建設関連の銘柄が急激に反発しました。

また、建設関連以外でも上昇した銘柄がありました。

例えばピクセラ（6731）は、パソコン用のテレビチューナーなど、映像関係のハード・ソフトのメーカーですが、3月16日の始値から3月22日の終値までで、約55%の上昇がありました（図6・5）。住宅関連銘柄との関連で、材料視されたのかもしれません。

また、兼松日産農林（7961）は、同期間に約48%上昇しました。兼松日産農林は急騰型の低位材料株として知られているだけに、市場全体のリバウンドの波に乗って、大きく上昇したものと思われます。

●低位株が常に有利というわけではない

リーマン・ショックや東日本大震災時の急落局面は、ここまで見てきたように、低位株の方がリバウンドが大きい傾向がありました。しかし、常に低位株の方が有利かというと、そうではありません。

例えば、2013年5月下旬から6月中旬にかけての暴落の後では、リバウンドの大小と株価の水準との間には、特に関係は見られませんでした。市場全体的に株価が大きく上がった後だったので、低位株の性質が薄れていたのが原因だと考えられます。

「騰落レシオ」で急落の底を見きわめる

市場全体の天井圏／底値圏を判断する指標①

市場全体が急落した時に買う場合、急落が止まったかどうかを判断してから買いを入れます。市場全体の底を判断する指標として、「騰落レシオ」があります。

市場全体の過熱度を表す「騰落レシオ」

騰落レシオは**市場全体の買われ過ぎ／売られ過ぎを判断する**際に多用される指標です。ある一定期間の市場全体における値上がり銘柄数の合計を、値下がり銘柄数の合計で割って求めます。単位はパーセントで、一般に合計する期間は**25日**にします。

例えば直近25日間で、値上がり銘柄数と値下がり銘柄数の合計がそれぞれ2万5000／2万だったとします。この場合、騰落レシオは次のように125%になります。

25,000÷20,000×100＝125%

株価上昇局面では、値上がり銘柄の方が多くなるので、騰落レシオは100%を超えます。逆に、株価下落局面では値下がり銘柄の方が多くなるので、騰落レシオは100%を割ります。

一般に、騰落レシオが**70%ぐらいまで下がると、市場全体が底を打つ**と言われています。ただ、暴落になると、60%台や50%台まで下がることもあります。例えば、リーマン・ショックの後には、2008年10月10日に54・4%、同月27日に57・6%を付けたことがありました。また、2013年6月の暴落の際にも、6月26日に68・1%を付けました。

なお、騰落レシオのチャートは、ゴールデン・チャート社の次のページでも見ることができます。

http://www.opticast.co.jp/cgi-bin/tm/chart.cgi?code=0188

日経平均株価の底と騰落レシオの底は連動する

日経平均株価と騰落レシオの動きを比べると、底が比較的連動する傾向があります。**市場全体が底を打つ時に、騰落レシオも底を打つ（または底に近い）**ことが多く見られます。

図6・6は、2014年3月以降の日経平均株価と騰落レシオの動きを比較した例です。8月8日を見ると、日経平均株価と騰落レシオの底が一致しています。また、4月と10月

図6-6●日経平均株価の底と騰落レシオの底は一致することが多い（2014年の例）

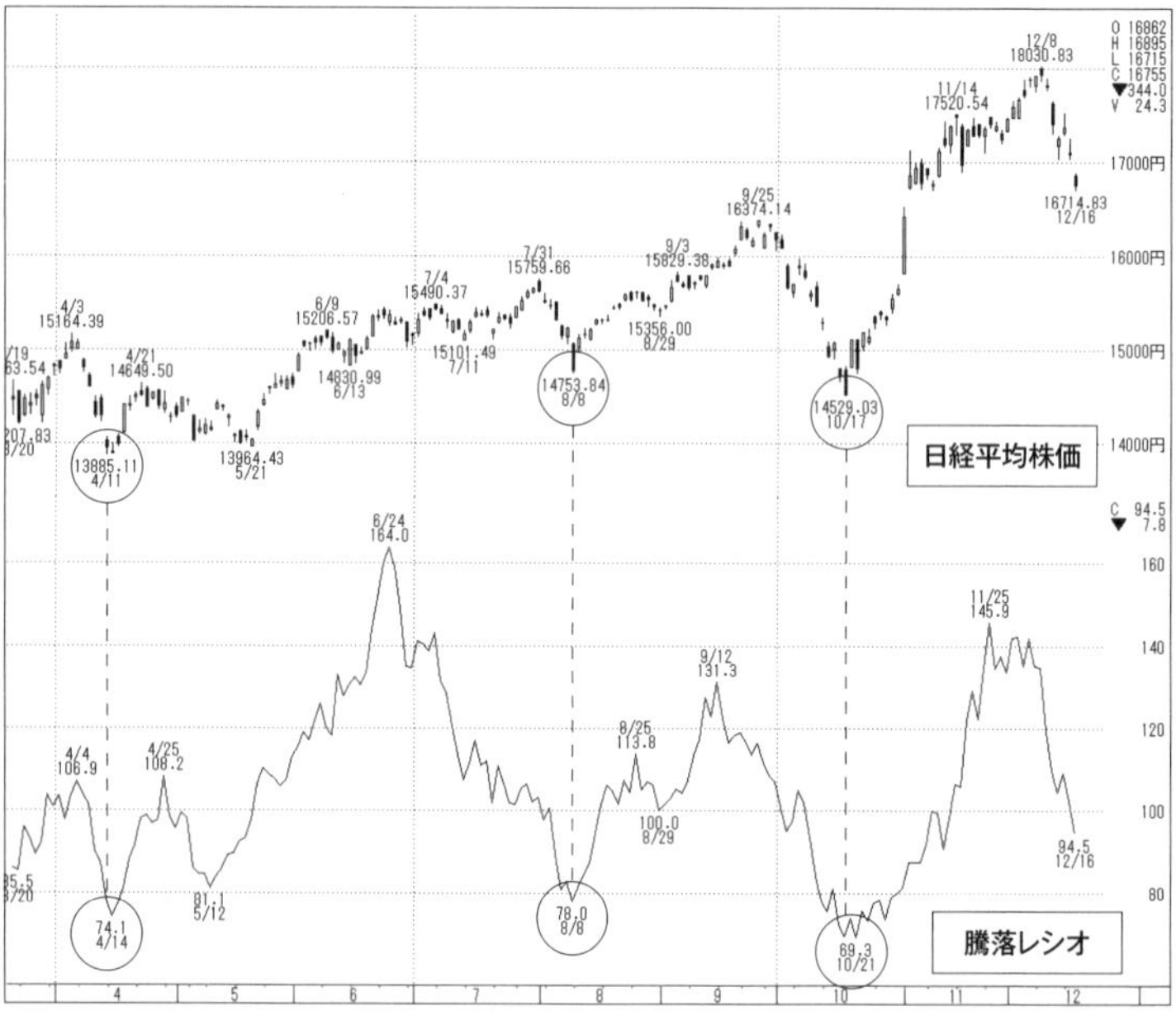

日足 /2014.3 ～ 2014.12

の底では、日経平均株価と騰落レシオの底は完全には一致していませんが、ずれは3〜4日に収まっています。

ただし、特定の銘柄群に人気が集中している場合などは、日経平均株価と騰落レシオの底が大きくずれるときもありますので、その点には注意が必要です。

「新安値銘柄数」で急落の底を見きわめる

市場全体の天井圏／底値圏を判断する指標②

市場全体の底を判断するもう1つの指標に、「新安値銘柄数」があります。市場全体が急落する前後で、急激に値が変化する特徴があります。

新安値と新安値銘柄数とは？

新安値とは個々の銘柄の安値の一種で、以下のような場合の安値を指します。

①1月から3月末まで　昨年1月以来の最安値
②4月以降　今年1月以来の最安値

そして**市場全体で新安値を付けた銘柄の数を数えたもの**が、新安値銘柄数になります。
市場が全体的に上がっている時には、新安値を付ける銘柄はほとんどないので、新安値銘柄数はほぼ0になります。また、市場全体が下がっている時でも、下がり方が穏やかであれば、新安値銘柄数はそう多くはなりません。

しかし、**市場全体が急落すると新安値銘柄数は急増**します。そして、市場全体が底打ちして反発すると、新安値を付ける銘柄が急激に減り、新安値銘柄数が急減します。

なお、新安値銘柄数のチャートは、ゴールデン・チャート社の次のページでも見ることができます。

http://www.opticast.co.jp/cgi-bin/tm/chart.cgi?code=0187

2014年の市場全体の底と新安値銘柄数の関係

2014年にも、市場全体が大きく下がった局面がありました。そこで、2014年3月以降の日経平均株価と新安値銘柄数の動きを比較してみたところ、図6・7のようになりました。

4月11日／5月21日／10月17日に新安値銘柄数が多くなっていますが、その時には日経平均株価も目先の底を打っていることがわかります。このように、日経平均株価の底と新安値銘柄数のピークは連動しやすい傾向があります。

ただし、2014年は市場全体が比較的好調だったので、新安値を付ける銘柄は全体的に少な目でした。市場全体が悪い時期だと、底を付けるときには新安値銘柄数はもっと多

図6-7●日経平均株価と新安値銘柄数の比較（2014年）

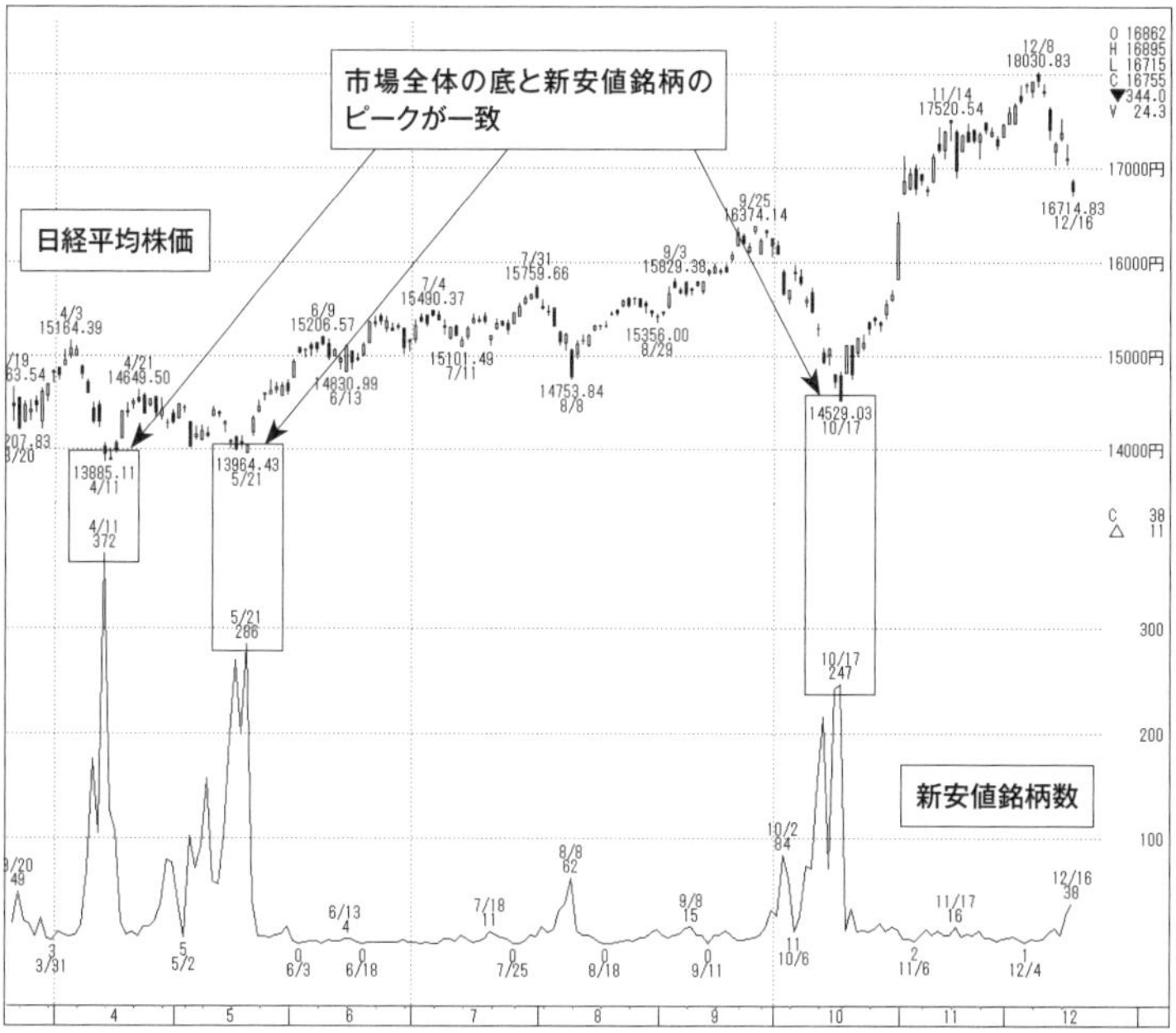

日足 /2014.3 ～ 2014.12

くなる傾向があります。

　ちなみに、リーマンショック時の２００８年10月７日には、新安値銘柄数が１２０２にもなったことがありました。

　また、東日本大震災の後の２０１１年３月15日には、新安値銘柄数が１０４８に上りました。

急落後のリバウンドを狙って買う

底を確認して買い、短期で売り抜ける

これまで説明した騰落レシオと新安値銘柄数の２つの指標を使って、市場全体の急落時を狙ったリバウンドの取り方を紹介します。

2つを組み合わせて買いタイミングを計る

市場全体が大きく下落すると、騰落レシオと新安値銘柄数が次のようになります。

騰落レシオ　70%を大きく割り込む
新安値銘柄数　急増して数百に達する

このような場合、**新安値銘柄数がピークを付けたことを確認して、買いを入れる**ようにします。

一日中株価を見ていられる方なら、市場全体が急落して新安値銘柄が急増した日の翌日に、市場全体の動きに注目します。急落が続けば、さらに新安値銘柄が増えますので、その場合は買いを見送ります。一方、下げが止まって値上がり銘柄が増えれば、新安値銘柄数は減ります。**新安値銘柄が減りそうであれば、その日の引けでリバウンド狙いの買いを入れる**と良いでしょう。

また、リアルタイムに株価を見ていられない方は、市場が終わった後に新安値銘柄数を確認し、前日より数が減っていれば、翌日の寄り付きで買いを入れるようにします。

例えば、２０１４年10月の急落時の場合だと、急落のピークは10月17日で、その日に新安値銘柄数もピークになりました。そして、翌営業日の20日にはリバウンドが始まり、新安値銘柄数が大幅に減少しました。

市場を見ていられる人なら、10月20日の市場全体の動きを見ていれば、全体的にリバウンドが起こっていて新安値銘柄数が減るであろうことがわかったはずです。したがって、この日の引けの段階で買いを入れておけば良かったことになります。

また、市場を見ていられない方なら、10月17日と翌営業日の20日の新安値銘柄数を調べれば、17日でピークになったことがわかります。そこで、10月21日の寄り付きで買いを入れれば良かったことになります。

一度に資金を投入するのは避ける

大きな下げの後に、すぐにリバウンドが来ることもあります。しかし、**大きく下げた後少しリバウンドし、その後もう一～二回大きな下げが来る**こともあります。

例として、リーマン・ショックの際の日経平均株価／騰落レシオ／新安値銘柄数の推移を見てみます（図6・8）。

この時は、まず10月7日に新安値銘柄数が１２０２でピークになり、翌日にはいったん減りました。しかし、それでは下げ止まらず、10月10日に新安値銘柄数のピークと騰落レシオの底が来ました。

その後数日はリバウンドの動きになりましたが、さらに三回目の下げが襲いました。日経平均株価と騰落レシオは10月27日に底を打ち、新安値銘柄数も10月28日にピークを付けて、ようやく暴落が止まりました。

このように、激しい下げが起こる時には、騰落レシオや新安値銘柄で見て底と判断できる状況になっても、その後にさらに下げが起こることがあります。そのため、「底が来た」と思って一気に資金を投入して買うと、その後の再度の下げで大きな痛手を負うおそれがあります。

図6-8●リーマン・ショック時の日経平均株価と指標の推移

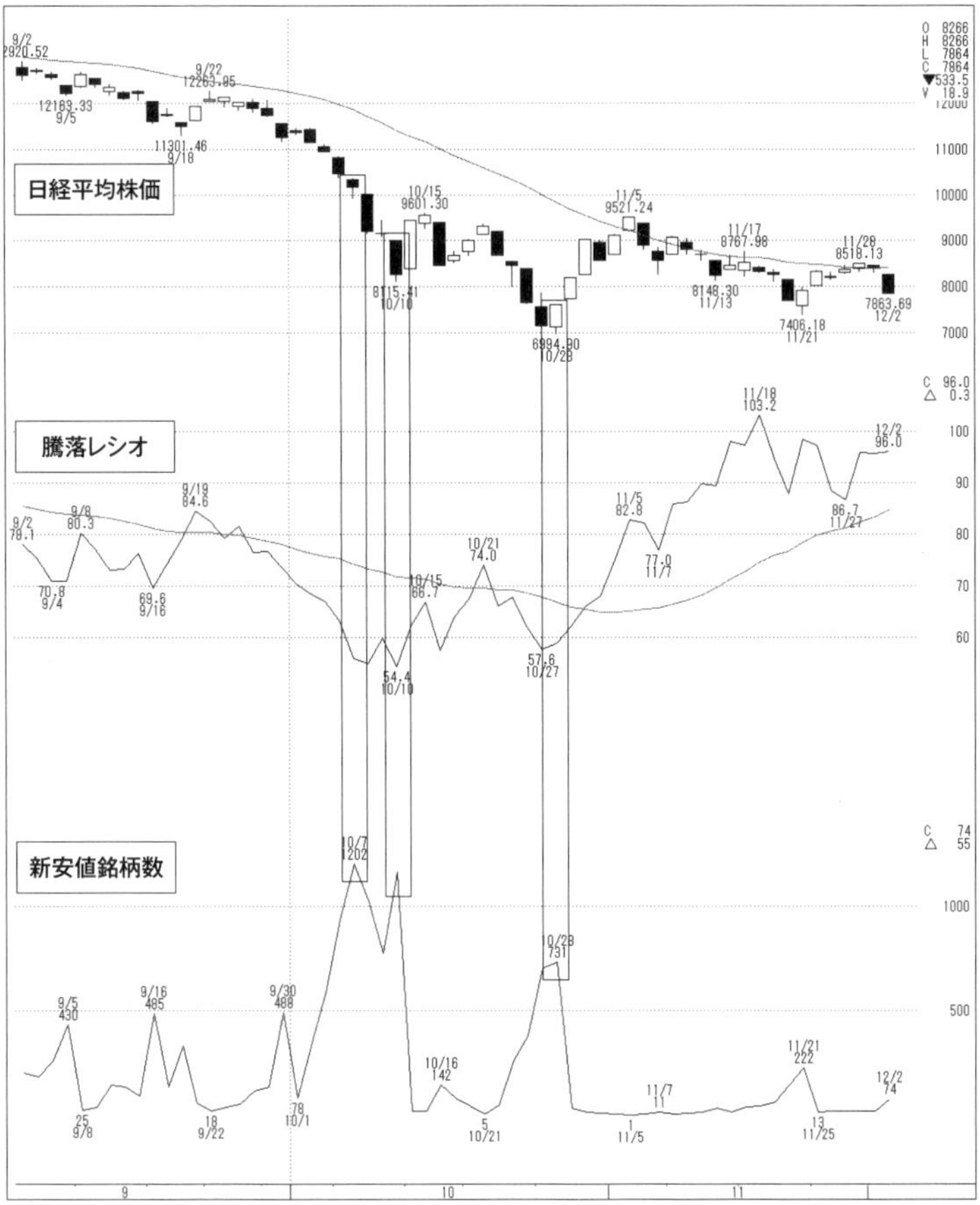

日足 /2008.9 ~ 2008.12

底を狙って買う場合は、資金を一度に投入せずに、二回目、三回目の下げがあることを想定して、資金を残しておくようにします。また、一回目の下げでは買いを見送って、二回目以降の下げで買う方が、より無難です。その場合、下げが一回で終わってしまうとリバウンドを取れないことになりますが、それはそれで仕方のないことです。

大きく下げた銘柄ほどリバウンドしやすい

市場全体が急落した後のリバウンドでは、どの銘柄が上がるかは、はっきりとは言えません。たいていの場合業種に関係なく、上がる株は上がるという動きになります。

ただ、大きく下がった銘柄ほど、リバウンドしやすい傾向があります。例えば、２０１４年9月下旬～10月上旬に起きた急落と急騰の時で、２０１４年9月25日～10月17日の下落率と、10月17日～12月８日の上昇率を比較してみると、大きく下落した銘柄ほどリバウンドで上昇した傾向が見られました。

ちなみに、その時の低位株の上昇率ベスト20をあげると、表6・2のようになり、業種はばらばらです。ただ、これらの銘柄のうち、10月17日までの下落率が、日経平均株価の下落率（11・27％）を下回った銘柄は、わずか３つしかありませんでした。

例えば、第2位の関東電化工業（４０４７）は、９月25日から10月17日までの下落率が

表6-2●2014年10月17日〜12月8日に大きくリバウンドした低位株ベスト20

銘柄(証券コード)	10月17日終値(円)	12月8日終値(円)	上昇率
サノヤスHD(7022)	203	401	97.54%
関東電化工業(4047)	364	684	87.91%
サクサHD(6675)	148	276	86.49%
日本化学工業(4092)	155	289	86.45%
戸田工業(4100)	319	528	65.52%
ダイヘン(6622)	339	536	58.11%
積水化成品工業(4228)	270	422	56.30%
東京製綱(5981)	153	235	53.59%
東ソー(4042)	382	583	52.62%
エコナックHD(3521)	42	64	52.38%
NSユナイテッド(9110)	227	345	51.98%
東日本銀行(8536)	235	357	51.91%
住友化学(4005)	334	504	50.90%
栃木銀行(8550)	371	554	49.33%
DIC(4631)	206	302	46.60%
川崎重工業(7012)	398	578	45.23%
西日本シティ銀行(8327)	249	361	44.98%
東洋証券(8614)	258	374	44.96%
光世証券(8617)	188	272	44.68%
アドバネクス(5998)	141	204	44.68%

17・08％でした。また、5位の戸田工業（4100）と6位のダイヘン（6622）にいたっては、下落率が20％を超えていました。

「大きく下がった銘柄は、とても怖くて買えない」と思うのが、普通ではないかと思います。しかし、恐怖心に逆らってそういった銘柄を買う方が、得られるリターンが大きくなる傾向があります。

ただし、プレッシャーに感じるようなら、あまり無理はしすぎない方が良いでしょう。

買ったら長く持たずに売り抜ける

市場全体が急落した時を狙って買う場合、長く持ち続けずに、株価がある程度上がった時点で売り抜けるようにします。**長くても1週間程度で売る**ことをお勧めします。

また、短期急騰型の銘柄を買う時と同様に、できれば同じ銘柄を2単位以上買って、まず一部を売って利益を確保してから、残りでさらに様子を見ると良いでしょう。

さらに、下げが一回で終わらず、二回三回になって、二度三度と同じ株を買うこともあります。その場合、一度目の下げの際に買った分は買値が高いため、平均的な買値も高くなってしまいます。

そうなった時に、多くの利益を狙って待っていると、リバウンドが終わってしまって、利益になるどころか損失になってしまいます。買いが二度三度になって平均買値が高い時は、無理に利益を取ろうとせずに、とんとんぐらいでも売ってしまった方が良いでしょう。

7 CHAPTER

銘柄選びの注意点と売買のコツ

低位株と業種の関係を知る

昔ながらの成熟産業や内需中心の産業に低位株が多い

低位株が多い業種や、特定業種と低位株との傾向を押さえておきましょう。

低位株は重厚長大の成熟産業に多い

本書執筆時点では、東証一部銘柄の約3割が低位株です。ただ、どの業種にもまんべんなく低位株があるかと言うとそうではなく、幾分偏りがあります。

業種の分類方法として、東証の**33業種分類**と、日本経済新聞の**36業種分類**がよく使われています。東証の業種分類で、本書執筆時点での業種ごとの低位株の割合を調べてみると、図7・1のようになりました。

大まかに言って、鉄鋼／非鉄／繊維／ガラス・土石など、歴史のある重厚長大産業であまり成長性が高くなさそうに見える業種に、低位株が多い傾向が見られます。特に、海運業と空運業の低位株の割合が高いです。一方、医薬品や情報・通信業など、時代の最先端を行くイメージがある業種では、低位株の割合がかなり低くなっています。

図7-1● 33業種分類の業種ごとの低位株の割合（2015年1月21日時点）

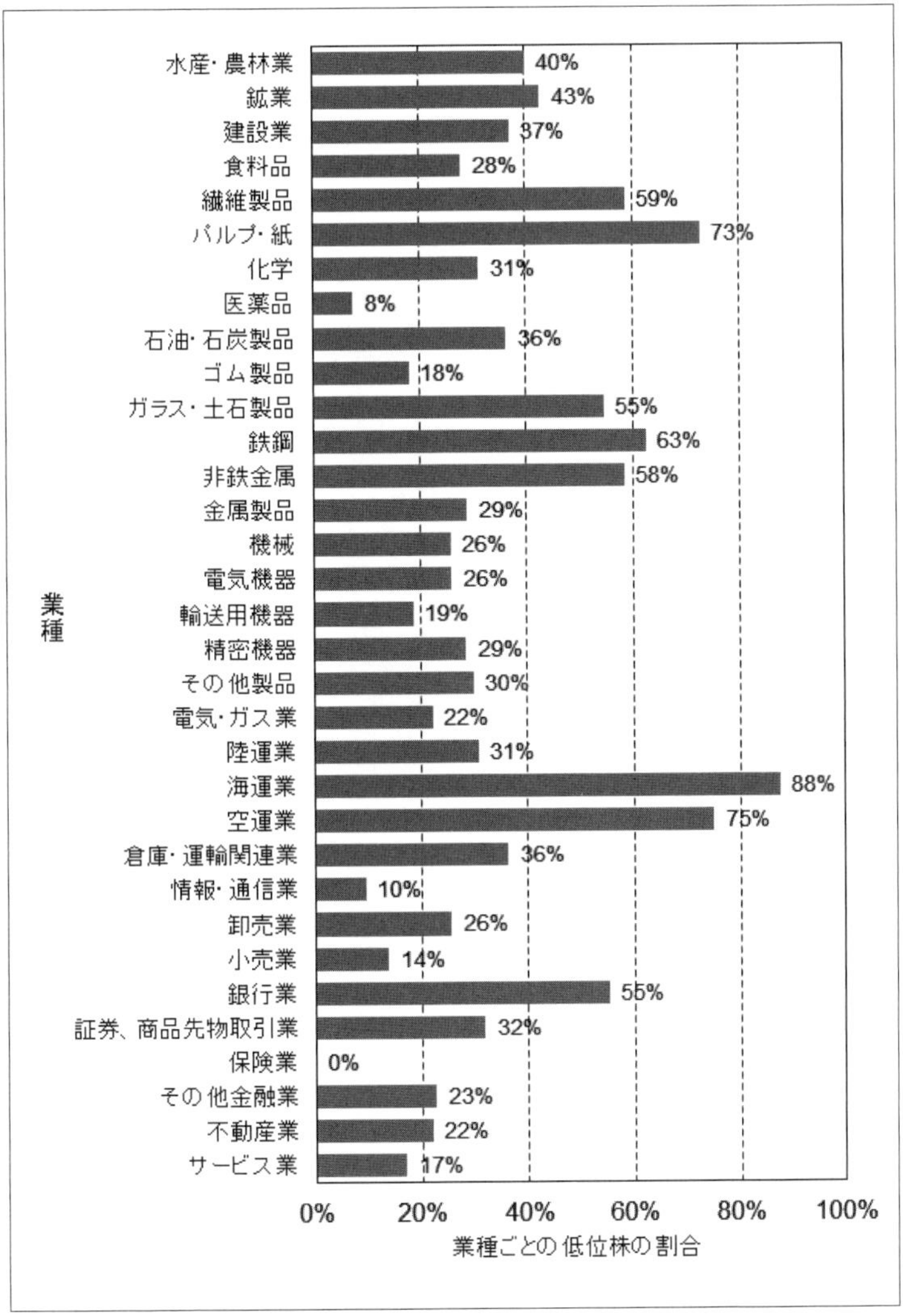

景気敏感株とディフェンシブ株の違いも知っておく

業種によって、景気変動の影響を大きく受ける業種と、あまり影響を受けない業種があります。景気の影響を受けやすい銘柄を、「**景気敏感株**」と呼びます。逆に、景気の影響を受けにくい銘柄を「**ディフェンシブ株**」と呼びます。

景気敏感株　　　鉄鋼、機械、輸送用機器、海運、化学などの業種
ディフェンシブ株　食料品、医薬品、電力・ガスなどの業種

一般に、景気敏感株は景気に影響されて株価変動が大きくなりやすいため、値動きの大きさを狙うなら景気敏感株を手掛ける方が良いでしょう。逆に、手堅く利益を積み上げたい方は、ディフェンシブ株の方が適しています。

株価上昇局面の初期に上がりやすい業種もある

２０１２年10月から２０１３年5月にかけて、それまでの低迷局面を脱して、市場全体的に株価が上昇しました。この時期のように、市場全体の底から株価が反転し始める時に、

上がりやすい業種がいくつかあります。

まずは**証券株**です。証券会社は株式市場が活況になれば利益が増え、低調になると減ります。株価上昇初期の局面では株の取引が急速に活発化するため、証券株は軒並み買われ、上昇しやすくなります。

また、株価上昇初期の局面では、景気敏感株は業績が赤字から黒字に転換するなど業績の変動が大きいため、株価が上昇しやすくなります。中でも、**海運株**が上がりやすいとよく言われます。

例えば、2012年10月15日～2013年5月22日の株価上昇局面で、業種別の株価上昇率の平均を調べてみると、図7・2のようになりました。証券株の値上がりが最も大きく、海運株が第4位に入っています。また、輸送用機器、機械、電気機器などの景気敏感株が上位に入っています。一方、医薬品や食料品などのディフェンシブ株は、株価があまり上がっていません。

ちなみに、2003年～2007年にかけての景気回復期も、最初の頃は証券株と海運株が好調に値上がりし、半年足らずで2倍以上になる銘柄も出ました。また、鉄鋼、非鉄金属、建設などの銘柄も比較的好調でした。一方、ディフェンシブ株の株価はあまり上がりませんでした。

図7-2●2012年10月15日〜2013年5月22日の業種別株価上昇率の平均

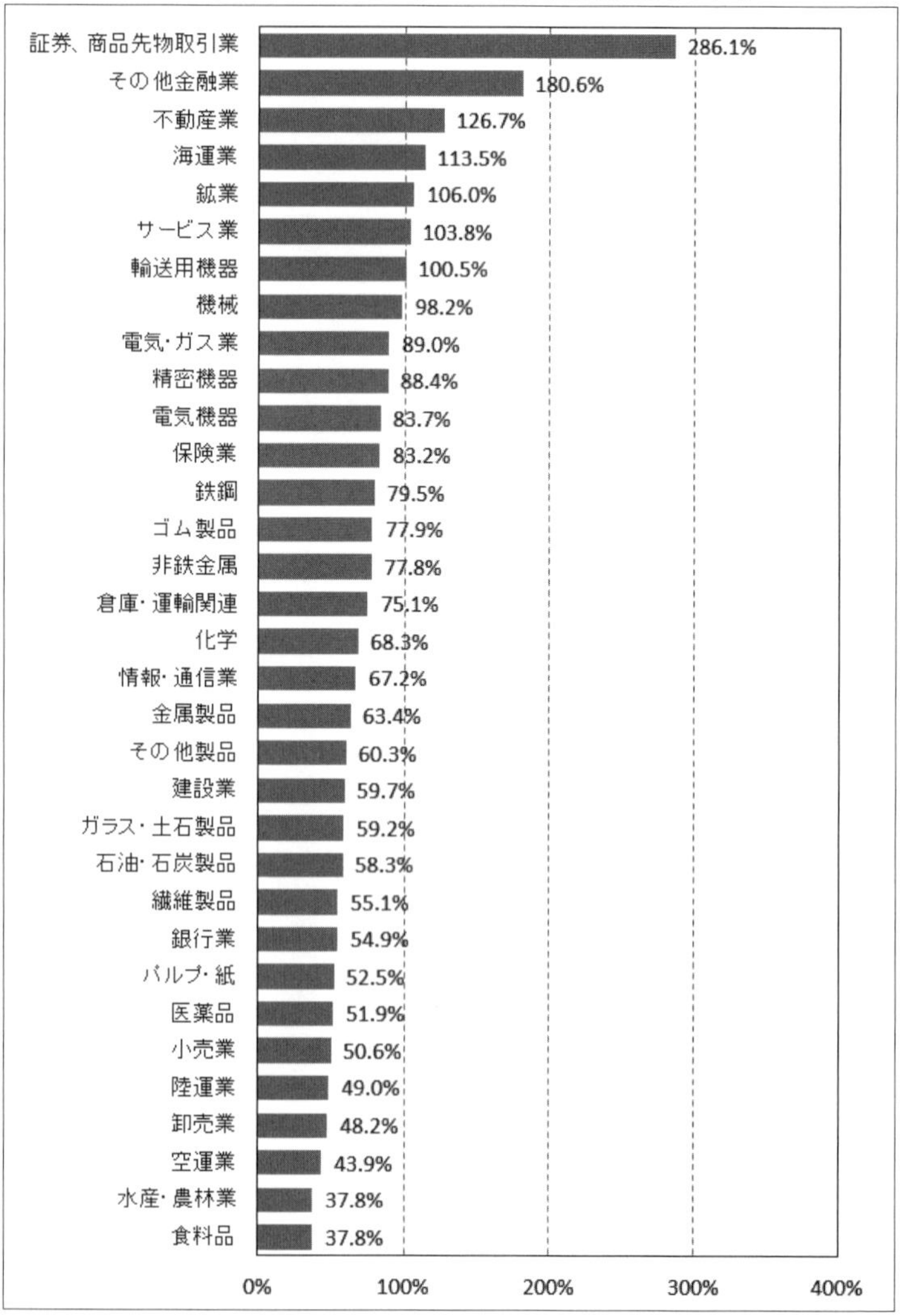

業績相場になると上がる業種は変化する

景気が一段と回復すると、業績に見合った形で株価が動くようになります。好業績の銘柄ほど上がり、そうでない銘柄は伸び悩む傾向が出てきます。このような状況の市場を「**業績相場**」と呼びます。

業績相場になってくると、どの業種が上がるかはその時の状況によって異なってきます。そのため、「この業種が上がる」と一概に言うことはできません。

例えば、2005年~2007年ごろにかけては世界的な好景気で、中でも中国などの新興国で経済成長によりインフラ投資が盛んになりました。その影響で、鉄鋼や建設機械などの需要が伸び、それらの業種は業績が絶好調で株価が大きく上昇しました。また、世界的な経済発展の中で物流の需要が増大し、海運株や造船株も大きく上昇しました。

このように、業績相場になってきたら、業績が良い（または良くなりそうな）業種を選んで投資することが必要になってきます。

●低位株の多い業種の特徴

個々の業種の特徴をある程度把握しておくと銘柄選びに役立ちます。そこで、低位株の割合が高くかつ銘柄数も多い業種について、大まかな特徴をまとめておきます（表7・1）。

表7-1●低位株の割合が高い業種とその特徴

業種	特徴
①建設 (100／37)	建設業界の業績は内需に依存する傾向が強く(国内での建設が主な事業であるため)、また公共投資の影響も強い。バブル崩壊後長く低迷が続いたが、2020年開催の東京オリンピック関連や、老朽化したインフラの更新などで建設需要が増え、昨今では比較的好調になっている。
②繊維 (41／27)	日東紡績、倉敷紡績、東洋紡など歴史が古く成熟した企業が多いイメージがあるが、ハイテク系の素材が強みの企業もあり、企業ごとの違いがある。業績変動が大きい企業とそうでない企業があり、株価の動き方も銘柄によって違う。投資する前に個々の企業の状況をよく調べる必要がある。
③鉄鋼・金属 (70／31)	新日本製鉄、川崎製鉄、住友金属など重厚長大産業の代表的な存在で、1株当たり利益が低いため、株価が低位で推移する時期が長い傾向がある。しかし、2003年～2007年のような景気回復期には業績が急拡大して、株価が伸びることもある。
④機械 (124／32)	景気による業績変動が大きい景気敏感株の代表。企業数も多く、優良値嵩株も目立つ。低位株では株価の変動がダイナミックな銘柄が多い。ただ、ダイナミックな分だけ売買する時期を読みにくいという難点もある。
⑤電気機器 (158／41)	業種別の企業数が最も多く、その分低位株も多い。新しい技術や製品が次々開発される一方、それらが陳腐化するまでの期間も短く、浮き沈みが激しい。株価の動きを読みにくい企業が多く、手掛けにくいという面もある。
⑥銀行 (89／49)	地方銀行の銘柄が多数上場し、それらの銘柄に低位株が多い。地方銀行株の大半は値動きがあまりなく出来高も少なめで、低位株投資の対象としてはあまり向いていない。みずほ、新生など大手銀行も低位株がある。
⑦陸運 (39／12)	鉄道会社と日本通運など運送会社がほぼ半々。景気の影響を受けそうなイメージがあるが、鉄道／運送とも意外と業績変動が小さく、株価の動きは比較的穏やか。配当利回りがそこそこ良い銘柄が多く(2～3%前後)、値動きで儲けるよりは、長期保有で配当を得るのに適している。
⑧化学 (134／42)	大きく分けて、原料(エチレンなど)・中間製品(フィルムなど)・最終製品(化粧品など)の3つの企業があり、中間製品の企業が特に多い。低位株といっても、株価200円未満の企業はあまり多くはなく、中位株寄りの企業が多い。

( )内は東証一部の2015年1月21日現在の全銘柄数/低位株銘柄数

低位株でも強みのある企業は多い

ポテンシャルの高い有望銘柄が埋もれていることも

株式投資で最も怖いのが、買った株が倒産や上場廃止の憂き目にあうことです。熾烈な業界競争で生き残る銘柄を見きわめることについて述べます。

業界トップクラスの方が生き残りやすい

低位株の多い業種においても、1つの業界の中に多くの企業があります。例えば、今も建設業は東証一部だけで100社弱あります。業界の中では激しい競争があり、弱い企業は淘汰されて倒産するのも珍しくない時代です。特に、リーマン・ショック後は明らかに上場企業の業績不振による上場廃止、破たんが増えています。低位株、特にボロ株は元々業績が悪いから株価が安いわけです。その意味でリスクがあるのは承知の上ですが、それにも限度があり、破たんが近いような銘柄は避けなければなりません。

したがって、業界の中で下位の企業の株を持つことは、あまりお勧めはしません。逆に言えば、業界トップクラスの企業なら、生き残りやすいと考えられます。

●シェア上位の企業を選ぶのが基本

業界の中での順位は、**シェア**で判断するのが一般的です。その業界の中で売上高が多い企業ほど、シェアが高い（＝順位が高い）と判断します。**会社四季報**などを使って同業他社と比較してみれば、シェアがどの程度かわかります。

一般に業界トップクラスの企業となると、株価が高く低位株ではないことが多いですが、低位株の多い業種であれば、業界上位でも低位株が少なからずあります。例えば、鉄鋼業界では最大手の新日本製鉄は本書執筆時点で株価が３００円近辺で、他にも神戸製鋼所など低位株がいくつもあります。

もっとも、低位株であったとしても業界トップクラスは、値動きがあまり大きくはないことも多いため、やや面白みに欠ける面もあります。

特定の分野でトップシェアの企業を選ぶのもよい

「業界トップ」企業ではなく、ある特定分野でトップの企業を探すのも、良い方法です。強みの分野がある企業は、特色があまりない企業に比べて耐久力があると考えられます。

ちなみに、本書執筆時点で**国内首位の製品やサービスを持つ低位株**の例として、表７・２のような企業があります。

表7-2●国内首位の製品やサービスを持つ低位株の例

銘柄（証券コード）	市場	トップの製品／サービス
五洋建設（1893）	東証一部	海上土木
日本甜菜製糖（2108）	東証一部	甜菜糖
グンゼ（3002）	東証一部	紳士肌着
日本バイリーン（3514）	東証一部	不織布
電気化学工業（4061）	東証一部	カーバイド
リケンテクノス（4220）	東証一部	塩ビコンパウンド
東海カーボン（5301）	東証一部	タイヤ向けカーボン
日本金属（5491）	東証一部	ステンレスみがき帯鋼
日本電工（5563）	東証一部	合金鉄
リョービ（5851）	東証一部	ダイカスト
リケン（6462）	東証一部	ピストンリング
トピー工業（7231）	東証一部	商用車ホイール
中外炉工業（1964）	東証一部	工業炉
巴川製紙所（3878）	東証一部	トナー
大平洋金属（5541）	東証一部	フェロニッケル

●シェアが小さくても強い企業もある

基本的には業界のシェアが高い企業は強いと考えられます。ただ、シェアが低い企業であっても、何か独自の強みを持っていて、その分野では他の企業には負けないというところもあります。そのような企業であれば、株を買ってみるのも面白いでしょう。

シェアが小さい企業は、規模的にも小さい企業になることが多いでしょう。そのような企業は発行済み株式数が少なく、大型／中型／小型の分類で言えば小型株に属することが多いです。

そのような銘柄であれば、第4章で説明した低位小型株としての特徴が出やすくなると思われます。

倒産の危険がある銘柄は買ってはいけない

業績と財務の安全性から買える株の見きわめ方

株式投資では対象企業の業績や財務を調べることは基本です。ただ低位株の場合、投資指標があまり意味をなさない面もあり、他の銘柄とは調べるポイントがやや異なります。

低位株はPERやPBRを重視してもあまり意味がない

業績面から見た株価の割安度を測る指標として、当期予想利益を株価で割った**PER（株価収益率）**がよく使われています。PERが低いほど、利益が出ている割に株価が安いことを意味し、割安（お買い得）であるとされています。

また、財務面から割安度を測る指標としては、**PBR（株価純資産倍率）**が使われています。PBRは株価を1株当たり純資産で割った値です。PBRが低い銘柄は、企業の資産価値と比較して株価が安いことを意味します。特に、**PBRが1倍を割っている銘柄**は、理論上は株を買い占めて会社を清算した方が儲かることを意味することから、**かなりお買い得**であるとされています。

図7-3●東証一部の低位株のPBRの分布（2014年12月24日時点）

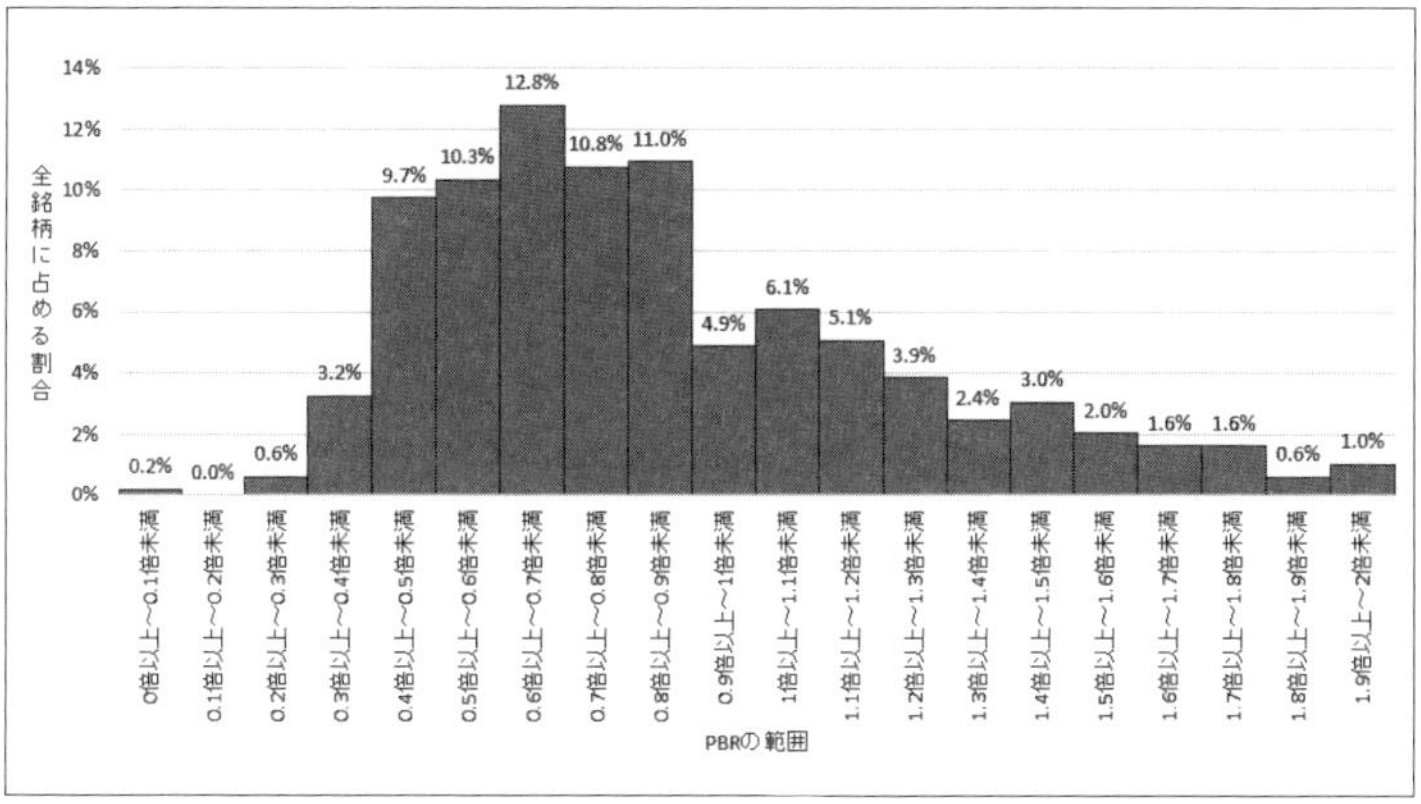

ただ、２０１２年～２０１３年にかけてのアベノミクス相場初期の頃は、ＰＥＲの高低と株価の上昇率との間には、あまり関連が見られませんでした。以前だと、ＰＥＲが低い銘柄の方が株価上昇局面でより大きく上がりやすい傾向がありましたが、そうはなりませんでした。今回だけの現象かも知れませんが、市場の傾向が変わってきた可能性もあります。

また低位株は、全体的に1株当たり利益が低い割に、そこそこの株価が付いています。**PERで見れば、割高になりやすい**傾向があります。

また、「ＰＢＲ1倍割れ」ということも、本書執筆時点では特に珍しいことではなく、東証一部全体の約4割に上ります。低位株に限定すると約6割にも上ります（図7・3）。

ＰＥＲ／ＰＢＲが低い企業が割安であることに

は変わりはありませんが、本書執筆時点では、低位株投資を行う上ではあまり重要ではないと言えるでしょう。

赤字がちな銘柄は避ける

企業の目的は事業で利益を上げることです。しかし、その企業を取り巻く状況によって、利益を出せずに赤字になることもあります。

突発的な状況によって、ある1年だけ赤字が出てしまうことは、特に珍しいことではありません。例えば、２０１２年３月期決算では、２０１１年の東日本大震災による影響で赤字企業が例年より多くなっています。

ただ、1年だけでなく、何年も続けて赤字であったり、黒字と赤字を繰り返していたりする企業もあります。

倒産する企業は、当然経営状態が悪く赤字がちなことが多いです。したがって、過去の業績を調べて赤字の年が多いような企業は、基本的には投資対象から外すべきです（ただし、ボロ株や急騰型の低位材料株のように、あえてそのような銘柄を狙う場合は除きますが、特に注意するべきです）。

1株当たり利益より1株当たり配当が多い銘柄は避ける

株式会社は、事業で出た利益を「**配当**」として株主に分配します。株式市場に上場している企業も、多くの場合は投資家に対して配当を出しています。

配当があるのは望ましいですが、「1株当たり利益よりも1株当たり配当が多い」ということは、利益よりも多くの配当を出していることになり、何らかの無理が生じていることを意味します。そういう状況がある1年だけならまだ良いですが、何年も続いている銘柄は、配当で投資家を引き付けようとしていることが考えられます。

しかし、いつまでも続けることはできず、いずれは減配になる可能性が高いでしょう。減配は代表的な悪材料であり、株価が下落する原因になります。このようなことから、1株当たり利益より1株当たり配当が多い銘柄は避けるべきです。

有利子負債が過大な銘柄は避ける

企業の負債の中には、借入金のように利子のかかるものと、買掛金のようにかからないものがあります。**利子のかかる負債**が有利子負債です。会社四季報では、短期借入金／長期借入金／社債等の合計を有利子負債としていて、「財務」欄に額が記載されています。

表7-3●売上に対して有利子負債の割合が高い企業の例

企業（証券コード）	有利子負債（百万円）	売上（百万円）	株価（円）
共栄タンカー（9130）	47,513	12,697	229
明治海運（9115）	100,824	28,151	366
神戸電鉄（9046）	72,271	22,764	349
日本アジア投資（8518）	25,020	8,461	79
東京ドーム（9681）	172,766	83,562	470
相鉄ホールディングス（9003）	326,966	230,784	471

※売上と有利子負債は2014年3月期、株価は2014年12月24日時点

有利子負債には長期固定金利のものもあり、金利が上がったからといって利子もすぐに跳ね上がるというわけではありません。しかし、有利子負債が過大すぎると、金利が上昇した場合に企業に利子負担が重くのしかかってきて、わずかな利益を出した場合など吹き飛んでしまうこともあります。

●有利子負債が危険水準となっていないか

一般に、低位株は有利子負債が多いと思いますが、それにも限度があります。その企業にとって有利子負債が過大な水準かどうかを判断する方法として、有利子負債と売上や利益の額を比較してみたり、資産や資本と比較してみることが考えられます（表7・3）。

一般に、有利子負債が売上よりも多いと、返済が困難ではないかとも思われ、過大だとされています。また、資産や資本に対して有利子負債の割合が高いのも、注意する必要があります。**債務超過**などは論外ですが、それが続けば上場廃止になります。

ただ、鉄道、海運など元々有利子負債が多くなりやすい傾向のある業種もあります。その場合は同業他社と比較してみて、有利子負債の割合が高すぎないかもチェックします。

●負債が減る傾向にあるか

負債の額の大小も重要ですが、過去数期分の決算書などから負債が増えていないか、減る傾向にあるかどうかも、チェックしましょう。

●「継続企業の前提に疑義」がある銘柄は買ってはいけない

何年も続けて赤字を垂れ流すなど、業績・財務状況が非常に悪い企業では、決算の際に**決算短信等に「継続企業の前提に疑義あり」といった注記**がされることがあります。これは、「この企業はいつ倒産してもおかしくない」というメッセージです。

「継続企業の前提に疑義」が付いていて、最終的に上場廃止になった企業の例として、JASDAQに上場していたインスパイアーがあります。赤字が連続し、主要な株主も頻繁に入れ替わるなど、数年に渡って混乱した状態が続いていました。2014年3月期の有価証券報告書を提出することもできず、上場廃止基準に抵触し、2014年9月13日で上場廃止になりました。

このように、「継続企業の前提に疑義」のある企業の株は、いつ紙くずになるかわからず、絶対に手を出してはなりません。

表7-4●継続企業の前提に疑義の注記がある企業の例（2014年12月24日時点）

銘柄（証券コード）	上場先	株価（円）
クレアホールディングス（1757）	東証二部	45
リソー教育（4714）	東証一部	232
アジア・アライアンス・ホールディングス（9318）	東証二部	19
サハダイヤモンド（9898）	JASDAQスタンダード	18

なお、２０１４年12月24日時点で、「継続企業の前提に疑義」の注記が付いている銘柄として、表７・４のようなものがあります。リーマン・ショック後の景気が悪かった頃に比べると銘柄の数はかなり減りましたが、今でもゼロではありません。

●「継続企業の前提に関する重要事象等」の注記や「特設注意市場銘柄」にも注意

「継続企業の前提に疑義」の銘柄までは深刻ではないものの、赤字が連続していたりして事業の継続性に問題がある銘柄では、「継続企業の前提に関する重要事象等」として、その内容と改善策を決算短信や財務諸表に注記します。このような銘柄も、基本的には避けることをお勧めします。**投資する前にその銘柄の決算短信等をチェックして、継続企業に関するリスクの記述がないことを確認しておく**ことです。

また、有価証券報告書に虚偽の記載を行った場合など、上場廃止基準に抵触するような行為を行った銘柄は、「**特設注意市場銘柄**」に指定され、公表されます。このような銘柄は、１年以内に内部体制が改善されなかった場合などには上場廃止になりますので、避けることをお勧めします。また、株式の分布状況や債務超過など上場廃止基準等に定める一定基準に抵触した銘柄は「**猶予期間入り銘柄**」に指定され、一定期間内に状況が改善されない場合は上場廃止や指定替えになりますので、同様の注意が必要です。なお、特設注意市場銘柄や猶予銘柄の一覧は東証のサイトで見ることができます。

もっとも、このような銘柄は、思惑で株価が動きやすくなり、何らかの材料で株価が急騰することがよくあります。積極的にはお勧めしませんが、ギャンブルと割り切って、短期の値幅取りとして売買することは考えられます。

自己資本比率の低すぎる銘柄は避ける

資産全体のうち、自己資本の占める割合を「**自己資本比率**」と呼びます。**財務の健全性を見る指標**の1つです。自己資本比率が高い企業は、他人からの借入金にあまり頼らず、資本が充実していて財務的に健全であることを意味します。

一方、これが低い企業は借入金に依存していて、資本が少なく財務的に見て健全性に欠けることを意味します。

低位株はどちらかと言えば、一般に借入金の割合が高く、自己資本比率は低めになります。また、業種によっては小売など自己資本比率が低めの業種もありますが、それでも

10％を切るような銘柄は、基本的には避けた方が良いでしょう。

キャッシュフローの流れもチェックする

場合によっては、黒字でありながら倒産する企業もあります。例えば、資産のうち**売掛金**（商品等を売って、代金を後で受け取ること）が多い場合、その売掛金の回収が大きく遅れると会計的には利益が出ている状態ですが、現金不足に陥り倒産してしまいます。

そこで、利益だけでなく、「キャッシュフロー」もチェックします。キャッシュフローは現金の流れを表す指標で、「営業キャッシュフロー」「投資キャッシュフロー」「財務キャッシュフロー」の3つに分類されます。キャッシュフローの状況は、財務諸表の1つである**連結キャッシュフロー計算書**に載っています。

●3つのキャッシュフローの関係性を見る

事業が好調で収益を順調に回収できていれば、**営業キャッシュフローはプラス**になります。逆に言うと、ここがマイナスの企業は、何らかの問題を抱えていると言えます。

ある年だけがマイナスならまだしも、何年もマイナスの状態が続いている場合、怪しい状態であると言えます。そのような企業には投資しないようにするべきです。

次に、投資キャッシュフローは設備投資などによる現金の動きを表します。企業は設備

表7-5●3つのCFがマイナス/プラス/プラスの銘柄の例（2014年3月期）

銘柄（証券コード）	営業CF（百万円）	投資CF（百万円）	財務CF（百万円）	株価（円）
北野建設（1866）	-1,326	1,932	483	377
石光商事（2750）	-1,252	157	227	314
フジプレアム（4237）	-1,227	0	909	439
富士石油（5017）	-43,962	155	40,916	342
日本無線（6751）	-1,645	600	1,390	357
長野日本無線（6878）	-257	21	205	251

投資をして現金を支出しますので、通常、**投資キャッシュフローはマイナス**になります。

また、財務キャッシュフローは、**現金の借り入れや返済による現金の動き**を表します。借り入れた場合は現金が入ってくるので、財務キャッシュフローはプラスになります。逆に、返済すると財務キャッシュフローはマイナスになります。

一般的には、健全な企業の営業／投資／財務キャッシュフローの組み合わせは、**プラス／マイナス／マイナス**になることが普通です。また、借り入れを行った企業では財務キャッシュフローがプラスになりますので、3つのキャッシュフローの組み合わせがプラス／マイナス／プラスとなる企業も比較的多いです。

一方、**マイナス／プラス／プラス**の企業は、事業が不振でキャッシュが流出していることを資産売却や借り入れで埋め合わせていることになりますので、これが続いているような銘柄は、特に注意する必要があります（表7・5）。

買い増しする時の注意点

上昇時の買い増し・下落時のナンピン買い

状況によっては、同じ株を二度三度と買い増しすることもあります。その際の注意点をまとめておきます。

高値で買うほど下落リスクが高くなる

一度買った株が値上がりすると、同じ株をさらに買い増ししたくなります。しかし、株価が上がれば上がるほど、その後に値下がりして損失を被るリスクが大きくなります。いわゆる「高値つかみ」になってしまいやすいわけです。

したがって、株価が上がってからの買い増しは、基本的にはあまりお勧めしません。

買い増しするなら株数を減らすこと

しかし、上昇に勢いがあり、これはしばらく上昇が続きそうな状況だと思われる場合もあります。そのような場合も、仮に買い増しするのであれば、**最初に買った株数より少なくする**ことをお勧めします。

表7-6● 1,000株／2,000株買い増す時の投資金額と平均買値

● 1,000株の場合

回	株価（円）	株数	投資金額（円）
初回	200	1,000	200×1,000＝200,000
買い増し	250	1,000	250×1,000＝250,000
合計		2,000	450,000
平均買値			450,000÷2,000＝225

● 2,000株の場合

回	株価（円）	株数	投資金額（円）
初回	200	1,000	200×1,000＝200,000
買い増し	250	2,000	250×2,000＝500,000
合計		3,000	700,000
平均買値			700,000÷3,000＝233.3

株価が上がってから買い増しすると、平均の買値が上がります。例えば200円で1000株買った後、株価が250円に値上がりしたところで同じ株を買い増すとします。1000株と2000株買い増しした場合、投入資金と平均の買値は、表7・6のようになります。2000株買い増しした時の方が、平均の買値が上がることがわかります。

1000株の場合だと、平均の買値は225円で、225円までなら値下がりしてもまだ利益が出ます。一方、2000株の場合、平均の買値が233・3円に上がり、利益を保てるのは234円までになります。

このように、株価が上がってから買い増しすると、わずかな値下がりで損失に転じやすくなるため、限定的に行うべきです。

急騰型の銘柄は買い増しを控える

急騰型の材料株など、株価が急騰するタイプの低位株では上がる時には派手な動きになることもあります。そのため、買い増ししたい誘惑にかられやすいことでしょう。

しかし、急騰型の銘柄では、急騰後の株価の動きを読むことはまず不可能です。上昇が比較的短期間で終わってしまい、たちまち下落に転じることも少なくありません。そのため、せっかく利益が乗った状態でも買い増しによって損失に転じることがよくあります。

したがって、買った銘柄が**短期間で急騰した場合は、買い増しは控える**べきです。

買い増しのタイミングを読む

株価が緩やかに上昇する銘柄で買い増しを考えた場合、いつでも良いかというと、そうではありません。株価がより上がりそうな時に限定して、やるべきだと思います。

これまでの章で、グランビルの法則を紹介してきました。このグランビルの法則には、買い増しのタイミングを読む手法もあります。

まず、図7・4の上の図のように、上昇中の移動平均線に向かって株価が下落していったん移動平均線の下に出た後、反発して再度移動平均線の上に出た時と、下図のように、移動平均線を割り込まずに反発した時が、買い増しのタイミングになります。

下落時の買い増し（ナンピン買い）も限定的・計画的に

ナンピン買いは、**買った株が下落したところでさらに買いを入れ、平均の買値を下げる**方法です。難（損失）を平均化することから、「難平（ナンピン）買い」と呼びます。

●うまくいけば利益が拡大する

ナンピン買いをして株数を増やしていくと、平均の買値が低い分、その後に株価が上昇すれば大きな利益を得られます。その反面、買った後で株価がさらに下がると、株数が多い分さらに損失が拡大していくというリスクがあります。そのため、低位株であってもナ

図7-4●グランビルの法則で買い増しのタイミングを読む

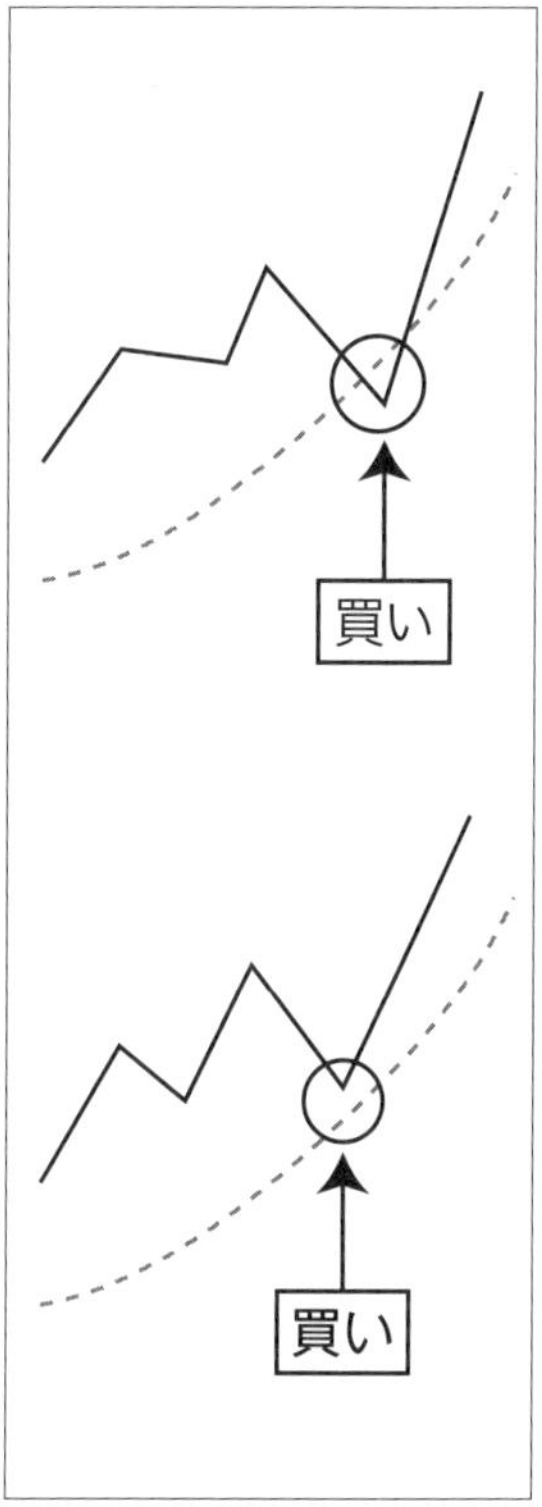

ンピン買いはあまり積極的にはお勧めしません。

ただ、状況によっては、**ナンピン買いを考えても良い場合**もあります。これには例えば、第3章で解説した「急騰を見込んだ銘柄を買っておいて値上がり待つ場合」「将来有望そうな材料を持つ銘柄を買っておく場合」といったことが該当するでしょう。

●ナンピン買いをする時の注意

まず、①**対象の銘柄をきちんと限定して計画的に行う**ことです。ただ何となく選んだのではなく、「今は下がっていてもいずれ近いうちに上昇する」と見込んだ銘柄でなければ、リスクをおかして買い下がる意味がありません。買った銘柄がどんどん下がってしまい、ただ損切りするのがいやで、苦しまぎれにナンピンするなどは絶対にいけません。

次に、対象の銘柄で、②**底値にパターンがあることが必要**です。底値にパターンがない銘柄だとどこまで下がるかはわからず、判断に困ることになります。

また、対象の銘柄に③**悪材料が出ていないこと**も必要です。悪材料で下落した場合はそれまでの株価の動きにパターンがあったとしても、それが崩れてしまうこともあります。

さらに、ナンピン買いをする場合は、④**限度を決めておく**ようにします。ナンピン買いする回数や金額の上限を決めて行います。限度まで買ってもまだ株価が下がり続けるようであれば、失敗したと判断して損切りするようにします。

売りは複数回に分けて利益をしっかり取る

安さゆえにまとまって買える低位株のメリットを活用する

買った株が上がりだしても、どこまで上がるかはなかなかつかめません。そこで、全部天井で売ろうなどと欲張らずに、分けて売ることが現実的な対処方法です。

一度に売ろうとするから失敗する

株を売買する時には、底値で大量に買ってそれを天井で一気に売ることができれば、もっとも理想的で儲かります。

ただ実際には、底値買いも天井売りも、まず不可能です。たまたまうまくいってそうなったりすることもありますが、確率はきわめて低いでしょう。

しかし、人間は欲深いもので、できるだけ高値で多く売ろうと考えがちです。そのため、持ちすぎて気が付くと株価が下がっていて、利食いのタイミングを逃してしまうことがありがちです。下手をすると、儲かるどころか買い値より大きく下がってしまい、そのまま**塩漬け**ということにもなりかねません。

利食いを2回に分けて確実に利益を取る

例えば、ある銘柄を200円で買うとします。低位株は安いので多くの株数を買えるのがメリットですから、この場合2単元（あるいはそれ以上）だけ買っておきます。1単元が1000株の銘柄なら、2000株（あるいはそれ以上）買います。

そして、株価がある程度上がったら、まず**半分を売って利益を確保**します。いくら上がったら売るかはその時々の状況次第ですが、これまでの章で説明してきたことを参考にしてください。そして、**残り半分で様子見**をします。

株価がさらに上昇するようであれば、**天井を付けるまで待つ**と良いでしょう。売るタイミングの判断は、グランビルの法則（55ページ参照）等を参考にします。

一方、様子見しても株価が思うように上がらない場合は、損失にならないうちに売ってしまうことをお勧めします。まず、株価が買値を下回った場合は、1回目の売りで得た利益がなくならないうちに売っておきます。

また、損失にならないまでも、あまり上昇の気配がなく、思ったほど利益が得られないこともあります。この場合、時期を切って売ると良いでしょう。例えば、買いから3か月経過してもだめならその時点で売ってしまう、といった考え方があります。

表7-7●200円で買った1万株を3回に分けて売る例

回	売る際の株価(円)	株数	利益(円)
1	220	5,000	(220-200)×5,000＝100,000
2	240	3,000	(240-200)×3,000＝120,000
3	260	2,000	(260-200)×2,000＝120,000
合計		10,000	320,000

売り方をさらに工夫する

2回ではなく、さらに多くの回数に分けて売ったり、売る株数を調節したりして、利益をよりしっかりと取ったり、様子を見る期間を長くしたりすることも考えられます。

複数回に分けて売る場合、**それぞれの回で均等の株数ずつ売る**ことが基本です。また、回ごとに売る株数を変えることもあります。

利益の額は少なくても、なるべく損失にならないようにしたい方は、1回目で多くの株数を売り、2回目以降では売る株数を減らしていきます。例えば、ある銘柄を200円で1万株買って、3回に分けて売る場合、売り方として表7・7のような例があります。

投資金額の200万円に対し、利益は合計32万円になっていますから、全体の利益率は32万円÷200万円＝16％になっています。

損切りができない人は絶対に儲けられない

思惑が外れたら潔く損切りして次の機会を待つ

買った株が予想に反して下がってしまっても、しっかりと「損切り」さえしていれば、次を狙う機会はいくらでもあります。それが儲けへの早道です。

損失が大きくなるほど取り返すのが難しい

買った株が値下がりしたものの、「そのうちまた戻るだろう」と待っているうちに、どんどん下がってしまうことはよくあることです。その結果、含み損が大きくなって、売るに売れず「塩漬け株」になってしまった経験のある方は多いのではないかと思います。これが株で失敗するもっとも多いパターンです。

例えば、100万円を投資したものの株価が半分に下がってしまい、50万円の含み損の状態になったとします。そして、この時点で売って50万円の損失を確定し、元の100万円が50万円に減ったとします。

すると、50万円を元の100万円に戻すには、50万円で買った株が2倍に値上がりすることが必要です。低位株投資なら2倍の値上がりもなくはないですが、そのような銘柄に毎回出会えるわけではありません。

一方、100万円を投資した後で、20%下がった時点で損切りしたとします。するとその時点で残っている金額は80万円になります。80万円を100万円にするには、25%の利益があれば良く（80万円×25%＝20万円）、半分まで下がった時と比べれば、十分に取り返せるレベルです。

このように、損失が大きくなればなるほど、その損失を取り返すのは難しくなります。

買値から一定水準下がったら必ず損切りする

損切りのレベルは、一概に「これが正解」と言えるものはありません。個々の銘柄によって最適なレベルは違いますし、また市場の状況によっても違います。もっとも、**基本的には買値から10%下がったら損切りする**ことをお勧めします。例えば、200円で買った場合なら、株価が180円まで下がったら損切りするようにします。

ただし、値動きが激しい銘柄はレベルを小さくしすぎると、すぐに損切りが付くことになります。その場合は15～20%ぐらいのレベルにする方が良いこともあります。

下落相場に転じることも想定しておく

カラ売りを使って急落・下落局面でも利益を出す

本書執筆時点では株式市場は好調ですが、いつまでも上昇が続くことはありません。急落する局面も少なくなく、むしろ下落相場に転じる可能性が高まっているとも言えます。そこで、下落相場への備えについても述べておきます。

TOPIXが1700台まで上がったら天井か？

1980年代末のバブルとその崩壊以来、20年以上に渡って日本は経済が伸び悩んでいます。世界各国のGDP（国内総生産）が拡大している中、日本だけはGDPが500兆円前後で停滞してきました。

株式市場もそれを反映して、長期的に見れば横ばいが続いています。バブル崩壊以降、株式市場が好調だった時期が何度かありましたが、TOPIX（東証株価指数）のピークはいつも1700～1800くらいで、それを超えることができない状態です（図7・5）。

本書執筆時点で、TOPIXは1500弱まで上昇しています。これまでと同じパター

図7-5●バブル崩壊以降TOPIXは1700〜1800ぐらいがピーク?

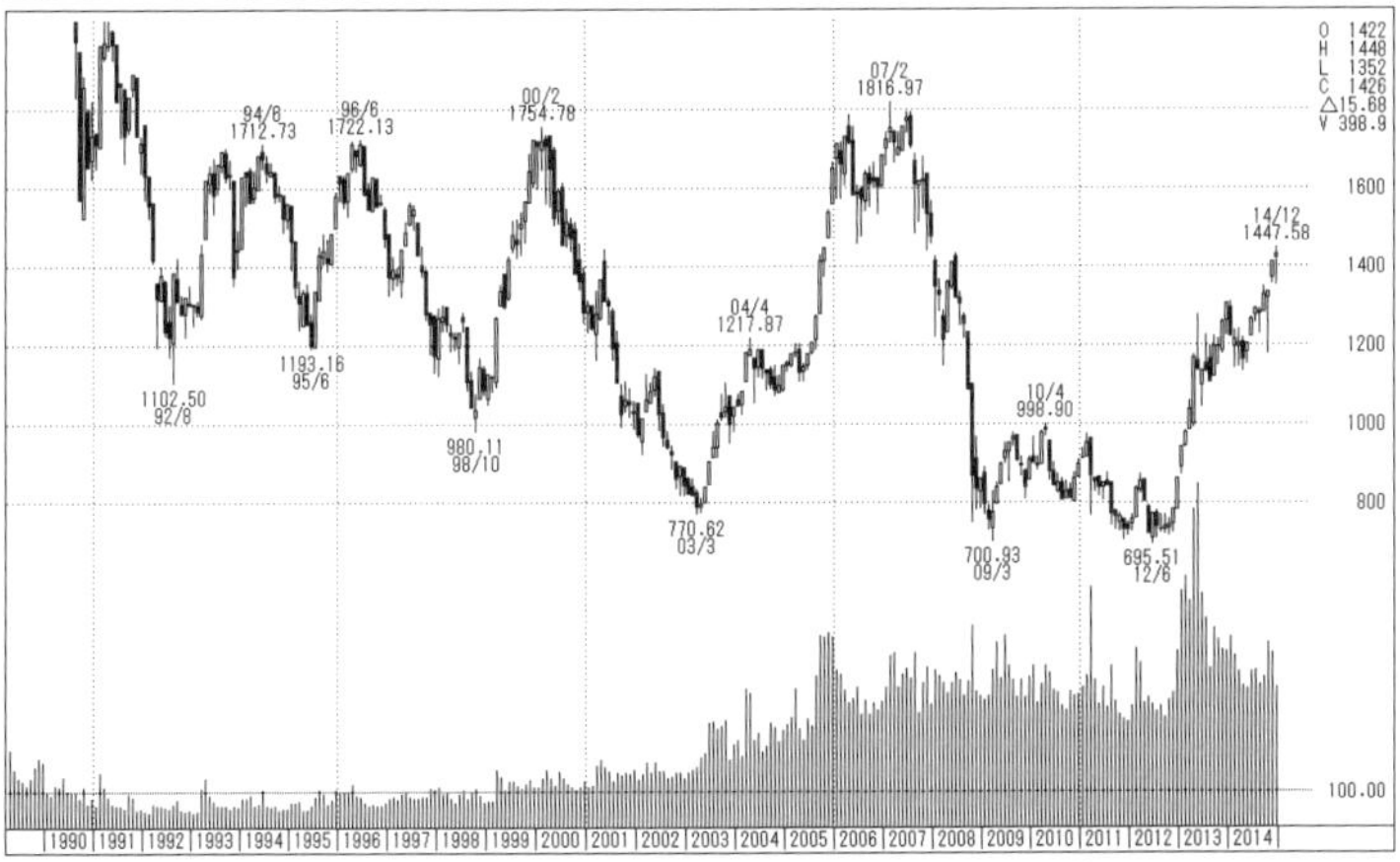

月足/1989.4〜2014.12

ンが繰り返されると仮定すると、市場全体的に見ると、ここからの大きな伸びにはあまり期待しない方が良さそうです。逆に、下げ相場に転じることを頭に入れておくべき局面だと言えるでしょう。

なお、TOPIXが1800を超えても上昇が続くようだと、日本の株式市場がバブルに突入したと考えて良さそうです。1980年代末のバブルの際には、TOPIXはピークで2900弱まで上がりましたので、そのあたりまでの上昇が起こるかもしれません。

●TOPIXが13週移動平均線を下回ったらいったん売る

売買のタイミングをチャートで判断する方法として、グランビルの法則を紹介しました（55ページ参照）。

市場全体のピークを判断する際にも、この法則が1つの目安になります。週足チャートで、TOPIXが13週移動平均線を割り込んで下がりだしたら、ピークを過ぎた可能性があります。そのタイミングで、持っている株はいったん売ることをお勧めします。

ただし、TOPIXがいったん13週移動平均線を割り込んだ後、再度上昇して13週移動平均線を越えてくるようだと、一時的な下げだったと考えられます。その時は、状況に応じて再度買うことを検討しても良いでしょう。

また、TOPIXが大きく下がるタイミングは、市場全体が下がるタイミングでもあります。第6章で紹介した方法を利用し、リバウンド狙いの短期売買も考えられます。

空売りを使って戦術の幅を広げる

市場全体が本格的に下落傾向に入ったら、「安く買って高く売る」という方法で利益を上げるのは難しくなります。そのような状況では「空売り」を使うことも考えられます。

また空売りができると、**ある程度の期間続くような大きな急落に遭遇した時でも、持ち株を売ってドテンで空売りを仕掛ける**など、戦術の幅が広がります。

なお、紙面の都合上、本書では空売りについては解説しませんが、詳しくお知りになりたい方は拙著「上手に稼ぐカラ売りテクニック」（自由国民社）を参考にしてください。

「休むも相場」を忘れないこと

わからなければ手を出さない・売ったら少し休む

いくら株好きの方でも、年がら年中売買することはやめた方が良いでしょう。

売り買いに焦ってはいけない

個々の銘柄の株価は、その銘柄自身の材料によって動きますが、市場全体の流れにも影響されます。市場が全体的に上昇すれば、特に好材料が出ていない銘柄でも株価が上がりやすくなります。反対に市場全体が下落傾向なら、個別銘柄も下落しやすくなります。

逆に言うと、市場全体が下落傾向の時に、市場の流れに逆らって株を買って儲けようとしてもうまくいく確率はきわめて低いと言えます。

特に、手持ちの株を売って利益を得た直後は、買うべき時ではなく、落ち着いて少し休んで周りを見る時期です。

また、失敗して損失を出した時も、「早く取り戻さないと」という気持ちになって、焦ってすぐ次の銘柄を買いたくなりますが、これも失敗の元です。あわてずに冷静になって、次の機会を探る必要があります。

休むも相場のうち

投資の世界の格言の1つに、「休むも相場」というものがあります。市場の状況がよくわからない時には、無理に売買するのではなく、休んで冷静に市場を見ることが大切だというような意味の言葉です。

今後の株式市場を見ても、アベノミクスの行方や円安インフレ懸念、中国不動産バブルの動向、ユーロ圏の低迷など、まだまだ不安要素があります。市場全体が大きく下がることがこれからもあるでしょう。

しかし、日本が資本主義経済の国である限り、株式市場がなくなることはあり得ません。「休むも相場」を肝に銘じて、焦って過剰な売買をすることのないよう、心掛けていただきたいと思います。それも儲けへの早道です。

8 CHAPTER

藤本流 お勧め低位株リスト

ここまでの章で、低位株の投資戦術を5つ紹介してきました。ここではそれらの戦術に照らし合わせた上で、これから狙い目となりそうな低位株を9銘柄紹介します。

●銘柄選択の考え方とデータの見方

この章では、主に以下のような基準で、銘柄を選びました。

①5つの戦術のいずれか（もしくは複数）に当てはまること
②業績・財務が極端に悪くないこと

また、これらに加えて、パターン銘柄ではチャートの形が良い（パターンが出やすい）ことを重視しました。

個々の銘柄には、その銘柄に対するコメント、過去3期の業績と今期の業績予想、各種の投資指標（PER等）や、当面の予想株価水準等のデータを記載しました。なお、株価の基準日は、2015年1月15日です。また、自己資本比率と1株当たり純資産（PBRの計算に利用）は、直近の本決算の値を使っています。

なお、言うまでもなく、投資判断はご自身の責任で行ってください。

●各銘柄のデータの内容

項目	内容
証券コード	企業名の上に表示
市場	主な上場市場
業種	東証の33業種分類での各銘柄が属する業種
区分	東証の分類による大型株・中型株・小型株の別
コメント	その企業の概要や近況、投資する際の考え方など
当面の予想株価水準	本書執筆時点から1～2年程度の期間に株価が動くと思われる水準
決算	毎年の決算が行われる時期
単元	1単元の株数
株価	基準日（2015年1月15日）の終値
連結予想PER	基準日の株価を、直近の会社の今期予想1株益で割った値
連結PBR	基準日の株価を、直近本決算での1株当たり純資産で割った値
自己資本比率	基準日での直近本決算の有価証券報告書に記載されている自己資本比率
ROE	基準日での直近本決算の有価証券報告書に記載されている自己資本利益率
予想配当利回り	直近の会社の今期予想1株当たり配当を基準日の株価で割った値
業績／業績予想	3期分の連結本決算の業績数値と会社の今期予想値（2015年1月15日現在）

4004

昭和電工

パターン銘柄

化学系の大手企業で、ハードディスクのメディアの生産では世界有数。景気敏感株で業績の変動は大きいが、ここ5年は株価の動きがパターン化しており、120円～180円程度の水準で上下している。ただ、世界的な好況期の2006年には500円台を付けたこともあり、景気が本格的に回復すればさらなる上値もありそうだ。

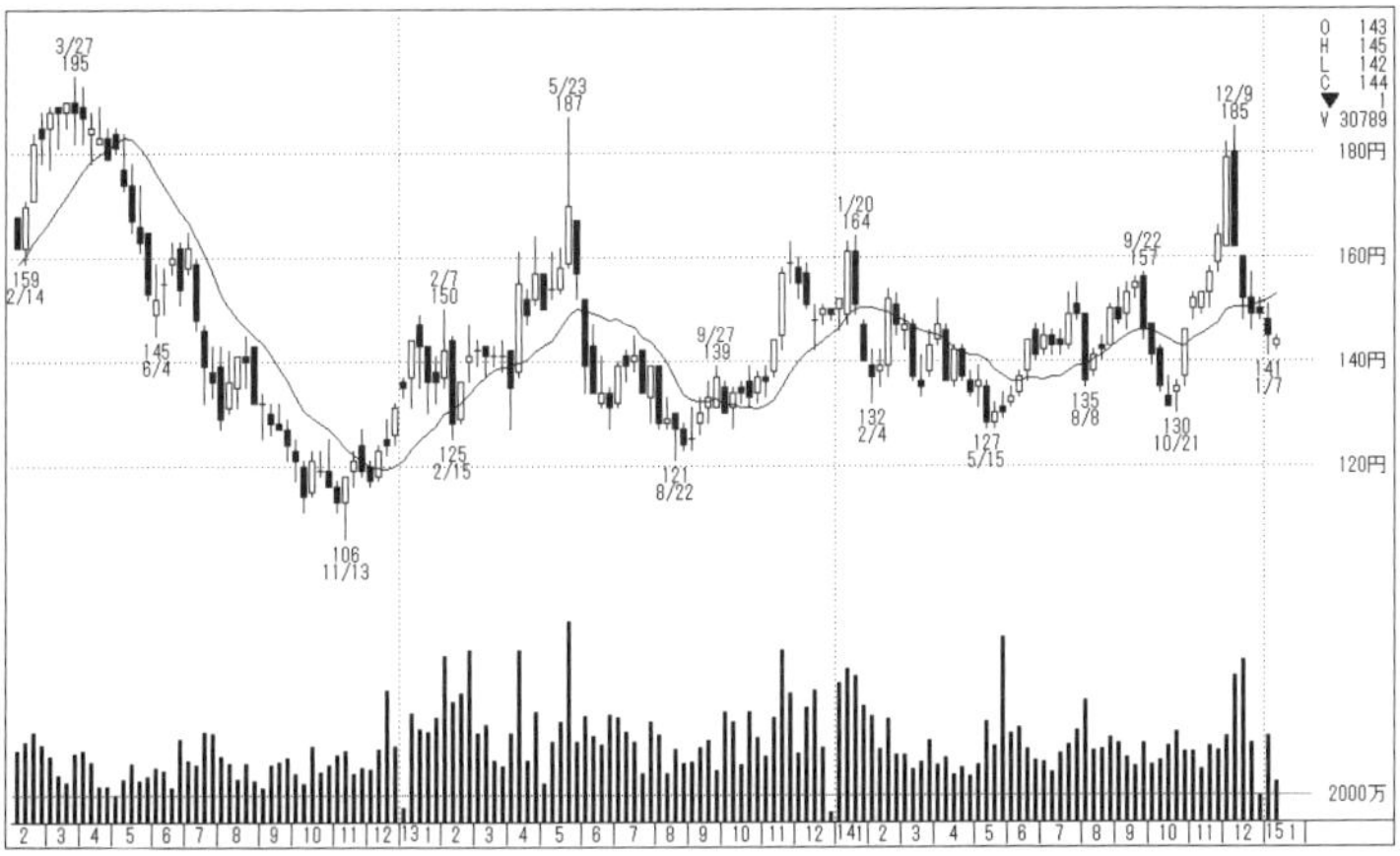

週足 /2012.2 ～ 2015.1

市場：東証一部
業種：化学
区分：中型
当面の予想株価水準：120円～180円
決算：12月末
単元：1000株
株価：144円（2015.1.15）

連結予想PER：30.8倍
連結PBR：0.72倍
自己資本比率：30.6%
ROE：2.3%
予想配当利回り：2.08%

決算期	売上（百万円）	営業利益（百万円）	経常利益（百万円）	当期純利益（百万円）	1株益（円）	1株配当（円）
2011.12	854,158	47,357	40,018	16,980	11.4	3
2012.12	739,811	28,108	23,448	9,368	6.3	3
2013.12	848,071	25,953	23,488	9,065	6.1	3
2014.12(予)	895,000	32,000	26,000	7,000	4.7	3

6461

日本ピストンリング

パターン銘柄

ピストンリングで高いシェアを持つ企業。リーマンショック以降、秋に株価が下落する傾向が見られる。2014年は5月が最安値だったが、10月にも一度下落している。本書執筆時点ではここ数年の高値圏に位置しているので、次の秋に株価が下がるのを待って買いたいところ。

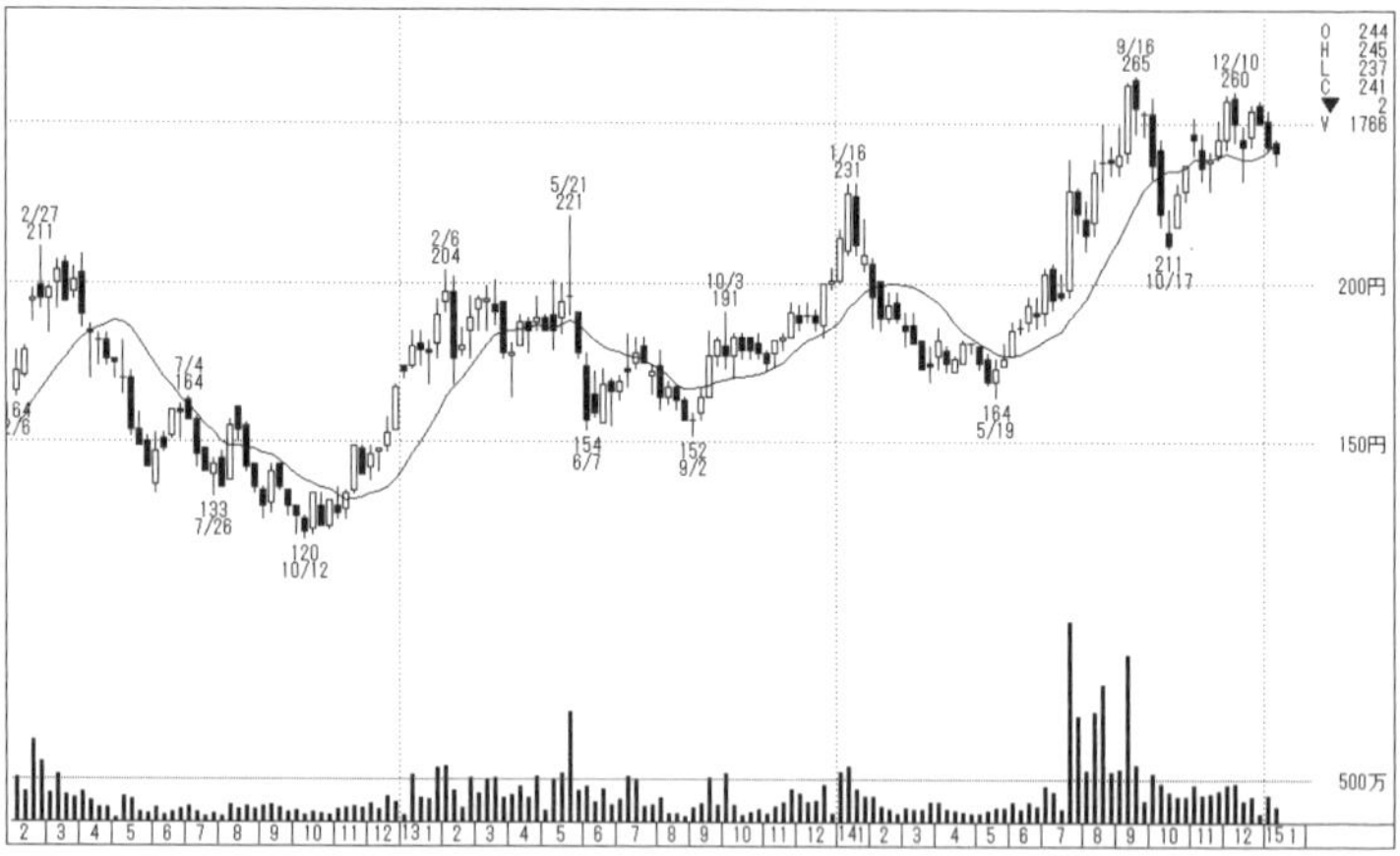

週足 /2012.2 ～ 2015.1

市場：東証一部
業種：機械
区分：小型
当面の予想株価水準：200円～300円
決算：3月末
単元：1000株
株価：241円（2015.1.15）

連結予想PER：26.8倍
連結PBR：0.81倍
自己資本比率：39.6%
ROE：9.0%
予想配当利回り：2.49%

決算期	売上（百万円）	営業利益（百万円）	経常利益（百万円）	当期純利益（百万円）	1株益（円）	1株配当（円）
2012.3	49,168	3,847	3,336	4,118	50.1	3
2013.3	47,018	2,225	2,184	2,013	24.5	5
2014.3	50,430	1,759	1,733	1,352	16,5	5
2015.3(予)	51,000	2,400	2,300	2,200	26.8	6

7987

ナカバヤシ

パターン銘柄

写真のアルバムで知られている企業。業績変動があまり大きくないので、株価の動きは概ね安定している。特に天井が220円～240円程度というパターンが見られる。配当利回りも比較的良いので、市場全体が急落して株価が大きく下げるタイミングに買って、しばらく保有を続けると良さそうだ。

週足/2012.2 ～ 2015.1

市場：東証一部
業種：その他製品
区分：小型
当面の予想株価水準：180円～220円
決算：3月末
単元：1000株
株価：207円（2015.1.15）

連結予想PER：12.4倍
連結PBR：0.59倍
自己資本比率：39.8%
ROE：4.8%
予想配当利回り：2.90%

決算期	売上（百万円）	営業利益（百万円）	経常利益（百万円）	当期純利益（百万円）	1株益（円）	1株配当（円）
2012.3	47,450	1,105	1,281	763	13.7	6
2013.3	48,542	953	1,249	772	13.9	6
2014.3	53,820	1,300	1,594	927	16.7	6
2015.3(予)	54,000	1,500	1,680	930	16.7	6

5923

高田機工

小型株･材料株（急騰型）

関西が地盤の橋梁や鉄構のメーカー。橋梁メーカーには急騰型の銘柄が多いが、高田機工もその1つ。2010年春や2011年末～2012年初頭には、2か月程度で株価が約2倍に急騰したことがあった。2013年以降は動きがやや小さくなっているが、年に2～3回程度、短期間で2～3割程度の急騰を見せることがある。

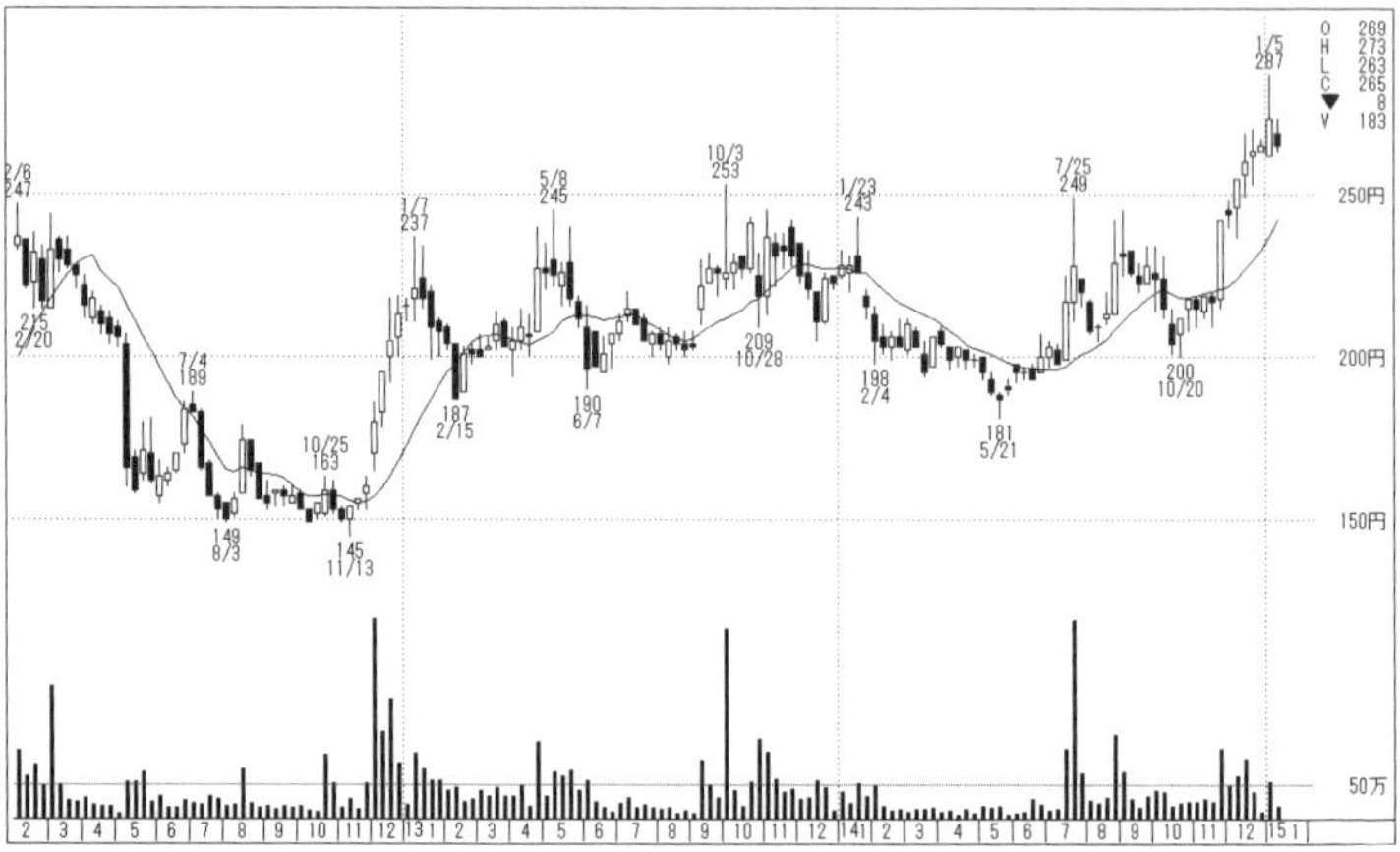

週足 /2012.2 ～ 2015.1

市場：東証一部
業種：金属製品
区分：小型
当面の予想株価水準：200円～300円
決算：3月末
単元：1000株
株価：265円（2015.1.15）

連結予想PER：73.2倍
連結PBR：0.38倍
自己資本比率：65.9%
ROE：0.5%
予想配当利回り：1.51%

決算期	売上（百万円）	営業利益（百万円）	経常利益（百万円）	当期純利益（百万円）	1株益（円）	1株配当（円）
2012.3	15,274	517	585	619	28.1	5
2013.3	12,020	-89	27	38	1.7	5
2014.3	11,308	-2,088	-2,006	-2,168	-98.4	4
2015.3(予)	12,000	50	120	80	3.6	4

9675

常磐興産

小型株

「フラガール」で注目されたスパリゾートハワイアンズを経営する企業。東日本大震災の影響から立ち直りつつあるが、株価はアベノミクス相場の初期に急騰した後は横ばい気味で推移している。株主優待があり、ネットオークション等で売却して現金化すると、配当と合わせた利回りが年3.5%程度になる点にも注目。

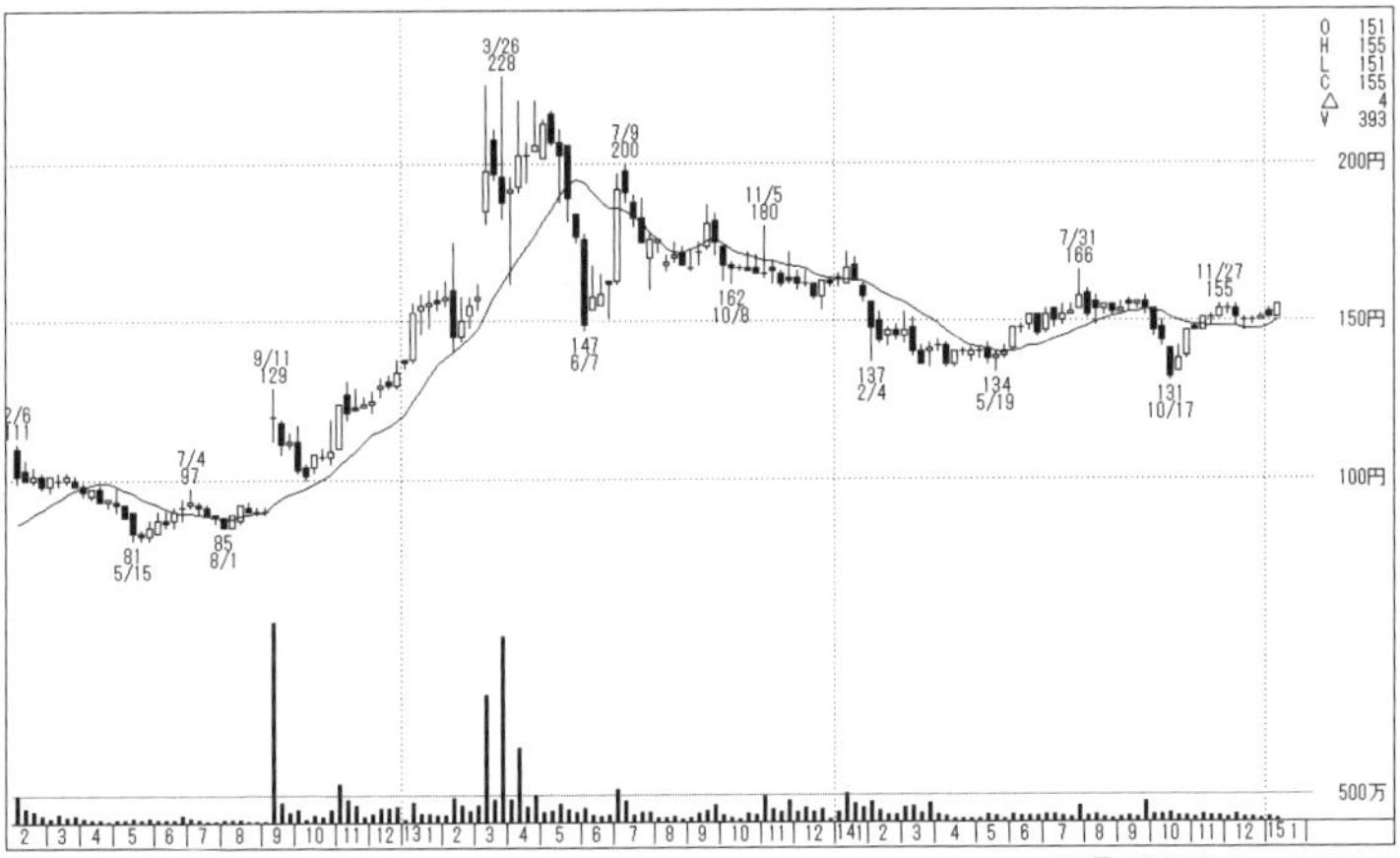

週足 /2012.2 ～ 2015.1

市場：東証一部
業種：サービス業
区分：小型
当面の予想株価水準：130円～160円
決算：3月末
単元：1000株
株価：155円（2015.1.15）

連結予想PER：9.5倍
連結PBR：1.24倍
自己資本比率：19.0%
ROE：13.1%
予想配当利回り：1.29%

決算期	売上（百万円）	営業利益（百万円）	経常利益（百万円）	当期純利益（百万円）	1株益（円）	1株配当（円）
2012.3	29,626	-1,545	-2,228	-8,853	-112.5	0
2013.3	46,776	1,641	1,216	2,577	29.6	0
2014.3	54,429	2,137	1,696	1,504	16.9	2
2015.3(予)	53,440	2,160	1,600	1,440	16.4	2

8093

極東貿易

小型株

産業用の大型機械等を扱う商社。株価の動きはさほど大きくはないが、年に数回程度ちょっとした上昇がある。安くなったら買い、上がるのを待って、こまめに利益を積み上げるのに良さそうだ。ただし、景気が低迷した2008年～2010年には株価が100円近辺まで下がったこともあるので注意。

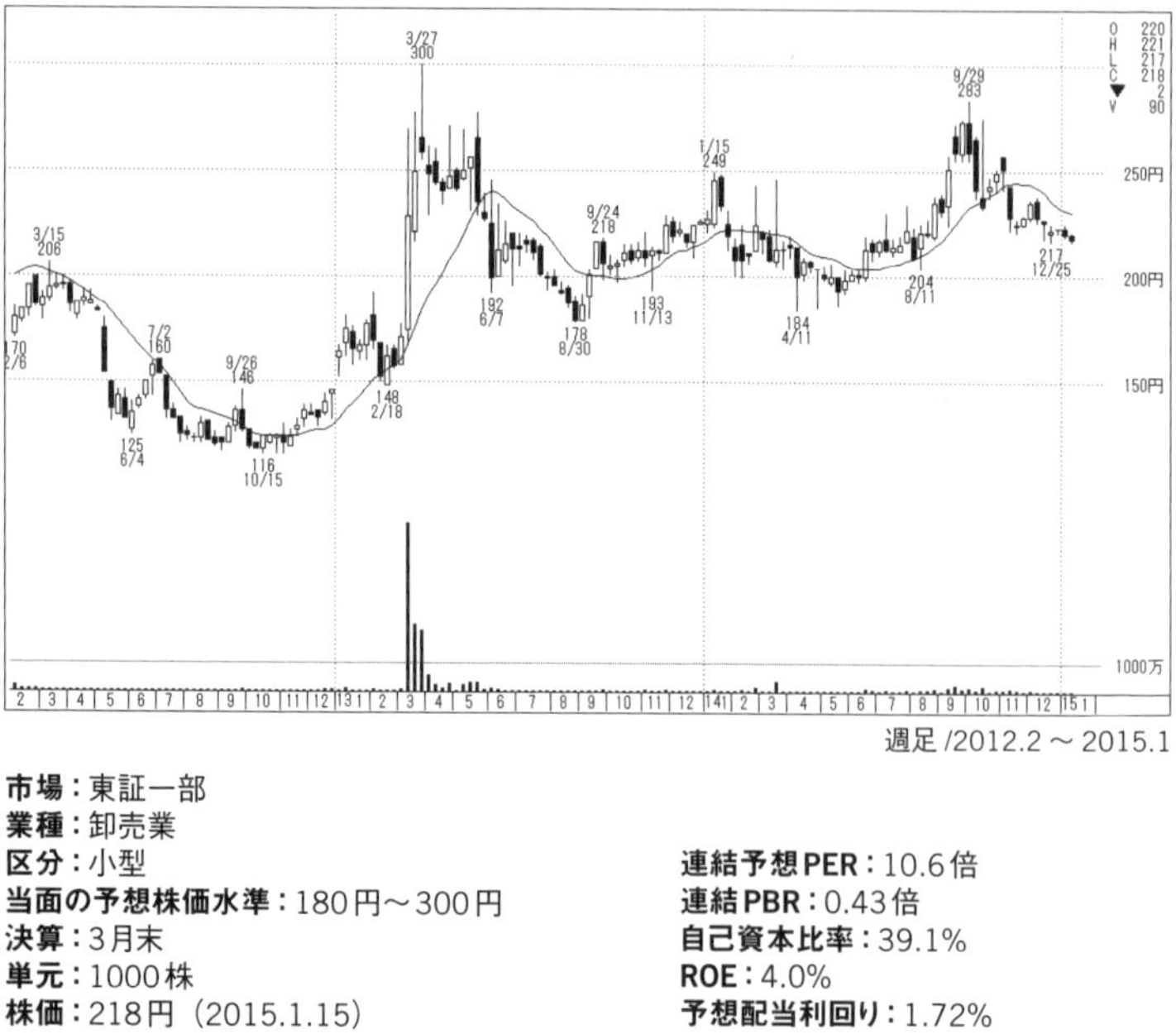

週足 /2012.2 ～ 2015.1

市場：東証一部
業種：卸売業
区分：小型
当面の予想株価水準：180円～300円
決算：3月末
単元：1000株
株価：218円（2015.1.15）

連結予想PER：10.6倍
連結PBR：0.43倍
自己資本比率：39.1%
ROE：4.0%
予想配当利回り：1.72%

決算期	売上（百万円）	営業利益（百万円）	経常利益（百万円）	当期純利益（百万円）	1株益（円）	1株配当（円）
2012.3	38,806	96	258	-604	-22.6	0
2013.3	41,572	400	542	206	7.7	0
2014.3	47,834	877	1,113	1,111	41.6	2
2015.3(予)	48,000	700	800	550	20.6	3.75

2286

林兼産業

ボロ株

ハムやソーセージなど食肉加工品のメーカー。魚肉加工品や飼料も扱う。業績は黒字と赤字を行き来しており、株価は2011年以降100円割れがほぼ常態化している。ただ、60円を割り込むことはほとんどないので、70円より下がったあたりで買い、株価が戻るのを待って売ると良さそうだ。

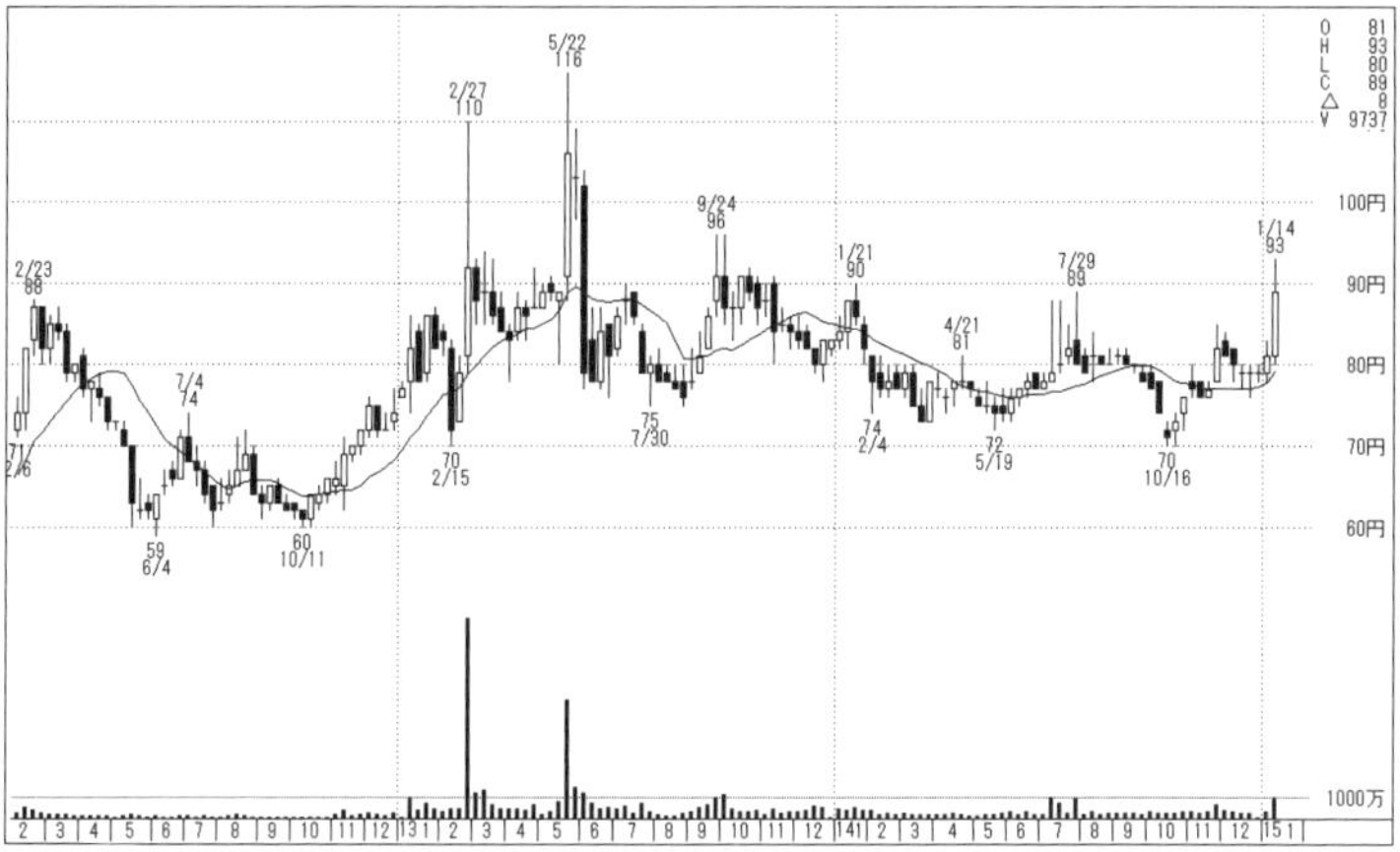

週足 /2012.2 ～ 2015.1

市場：東証一部
業種：食料品
区分：小型
当面の予想株価水準：60円～100円
決算：3月末
単元：1000株
株価：89円（2015.1.15）

連結予想PER：26.4倍
連結PBR：2.11倍
自己資本比率：14.4%
ROE：8.0%
予想配当利回り：0.00%

決算期	売上（百万円）	営業利益（百万円）	経常利益（百万円）	当期純利益（百万円）	1株益（円）	1株配当（円）
2012.3	48,314	614	560	-894	-10.1	0
2013.3	45,482	319	355	351	4.0	0
2014.3	45,939	49	-19	-35	-0.4	0
2015.3(予)	47,000	500	400	300	3.4	0

2341

アルバイトタイムス

小型株（新興）

静岡が地盤の求人情報系企業。リーマンショックの影響で一時は業績が大幅に悪化したが、そこから回復傾向にある。株価はリーマンショック以降右肩上がりに推移していて、当時の最安値から10倍程度になっている。1単元が100株なので少額から投資しやすく、配当利回りも約3%と高い。

週足 /2012.2 ～ 2015.1

市場：JASDAQスタンダード
業種：サービス業
区分：小型
当面の予想株価水準：250円～350円
決算：2月末
単元：100株
株価：287円（2015.1.15）

連結予想PER：9.5倍
連結PBR：2.08倍
自己資本比率：84.3%
ROE：21.9%
予想配当利回り：3.14%

決算期	売上（百万円）	営業利益（百万円）	経常利益（百万円）	当期純利益（百万円）	1株益（円）	1株配当（円）
2012.2	3,774	418	422	389	11.8	3
2013.2	4,275	726	728	798	26.2	7
2014.2	4,406	883	880	831	28.3	8
2015.2(予)	4,715	951	948	858	30.1	9

2673

夢みつけ隊

小型株（新興）・材料株（急騰型）

男性向けのカタログ通信販売が主な事業の企業。業績は低空飛行ではあるが、2011年3月期以降は黒字を維持している。株価が年に2〜3回程度急騰する局面があるので、安い時期に少しずつ仕込んで、急騰を待つのが良い。1単元が100株なので、100円割れの時期なら1万円以内で投資できる。

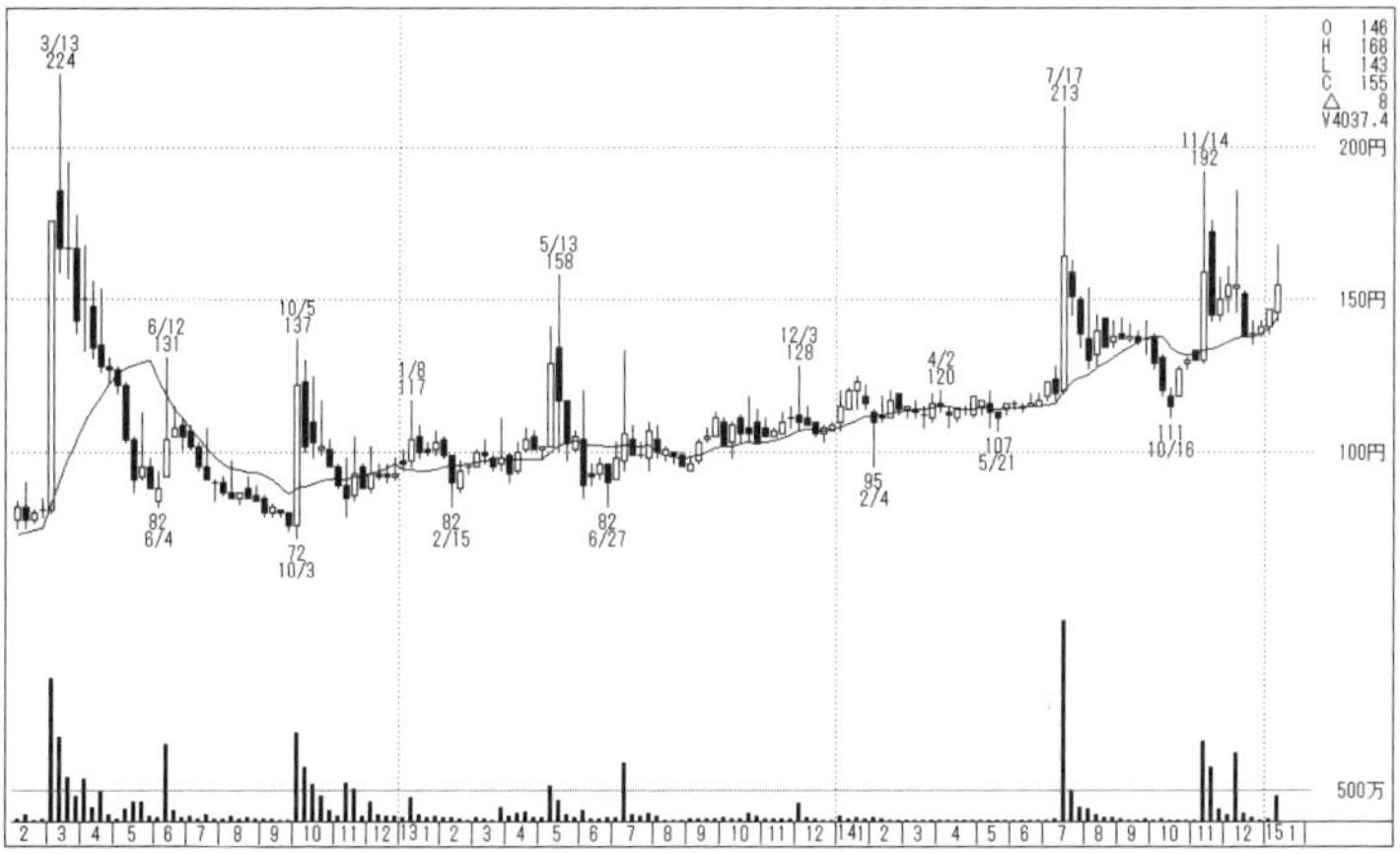

週足/2012.2〜2015.1

市場：JASDAQスタンダード
業種：小売業
区分：小型
当面の予想株価水準：70円〜200円
決算：3月末
単元：100株
株価：155円（2015.1.15）

連結予想PER：2.7倍
連結PBR：1.39倍
自己資本比率：39.1%
ROE：52.3%
予想配当利回り：0.00%

決算期	売上（百万円）	営業利益（百万円）	経常利益（百万円）	当期純利益（百万円）	1株益（円）	1株配当（円）
2012.3	2,931	225	192	136	13.9	0
2013.3	2,401	143	106	86	8.8	0
2014.3	2,169	123	102	82	8.2	0
2015.3(予)	2,000	60	110	590	58.3	0

■著者紹介
藤本 壱(ふじもと はじめ)
1969年兵庫県伊丹市生まれ。神戸大学工学部電子工学科を卒業後、パッケージソフトメーカーの開発職を経て、現在はパソコンおよびマネー関係の執筆活動のほか、ファイナンシャルプランナー(CFP® 認定者)としても活動している。個人投資家としては、早くからパソコンとデータを駆使した株式投資を実践している。
・ホームページ　http://www.1-fuji.com/
・ブログ　http://www.h-fj.com/blog

【最近の投資・マネー関連の著書】

「FXはチャートで勝つ!」「しっかり稼ぐ割安株入門ガイド」「上手に稼ぐカラ売りテクニック」「実戦相場で勝つ!株価チャート攻略ガイド」(以上、自由国民社)、「プロが教える!金融商品の数値・計算メカニズム」(近代セールス社)などがある。

※本書は、2012年6月22日小社発行の「とことん稼ぐ低位株攻略ガイド」を改訂の上、改題した改訂新版です。

個人投資家は低位株で儲けなさい

2015年2月20日　初版第1刷発行
2015年3月25日　初版第3刷発行

著　者　藤本　壱
発行者　伊藤　滋
発行所　株式会社　自由国民社
〒171-0033　東京都豊島区高田3-10-11
http://www.jiyu.co.jp/
電話 03-6233-0781(営業部)

チャート提供　株式会社ゴールデン・チャート社
印刷所　新灯印刷株式会社
製本所　新風製本株式会社
装　幀　吉村朋子
本文DTP　門川ゆかり